LE NOIR
ET
LE ROUGE

DU MÊME AUTEUR

Nos racines : Histoire vivante des Québécois (en collaboration)

Crimes et châtiments : La petite histoire du crime au Québec, tome I et tome II, Libre Expression, 1983.

Histoires d'amour, Libre Expression, 1987.

Les fils de la forêt (h. c.), Libre Expression, 1989.

L'Université de Montréal : La quête du savoir, Libre Expression, 1993.

Hélène-Andrée Bizier

LE NOIR
ET
LE ROUGE

Libre Expression

Données de catalogage avant publication (Canada)

Bizier, Hélène-Andrée

Le noir et le rouge

ISBN 2-89111-621-6

1. Prévost, Gustave, 1914-   . 2. Société des missions étrangères
de la province de Québec – Biographies. 3. Missionnaires – Chine – Biographies.
4. Missionnaires – Pérou – Biographies. 5. Évêques – Québec (Province) – Laval –
Biographies. I. Titre.

BX4705.P74B59 1995   282'.092   C95-940067-2

Collaboration spéciale
Gisèle Bizier

Illustration de la couverture
GILLES ARCHAMBAULT
Maquette de la couverture
FRANCE LAFOND
Photocomposition et mise en pages
SYLVAIN BOUCHER

Éditions Libre Expression
2016, rue Saint-Hubert
Montréal H2L 3Z5

Dépôt légal
1er trimestre 1995

ISBN 2-89111-621-6

À mon père dont la voix s'éteignit à l'heure où je commençais à peine à l'entendre.

L'Internationale noire

— Vraiment, on dirait des enfants! fit Lorenza en regardant son fils et ses compagnons traverser au pas de course la rue et les jardins couvrant le square Dominion.

— Des enfants de cet âge-là devraient éviter de nous faire honte et respecter leur soutane, répondit son mari en les voyant sauter par-dessus les plates-bandes.

Habitués, depuis leur entrée au séminaire, à la robe noire qui entravait leurs mouvements et au trop sévère crucifix de bois noir frappant leur poitrine, les garçons n'en faisaient plus cas. Leur galopade sur la pelouse marquait les premières heures de leur vie d'homme. Finies les longues années de préparation au sacerdoce. Adieu séminaire, études fastidieuses, retraites et conférences. Vive l'action, les pays à découvrir, les peuples à convertir!

Les mois ayant précédé ce 28 septembre 1938 avaient été lourds de cérémonies et d'hommages à leur courage et à leur abnégation. Éprouvante, exaltante, l'ordination avait été suivie d'un pèlerinage à travers le Québec où, par centaines, les catholiques canadiens-français s'étaient rassemblés pour demander aux nouveaux missionnaires de témoigner, à la face du monde, de leur appartenance à un peuple généreux. De Sainte-Anne-de-Beaupré à Cap-de-la-Madeleine, dans les basiliques et les cathédrales, plusieurs de leurs compatriotes avaient chanté l'hymne au départ des pèlerins et baisé ces pieds qui volaient maintenant au-dessus des fleurs vers les mystères de l'étranger. «Qu'ils sont beaux, les pieds de ces hommes qu'on voit venir du haut des montagnes annoncer les biens éternels et dire : "Ô Sion, ton Dieu régnera sur toi, et tous les peuples de la terre verront le salut envoyé par Dieu."»

Ils s'étaient efforcés, au cours du long repas d'adieu servi à l'archevêché, d'imiter les bonnes manières des convives et d'adopter une attitude attentive. Les discours évoquant la grandeur de leur destin les avaient ennuyés, y compris les paroles du coadjuteur de l'évêque de Montréal. Mgr Georges Gauthier leur avait rappelé que la vie apostolique ne pouvait être ni bourgeoise ni teintée de cet égoïsme moderne où il convient de ne penser qu'à soi en observant la loi du moindre effort. Fébriles, troublés par l'imminence du départ, ils avaient hâte d'en finir avec tous ces préalables.

Parvenus à la rue Peel, devant la gare soudain immense, ils ralentirent le pas. Le pire était à venir.

Tous, ils connaissaient la gare et sa triste atmosphère. Ils y avaient escorté des confrères partis au cours des dernières années et qu'ils suivaient enfin. Sept d'entre eux — six prêtres des Missions-Étrangères et leur supérieur — se destinaient à la mission de Davao, ouverte un an plus tôt aux Philippines. Sept autres, dont trois Clercs de Saint-Viateur, partaient vers la mystérieuse Mandchourie. Ils voyageraient ensemble jusqu'au Japon.

Le scénario cent fois rêvé de leur propre départ était imprégné de l'âcre odeur du charbon chauffé mêlée d'humidité. S'y joignait la plainte de la locomotive qui, avant de s'ébranler en entraînant les wagons, précipitait les adieux.

Rassemblées sur le trottoir ou à l'intérieur de la gare Windsor, cent personnes au moins — frères, sœurs, parents et amis — attendaient les jeunes gens depuis plus d'une heure. Parmi elles, Lorenza Godard-Prévost. Semblable à toutes les mères, elle réfléchissait au plus grand des mystères, celui par lequel son fils avait choisi de s'éloigner des voies ordinaires de l'existence. Elle n'avait jamais douté que le destin du paisible, du tendre Gustave serait différent de celui de ses autres enfants. À ce point, c'était presque trop et, jusqu'à ce début de soirée, elle avait espéré qu'un incident fasse reporter à plus tard le grand voyage.

Depuis le matin, elle luttait contre sa nature en cachant la peine qui montait. Elle se voulait forte et grande, soutenant Gustave en esquissant sourire sur sourire, et ne troublant en rien sa joie de s'éloigner. La remarque de son mari, honteux de voir son fils enjamber les restes d'impatientes qui fleurissaient le square, l'avait offensée.

— Tu sais, Zéphyr, je préfère le voir sauter par-dessus les plates-bandes que de l'imaginer en Chine. Te rends-tu compte, au moins, qu'il part pour dix ans ?

— Il va revenir avant ça, voyons...

Elle n'avait jamais été tout à fait certaine d'être comprise par ce mari taciturne. Ni n'était convaincue d'avoir elle-même jamais compris ce cultivateur plus heureux dans le silence et la solitude des champs qu'avec elle et leurs enfants. Même si, par un travail constant et pénible, il était parvenu à réduire l'obsédante hypothèque sur leur terre, Zéphyr persistait à s'évader dans des pensées où planaient continuellement tous les malheurs du monde.

— Il ne reviendra pas «avant ça», on nous l'a assez dit. Tu le sais aussi bien que moi, s'il quittait la Chine avant son temps, ce serait sur une civière. C'est arrivé à d'autres de venir mourir ici, d'une pneumonie, de tuberculose ou des fièvres. Ce jour-là, tu pourras au moins te vanter de l'avoir vu courir une dernière fois, une heure avant qu'il parte. Excuse-moi, je rentre. Je vais retrouver les enfants.

Elle avait à peine mis le pied dans la salle des pas perdus qu'Yvette s'approcha, terrassée par ce qu'elle venait d'apprendre.

— Maman, c'est vrai que Gustave sera obligé de manger du singe et du chien avec des baguettes?

Lorenza, dont le bonheur se mesurait souvent à l'intensité du fumet d'un bœuf à la mode, savait, depuis l'annonce du départ de Gustave pour la Chine, que si on l'obligeait à absorber ces sortes de choses, elle prendrait, elle aussi, des baguettes. Dix fois au moins, elle avait vu Gustave refuser de parler du futur et de ce qu'il mangerait, se contentant d'affirmer, du haut de sa science nouvelle, autant dire de sa grande ignorance, que les Chinois se nourrissaient de tout ce qui pouvait être consommé, sauf du fromage et des abeilles, et qu'ils mourraient plutôt que d'avaler une huître crue ou une bouchée de bœuf saignant. Lorenza avait fini par conclure que Gustave serait indifférent au menu qui serait le sien, ainsi qu'à la plupart des aspects temporels de sa vie future. S'il devait le faire, il mangerait du singe, du chien, du serpent ou de l'écorce en y trouvant du plaisir.

Elle avait prié tous les saints du paradis, invoqué Dieu et la Sainte Vierge et accepté avec joie l'entrée de son fils en religion. Elle l'avait imaginé en prêtre de paroisse, lisant son bréviaire en arpentant une belle galerie bordée d'une dentelle de bois peint. Sa peur à elle logeait justement là où Gustave anticipait ses propres plaisirs : dans l'inconnu, l'absence, l'éloignement; dans les hasards d'une vie dont elle ignorait tout et qu'elle découvrirait certainement à travers des flots de mauvaises nouvelles.

Lorenza avait prêté à ses autres enfants des sentiments identiques aux siens, et exigé qu'ils n'embarrassent pas Gustave avec leurs peurs. Au contraire, libres et joyeux, ils se délectaient de l'aventure où s'engageait leur frère. La leur, commencée en voiture à Saint-Eustache, s'était continuée dans l'île Jésus et dans Montréal traversé pour la première fois. Ils s'étaient arrêtés rue Rachel, à l'église Saint-Jean-Baptiste, pour la cérémonie du départ, et pendant la réception à l'archevêché, on les avait conduits sur la place du marché et au port.

— Derrière les silos, avait dit Lorenza, il y a le fleuve Saint-Laurent. J'aurais voulu vous faire admirer les grands navires qui sont amarrés aux quais, mais puisqu'on ne les voit pas, contentez-vous d'imaginer celui à bord duquel Gustave traversera le Pacifique.

Dans cette belle et vaste gare où ils flânaient depuis plus d'une heure, tout les amusait. Les plus âgés, qui avaient aimé entendre leur voix répercutée par les hauts murs, erraient maintenant parmi la foule et liaient connaissance avec les familles des autres missionnaires. Les plus jeunes parlaient entre eux de la Chine. Certains savants étalaient leurs connaissances. Faute de comprendre l'arithmétique, disaient-ils, les Chinois comptent avec des boules. Faute de calendrier, ils ignorent à quel jour fixer le début de la nouvelle année, et c'est à l'abus de thé qu'il faut attribuer la couleur de leur teint.

Nourrie aux mêmes sources que sa sœur Yvette, Marie venait d'affirmer que son frère mangerait des chenilles. Choquée par ce qui pouvait bien être la vérité, Lorenza lui pinça un bras.

— Sainte patience!

Elle se reprocha aussitôt d'avoir perdu, dans l'émotion, la belle figure composée depuis son réveil.

Reformé, le noir défilé de soutanes traversa la rue Peel et dépassa sans s'arrêter le groupe des hommes restés dehors à fumer. Avec ses compagnons, Gustave s'éloignait pour retrouver le supérieur du séminaire et les membres du conseil. Zéphyr rejoignit sa femme.

— Vois-tu, Zéphyr, il a tellement peur des sentiments qu'il est capable de rester planté là, avec des garçons qui vont passer leur vie avec lui... Si c'était permis, il ne nous regarderait même pas. Jacqueline, va chercher ton frère !

D'instinct, les missionnaires avaient fait bloc autour d'Edgard Larochelle qu'ils mitraillaient de questions auxquelles ils connaissaient déjà toutes les réponses. Qui, mieux que cet homme de terrain, ce broussard rappelé de Chine depuis peu et contraint à accepter le poste de supérieur de la Société des Missions-Étrangères, pouvait leur parler de la Chine et des Chinois ? Du froid qui les attendait en Mandchourie ?

Serrant fort la main de sa sœur Jacqueline qu'il n'était pas encore prêt à suivre, Gustave demanda si leurs vêtements légers conviendraient. Une question bête. Se souvenant de sa propre crainte des effusions, le supérieur consentit à deux autres minutes de diversion.

— Vous ne porterez pas la soutane là-bas. C'est un moindre mal. Hiver comme été, les hommes de Mandchourie portent des habits amples, semblables à des robes. Vous vous habillerez comme eux. Dès votre arrivée, ou très peu de temps après, on vous conduira chez un tailleur qui vous confectionnera, pour l'automne, des habits de coton rembourré, à la mode du pays. Mais vous savez déjà tout ça !

Gustave voulait encore parler.

— Sur le train, on s'habille en clergyman ?

— Il n'y a pas de problème. Un wagon vous a été réservé. Vous voyagerez ensemble et vous porterez la soutane. Là et sur le bateau, vous vous conduirez dignement, en évitant les conversations et les jeux avec les femmes. Vous afficherez votre état de prêtre. N'oubliez pas qu'en Chine vous porterez la barbe, comme les mandarins. Allez embrasser les vôtres. Vous aurez bien assez des semaines qui viennent pour vous familiariser avec ces sujets. Bon voyage et que Dieu vous bénisse !

Triomphante, Jacqueline s'y prit à deux mains pour entraîner son frère vers leurs parents. Trop ému pour soutenir les regards tournés vers lui, Gustave avançait en suivant une ligne imaginaire sur le sol.

Soudain lui revint un souvenir, celui d'un texte découvert en 1934, peu après son entrée au séminaire. Il cherchait alors à remonter jusqu'à la source de sa vocation. «Beaucoup de mères, avait-il lu alors, ont une âme de prêtre et l'ont donnée à leurs enfants.» Dans ce vieux texte publié en 1921, au moment de la fondation de la Société des Missions-Étrangères, l'Église de Montréal invitait les mères chrétiennes à encourager leurs fils à devenir prêtres et missionnaires, et à laisser l'amour des âmes l'emporter sur l'amour maternel. «Faites généreusement le sacrifice de vos fils. Pour cela, trempez votre caractère, soyez généreuses et remplies d'ambition pour le bien.»

Devant lui, Lorenza tentait un sourire. Ni l'un ni l'autre n'avaient de mots à jeter comme une couverture sur l'indéfinissable sentiment qu'ils partageaient. Ils n'avaient pas davantage la ressource des mensonges apaisants. La mise en marche de la locomotive lentement enveloppée d'une nuée de vapeur, l'appel des passagers, les coups de sifflet, le va-et-vient plus nerveux des porteurs aiguisèrent brusquement la tension.

Lorenza ouvrit les bras. Gustave appuya son visage contre la tête de sa mère dont les joues duveteuses, pâlies par la poudre de riz, se mouillaient de larmes. Il n'oublierait jamais l'humble odeur de violette qui parfumait cette étreinte.

— Je ne sais pas ce que j'ai, mes yeux pleurent tout seuls... Au revoir, cher Gustave, et que Dieu t'accompagne!

Il se dégagea doucement, toucha le bras de son père.

— Mon fils, veux-tu nous bénir?

Le petit prêtre de vingt-quatre ans dessina dans l'air une croix ample qui enveloppa sa famille entière.

— Que le Seigneur tout-puissant veille sur vous et que sa volonté soit faite ! Maintenant, papa, je vous demande de bien vouloir me bénir à votre tour.

Durant toute sa vie de père, Zéphyr n'avait béni ses enfants qu'au jour de l'An. Intimidé par ce fils plus savant, plus audacieux que lui, il hésitait à emprunter au rôle qui était désormais le sien. Gustave s'agenouilla devant lui.

— J'en ai besoin, papa.

— Ça me gêne. Je ne sais vraiment pas comment faire ces choses-là.

— Je vous en prie, papa.

— S'il le faut... Je demande à Dieu de te protéger, de te garder la santé et la foi, et de te ramener à nous le plus tôt possible. Je te souhaite d'être heureux et, surtout, de ne jamais nous oublier.

— Je vous le promets.

Gustave se releva d'un mouvement brusque, se pencha vers son sac de voyage et, sans se retourner, fila de l'autre côté des grilles de fer s'ouvrant sur le quai. Sur un signal de Joseph Geoffroy, le nouveau supérieur de la mission de Davao, les prêtres rassemblés devant les marches du wagon 185 entonnèrent l'*Ave Maris Stella*.

Agenouillés pour la dernière bénédiction, enfants et adultes répondirent par la fin du chant pour le départ des missionnaires :

Partez, hérauts de la Bonne Nouvelle
Voici le jour appelé par vos vœux.
Rien désormais n'enchaîne votre zèle.
Partez, amis que vous êtes heureux !
Oh ! qu'ils sont beaux vos pieds, missionnaires !
Nous les baisons avec un saint transport.
Oh ! qu'ils sont beaux sur ces lointaines terres
Où règnent l'erreur et la mort !

Les paroles du *Ô Canada* chanté par les quatorze voyageurs se perdirent dans le bruit du train qui quittait enfin Montréal pour Vancouver.

Le soir, alors qu'ils dépassaient Mont-Laurier, Gustave referma son bréviaire qu'il coinça entre son siège et celui de Germain Ouimet qui somnolait. D'un gousset de sa soutane, il sortit un dollar plié en quatre. Il ignorait encore s'il oserait suivre le conseil de M. Alphonse Plessis-Bélair, réputé pour une générosité qui l'incitait depuis toujours à faire profiter l'Église de ses succès en affaires. Constamment pressé, il ne s'était arrêté qu'une minute au goûter d'adieu des Prévost, le dimanche précédent.

Voyant venir sa luxueuse voiture, Lorenza n'avait eu de pensées que pour les plats vides et les coupes à vin déjà lavées et rangées.

— Lucille! avait-elle crié en appelant sa fille aînée au secours de sa réputation d'hôtesse. Il n'y a plus une goutte de Saint-Georges pour M. Plessis-Bélair! Va voir s'il reste une bouchée ou deux de sucre à la crème, ou des bonbons aux patates...

Du fond de l'armoire, la mince Lucille avait retiré une boîte de métal au couvercle bosselé.

— Le sucre à la crème est encore beau, maman. Il y en a même pour le chauffeur de M. Plessis-Bélair!

Réservés devant la soutane de leur ami d'enfance et ne sachant pas s'il était encore permis de l'appeler Ti-Rouge, de le tutoyer ou de blaguer comme autrefois, la moitié des invités s'étaient réfugiés près du gramophone à manivelle autour duquel les sœurs Prévost montaient la garde. Ayant sacrifié plusieurs minutes au nettoyage de la cuisine, les femmes se berçaient en causant sur la galerie. À l'entrée du jardin où les hydrangées tournaient au beige, leurs maris interrogeaient Gustave.

Il avait pris le parti de taire le peu qu'il savait des dangers courus par les voyageurs cheminant à travers la Mandchourie. Quelques années plus tôt, la description des attaques menées par des troupes parfois formées de plus d'un millier de brigands avait fasciné la presse québécoise.

— Il n'y en a plus, affirma-t-il avec l'assurance de celui qui ne veut inquiéter personne. Leurs incursions ont complètement cessé après la conquête finale de la Mandchourie par les Japonais, au mois de mars 1933.

Pour être tout à fait véridique, Gustave aurait dû dire que, en poste en Mandchourie depuis 1925, la plupart des missionnaires avaient vécu une ou plusieurs embuscades en rase campagne. Il risquait lui aussi de voir des brigands montés sur leurs petits chevaux mongols galoper à travers les collines, traînant à leur suite les provisions, la nourriture et les chevaux arrachés aux voyageurs. Leur agressivité, sinon leur haine, s'était plusieurs fois tournée contre les missionnaires. En 1934, Taingtze, le poste le plus pauvre du vicariat apostolique de Lintung, avait eu l'honneur d'une visite impromptue au cours de laquelle portes, murs et meubles avaient été détruits.

Gustave racontait donc que les brigands avaient été matés par les Japonais et que les missionnaires, estimés pour leur apport charitable à la santé et à l'éducation, ne couraient aucun danger, quand le bourgeois grassouillet dont la chaîne de montre en or brillait sur une veste noire s'introduisit dans le cercle des curieux, en serrant les mains tendues vers lui. Il en retira Gustave pour le conduire à l'écart.

— Alors, Ti-Rouge, c'est ton dernier jour à Saint-Eustache?

— Mon dernier jour? Je ne suis pas pessimiste, monsieur Plessis-Bélair. Je vais revenir.

— Je suis fier de toi, et tout Saint-Eustache est fier de son premier missionnaire en Chine. Je peux te garantir que mon beau-frère, Mgr Bruchési, est content de voir que l'appel des missions est entendu par des jeunes comme toi.

— Je n'ai pas fait ce choix pour plaire à quelqu'un, même pas à l'archevêque de Montréal. Me croiriez-vous si je vous disais que je ne peux pas faire autrement? Que c'est plus fort que moi?

— Même si je ne comprends pas, je te crois, mais c'est toute une aventure. As-tu appris le chinois? Tu dois bien savoir une couple de mots, au moins pour demander ton chemin.

— Pas un mot. Les autres non plus. Nous connaissons le nom de certaines villes, Linsi, Lintung, Szepingkai, mais la langue doit être apprise sur place, parce que les Chinois de Mandchourie n'ont pas la même langue qu'ailleurs en Chine.

— Mon petit père, pas besoin d'un diplôme pour deviner que la vie sera moins belle qu'ici, mais c'est votre lot. Mon lot à moi, comme a dit le pape, je ne sais plus lequel...

— Benoît XV, peut-être...

— Oui, c'est ça, Benoît XV; puis l'autre, le pape des missions, comme on l'appelle.

— Pie XI, je suppose.

— C'est ça. Donc, comme ils ont dit, il faut des gens pour aller en mission et il en faut d'autres pour vous encourager autrement qu'avec des prières et des bonnes intentions. Sinon, on n'est pas des vrais chrétiens ni des bons catholiques. Alors, voici pourquoi je suis venu te saluer. Je sais qu'en Chine tu manqueras de doigts pour compter tes sacrifices et j'aimerais que tu fasses un beau voyage. Pour commencer, quand la petite fête sera finie ici, mettons vers trois heures, Desormeaux, mon chauffeur, va venir te prendre avec l'auto des commissions.

— Voyons, monsieur Plessis-Bélair, ce n'est pas nécessaire; mon oncle Joseph s'est déjà engagé à me conduire jusqu'au séminaire, à Pont-Viau.

— Tu ne dérangeras pas ton oncle Joseph! C'est moi qui m'occupe du transport du premier missionnaire à sortir de Saint-Eustache. Pour revenir au voyage, je voudrais que tu dépenses quelques piastres à ma santé, dans le train, sur le bateau, où tu voudras.

— Vous connaissez cette parole de saint François de Sales? «Je désire bien peu de choses et le peu que je désire, je le désire bien peu.» J'essaie d'en faire une philosophie.

— Si tu veux mon opinion, Gustave Prévost, tu n'as pas assez vécu pour philosopher. Tu m'en reparleras quand tu seras plus vieux. Tu as certainement entendu parler du respect qu'on doit aux aînés... Pour le temps du voyage, je te demande d'enfermer saint François de Sales au fond d'une malle. Tu ne manqueras pas d'occasions de l'imiter, une fois installé en Chine. J'ai déjà donné au séminaire. Aujourd'hui, c'est pour toi personnellement. Tu m'as bien compris?

Il tendit à Gustave une enveloppe gonflée de billets de banque.

— Je vais la prendre, mais je ne pense pas me servir de ces dollars pour mon confort personnel.

— Mets ça dans ta belle soutane et accepte, en prime, un petit conseil. Cette semaine, tu seras dans le train de Vancouver. Le premier soir, quand tu auras soupé et que la lumière sera trop faible pour que tu puisses continuer de lire les prières que tu ne sais pas encore par cœur, tu prendras une de ces piastres-là pour la donner au nègre chargé de ta cabine. Là, je te promets du service. De première classe!

Depuis la tombée du jour, en espérant que Germain s'enfoncerait dans ses rêves et ne serait pas témoin de ce qu'il allait faire, Gustave guettait la porte du wagon. Elle s'ouvrit. Gustave se leva d'un bond et marcha vers l'homme dont la main se referma sur le billet plié.

— *Thank you very much, sir*, murmura-t-il avec un air complice.

La lueur grise d'une ampoule éclairait le wagon quand, vers six heures, Gustave écarta le rideau de sa couchette. Les lève-tôt avaient déjà puisé dans le reste des provisions que, par souci d'économie, les sœurs Antoniennes de Marie avaient préparées. Il choisit, dans les linges enveloppant les victuailles, un sandwich ramolli par un triste mélange d'œuf et d'oignon. Joseph Geoffroy, qui méditait et se déliait les jambes en arpentant le couloir, interrompit sa marche pour jeter sur lui un regard dégoûté.

— Alors, comme ça, monsieur Prévost, on essaie d'avoir des faveurs? On soudoie les employés du train?

Pris au dépourvu, Gustave cessa de mastiquer et avala une gorgée d'eau. La bouchée passa, lentement. À l'époque où il assumait les fonctions de directeur des études, on avait surnommé Geoffroy «l'Homme aux cent yeux». Il connaissait ses anciens élèves mieux qu'ils ne se connaissaient eux-mêmes. Heureux de son effet, il secoua d'une main la tignasse rouge et frisée.

— Vous avez eu raison, monsieur Prévost. Je suis d'avis qu'il est inutile de se priver pendant un voyage. J'ai même fait mieux, ajouta-t-il avant de reprendre sa marche. J'ai réservé ma place au wagon-restaurant. Si vous avez un peu d'argent, continuez d'en profiter. Vous avez ma bénédiction!

D'avoir été vu dérangeait moins Gustave que d'avoir dévié d'une ligne de conduite qui devait le mener au dépassement. Pendant des années, depuis l'âge de six ou sept ans peut-être, il s'était imaginé dans le rôle du curé de village vieillissant dans la paix et le confort d'une belle paroisse. Craint et respecté de tous. Montant en chaire les dimanches pour rappeler ses paroissiens à leurs devoirs de chrétiens. Ouvrant les grandes processions, portant le saint sacrement à bout de bras sur les chemins de campagne comme à travers les rues. Unissant hommes et femmes, recevant les enfants au baptême et les confirmant, longtemps avant de les conduire à leur dernier repos. C'était ainsi, avait-il cru jusqu'à sa vingtième année, que le prêtre se réalisait.

En 1934, à la fin de la retraite de réflexion pascale où les étudiants du collège de Sainte-Thérèse devaient choisir l'orientation de leur avenir, il avait constaté que la vision idyllique du prêtre de campagne ne correspondait plus à ce qu'il cherchait. Il serait missionnaire. Pauvre, étranger au faste et aux honneurs.

Deux semaines après Pâques, il adressait au supérieur de la Société des Missions-Étrangères une lettre aux accents puérils mais dont il ne retrancherait aujourd'hui aucun mot. Il s'en souvenait par cœur. «La Providence, dont les desseins sont insondables, semble m'avoir réservé l'insigne privilège d'être, un jour, apôtre du Christ et de la vérité, porteur de la bonne nouvelle. Pour autant que le permette la faiblesse humaine, je crois pouvoir vous dire que Dieu m'appelle à être missionnaire. Mon rêve le plus cher serait de porter l'Évangile dans la pauvre Chine païenne et idolâtre, de faire connaître le Christ aux Chinois, de le faire aimer, de le faire adorer.»

Sa voie serait celle de l'«Internationale noire», de l'«Internationale de l'Amour divin».

L'intimité du wagon rapprochait les jeunes gens, qui observaient les méandres d'une rivière fuyant hors du paysage.

— Tu sais où nous sommes, Germain?

— Non. Je sais que nous nous éloignons de Montréal. Nous avons traversé Sudbury pendant la nuit et ensuite le nord de l'Ontario. La géographie n'a jamais été ma matière forte.

— Je suis encore moins fort que toi. Mais veux-tu bien me dire, vu qu'on n'en connaissait pas davantage à vingt ans, ce qui a bien pu nous pousser à choisir la Chine?

Les prêtres du collège évoquaient fréquemment la vocation missionnaire qui, dans l'imagination des jeunes, prenait la forme des symboles associés aux pèlerins les plus illustres. Les belles tuniques, les cordons, les chapelets, les sandales des Pères Blancs ou des franciscains. On leur parlait de l'Afrique, du Japon ou de l'Amérique du Sud où plusieurs communautés étaient à l'œuvre, mais les visiteurs, les conférenciers les plus assidus étant liés à la jeune Société des Missions-Étrangères, Gustave et Germain s'étaient écartés du romantisme pour adopter la moins prestigieuse, la moins élégante, la moins riche des communautés. Celle-ci recrutait des défricheurs, des bâtisseurs semblables à leurs pères, à leurs oncles, à leurs cousins. Des hommes entreprenants et débrouillards, prêchant par l'exemple, ergotant le moins possible.

Germain fixait le bout arrondi de ses bottines noires et le bord de son pantalon élimé. Plus court que la soutane, il laissait voir des bas noirs en laine grossière. Un détail clochait dans ce costume banal qui, sans le crucifix qu'ils portaient à leur départ, ne révélait rien de leur destination lointaine.

— Je pense, répondit-il enfin à la question de son ami, que nous avons voulu suivre les traces du père Charest. Tu t'en souviens? Il a été assassiné au début de l'année 1934.

— Je ne suis pas prêt à dire que sa mort a été décisive. Ça n'avait aucun rapport.

Émile Charest et son cuisinier, Fou Sin, avaient été abattus de deux balles dans la tête à Tcheng Kia T'oeon, le 13 février 1934, pour avoir refusé de révéler où était caché l'argent destiné à leur entretien. Exploitée dans la plupart des journaux du Québec, la nouvelle avait ravivé l'intérêt du public pour les missions chinoises et passionné les étudiants des collèges. Au séminaire des Missions-Étrangères, la mort du jeune prêtre avait conféré de la sainteté à l'aventure des pèlerins, et apporté du lustre à une communauté qui en cherchait.

Sur la presqu'île du Marigot où l'on formait les futurs missionnaires, l'avènement du premier martyr de la communauté avait éclipsé la mort de l'homme. À peine Avila Roch, le supérieur, avait-il pris connaissance de la nouvelle qu'il s'était précipité d'une salle de cours à l'autre pour répéter devant les jeunes gens d'abord déconcertés par sa joie : «Messieurs, agenouillez-vous et priez. M. Charest a été tué en Mandchourie par des brigands chinois. Alléluia!»

— Je suis persuadé, dit Germain, que cet événement nous a détournés des apparences pour nous faire voir les beautés de la vie en mission.

Assis devant eux, Gérard Lambert s'immisça dans la conversation. Même âge, même exaltation, même désir, depuis 1934, de porter aveuglément la foi dans un univers étranger au catholicisme.

— Je suis de l'avis de Gustave. Je ne dirais pas non plus que la mort de Charest m'a influencé, mais elle m'est apparue comme le parfait exemple de la voie du sacrifice. Elle nous a été annoncée en pleine récréation, par le préfet de discipline. Il a sonné la cloche et interrompu nos jeux pour nous dire qu'un nouveau saint venait d'être admis au ciel. Plus tard, certains ont dit que c'était une manière un peu raide de voir les choses. Le soir, au réfectoire, on nous a lu les nouvelles du quotidien *Le Devoir*. Les détails ont été donnés des semaines plus tard, dans la colonne des missions.

Depuis la publication, en 1932, de la première chronique missionnaire, coiffée d'un titre inspiré de la parole du pape Benoît XV : «Sur le front... des missions», on dévorait les textes des prêtres partis à la conquête de la Mandchourie. Fourmillant de descriptions de voyages, de villes, des coutumes et du mode de vie chinois, leurs lettres permettaient à ceux qui ne partiraient jamais de voguer sur le Pacifique, de visiter Hawaï, d'essuyer des tempêtes sur la mer de Chine, de rencontrer des mandarins ou des seigneurs de la guerre, ou de voir enfin des femmes aux petits pieds. Les futurs missionnaires étaient aussi des reporters habités par le désir de voyager, de sortir de l'ordinaire et de partager leurs découvertes. Ils ne partaient pas sans leur croix, ni un bon appareil photo et un trépied.

— Il y a aussi, dit Gustave, le fait que, même si elle progressait rapidement, la Société avait besoin de nouveaux prêtres. Ceux qui, comme nous, ont choisi d'aller en Chine désiraient collaborer avec Mgr Lapierre.

Louis Lapierre? Le cheminement de celui-ci n'avait pas été étranger à l'intervention de Délia Tétrault, fondatrice des sœurs de l'Immaculée-Conception. C'est elle qui, au cours d'une rencontre imprévue avec Louis Lapierre, alors curé de la paroisse Saint-Jean-Baptiste de Montréal, l'invitait à prendre sa relève dans une croisade qu'elle menait en solitaire depuis 1910, pour que soit enfin créée une société missionnaire formée de Canadiens français, indépendante de toutes celles qui existaient ailleurs dans le monde.

Trop souvent rabrouée par un épiscopat réfractaire à la formation de missionnaires québécois, Délia Tétrault avait donc passé le flambeau au curé Lapierre. Séduit par la perspective d'abandonner une cure riche et florissante pour aller lui-même en mission, il avait fait sien le projet de fonder une communauté. Sa campagne avait conduit au consensus des évêques qui, jusqu'à ce qu'il intervînt, s'opposaient à la réduction de leurs effectifs pour donner naissance à un clergé itinérant.

Appuyée par le journaliste catholique Henri Bourassa dès avant sa création, la Société des Missions-Étrangères avait fait l'objet d'une campagne de presse d'où elle avait émergé avec tout le prestige d'une œuvre nationale. Elle donnait aux Canadiens français l'occasion de s'inscrire parmi les peuples les plus charitables du monde et de ne plus dépendre, dans l'expression de leur générosité, de communautés religieuses d'origine étrangère.

Gustave ne s'était pas contenté des dernières nouvelles. Les causeries dominicales des missionnaires, leur correspondance, diffusées sur les ondes de CKAC, la station radiophonique du journal *La Presse*, avaient trouvé en lui un auditeur passionné. Voulant mieux connaître le pays où il entendait vivre et mourir, il avait lu et relu la petite histoire de ses prédécesseurs et, entre autres choses, la description du premier départ pour la Mandchourie, le 11 septembre 1925.

Ce jour-là coïncidait avec l'inauguration de la deuxième année de cours au séminaire du Marigot, à Pont-Viau. Avant d'entrer en retraite, les étudiants avaient dû assister aux adieux de leurs éclaireurs, Louis Lapierre, Léo Lomme et Eugène Bérichon.

Un événement survenu peu avant l'heure du départ avait alors marqué la mémoire et l'imagination des jeunes séminaristes et des autres témoins. Vers quinze heures, au moment fixé pour la cérémonie, un orage soutenu par une tornade s'était déchaîné au-dessus de la région montréalaise, paralysant la circulation des automobiles et des tramways. Devant la façade de l'institution, le vent avait arraché à un étudiant le drapeau que, par prudence, il retirait du mât. Simultanément, la croix de pierre dressée au centre du parterre s'était inclinée, avait touché le sol et s'était relevée.

On avait voulu y voir un miracle et la confirmation des difficultés que les pionniers de la mission chinoise de Szepingkai rencontreraient en Chine. Comblant les imaginations avides de merveilleux, Dieu et le diable s'étaient affrontés.

— Ces lectures me passionnaient, dit Gustave en évoquant à haute voix un autre souvenir qui conférait aux missionnaires de la Société la stature des héros. Je me souviens d'avoir lu le récit de l'enlèvement de Damase Bouchard et d'Eugène Berger. Ces deux-là ont dû s'ennuyer de leur Rimouski natal !

Après plusieurs jours de détention, Bouchard et Berger avaient négocié leur liberté en affirmant être des gueux, un fait attesté par leurs habits chinois. Ce faisant, ils avaient manqué à une règle élémentaire prisée des Chinois : le silence. Plus les Rimouskois parlaient, plus ils s'enferraient. L'éclat des dents en or qui brillaient dans leur bouche démentait leur plaidoyer d'hommes pauvres. Devant eux, les voleurs évaluaient le métal et dissertaient sur la nécessité de leur couper la tête. Selon Bouchard, dont une lettre fut publiée plus tard, la perspective de mourir avait stimulé leur zèle. «Nous sommes venus en Chine, avait-il écrit, pour faire l'œuvre de Dieu; nous la ferons, quoi qu'il en coûte, fût-ce même au péril de notre vie.»

— C'est ironique de penser qu'une dizaine de mois plus tard, à l'hôpital du Sacré-Cœur, le père Berger mourait d'une pneumonie contractée là-bas. Cela ne lui a pas valu d'articles dans les journaux.

De retour d'une promenade à travers le train, le père Geoffroy s'arrêta devant les trois hommes.

— On ne choisit pas sa mort. Je veux dire que la violence ne la rend pas plus méritoire. Elle apporte la célébrité au disparu, et des candidatures comme les vôtres au séminaire. Elle accroît la générosité et le nombre des bienfaiteurs. Ne commettez pas l'erreur de croire qu'une mort simple soit dépourvue de grandeur.

Après la retraite pascale de 1934, Gustave était arrivé à Saint-Eustache disposé à informer ses parents de son intention. Il avait plusieurs fois auparavant tenté d'amener la conversation sur les missions et sur la décision qu'il mûrissait. Systématiquement, Lorenza en avait détourné le cours. Le lendemain de Pâques, décidé à prendre le contrôle et à se faire entendre, il avait exigé une minute d'attention.

— Je voudrais vous parler d'une idée qui m'est venue ces jours derniers à propos de ma vocation. Vous avez entendu parler des Missions-Étrangères ?

Zéphyr le regardait, attendant la suite ; mais, cédant à un irrépressible besoin de s'activer, sa mère s'était levée pour entreprendre le grand ménage du poêle. N'eût-elle pas craint la colère de Dieu, elle aurait tiré les cheveux de ce garçon assez naïf pour la croire ignorante.

— Venez donc vous asseoir, maman.

— Penses-tu que je ne sais pas, Gustave Prévost, que tes « missions étrangères » envoient tous leurs jeunes en Chine ?

— Où êtes-vous allée pêcher ça, maman ?

— Je lis les journaux. J'écoute la radio. Je me tiens au courant, et j'ai appris il y a longtemps que deux et deux font quatre, n'en déplaise à mon savant garçon ! Tu me parleras de cela plus tard.

Elle ne semblait pas de meilleure humeur quand il demanda une tasse de thé bouillant. Elle posa la vieille théière de fer-blanc, une tasse et une soucoupe devant lui et, sans un mot, quitta la pièce. Le liquide foncé assombrissait le décor bleu marine de la tasse, qu'il remarquait pour la première fois. Personnages, paysages et pagodes chinoises se multipliaient à l'infini sur l'humble service de porcelaine tiré, pièce par pièce, des sacs de sucre ou de farine.

— Maman, cria-t-il en posant une deuxième tasse sur la table, le thé va refroidir.

Lorenza revint dans la cuisine avec des bûches plein les bras. Elle les fit glisser lentement dans une boîte placée près du poêle.

— Je ne suis pas infirme, maman ; j'aurais pu faire cela.

— Quand il fait froid comme aujourd'hui et que tu me vois sortir dehors en robe, Gustave Prévost, c'est pour aller chercher du bois. Tu l'as toujours su et tu fais semblant de ne pas voir. Ces années de collège ont fait de toi un coq en pâte.

Il encaissa le reproche. Il ne voyait jamais qu'après, ce qu'il aurait pu faire avant.

— J'ai parlé à mon oncle Joseph à la sortie de l'église. Il accepte de m'aider dans mes études, à condition que je ne me rende pas jusqu'au collège de Rome. Je lui ai dit que je n'irais pas si loin.

— Ça ne t'a pas gêné de lui mentir ? Tu aurais pu lui dire que tu voulais aller beaucoup plus loin que Rome. Là, tu aurais vu s'il voulait payer pour que tu disparaisses en Chine.

— Pourquoi êtes-vous fâchée, maman ?

— Je ne suis pas fâchée ! Je crois que tu as tort de me traiter comme une enfant. J'ai compris que tu veux aller vivre, ou plutôt mourir, en Chine.

— Venez vous asseoir, deux minutes. Nous pourrions en parler.

— Non. Tu ne vois pas que je suis occupée ? Tu descends du train, tu ouvres la porte, tu entres pour rester quelques jours et tu penses qu'on peut passer nos beaux après-midi à boire du thé. Tu n'as jamais été très fort sur le pratique, Gustave, mais ta mère a de l'ouvrage le lundi, même le lundi de Pâques. Son jour du Seigneur à elle, c'est le dimanche.

Elle s'était relevée et, armée d'un torchon, elle traquait une poussière imaginaire. Du téléphone mural, la guenille glissa sur une table puis sur une tablette où elle fit le tour du pied de la haute lampe à huile. Essoufflée, Lorenza daigna s'asseoir. Elle saisit la théière et remplit sa tasse si vite que le thé déborda.

— Regarde-moi dans les yeux. C'est en Chine que tu veux aller, n'est-ce pas ? Ce ne sont pas des idées que je me fais ? J'ai peur pour toi, Gustave. Si on t'accepte dans la Société, tu partiras pour dix ans. Dix ans en Chine, si on peut appeler Chine la Mandchourie. Ce pays est en guerre. Chinois contre Japonais. Ou vice-versa.

— La guerre est finie en Mandchourie, maman. Il n'y a plus de missionnaires martyrs. Il n'y a plus de danger pour eux ; ils sont les bienvenus partout en Mandchourie. Et puis, si je pars, ce ne sera pas avant quatre ans.

Les beaux yeux bleus de Lorenza fixaient Gustave. Elle ne reconnaissait plus ce fils entré au collège huit ans plus tôt. L'éloignement avait établi entre eux une frontière de pudeur et de réserve. Il avait pris ses distances, se fiant désormais moins à elle qu'à des directeurs de conscience. Il avait oublié qu'elle était encore et toujours animée du besoin de le consoler, de le rassurer, de l'aimer à sa manière à elle. S'il avait eu six ans, elle l'aurait serré dans ses bras en l'appelant «mon bébé», en lui demandant quel plaisir il prenait à la chagriner. Détaché, ébloui par son projet, l'enfant assis devant elle l'initiait à sa nature d'homme en souhaitant qu'elle fût assez forte pour étouffer la tempête qu'il venait de déclencher.

À la fois jalouse et solidaire de la vocation de son fils, elle se contraignit à ne pas plaider en faveur de son propre apaisement et se tut.

L'été des dernières vacances avant son entrée au séminaire, il ne trouva pas les vêtements de travail qu'habituellement Lorenza déposait sur son lit. Libéré des travaux de la ferme et de la distribution du lait, il cultiva le silence et passa l'été à rêver.

Au début du mois de septembre 1934, Gustave s'absorba dans la retraite d'initiation, d'où il sortit persuadé que son choix était le bon. Il l'écrivit à Lorenza. «Si parfois revenait à mon souvenir l'image des personnes qui me furent chères, si parfois le cœur se serrait encore en pensant aux souvenirs d'antan, aux remembrances d'amours et d'amitiés volontairement et complètement quittés, si parfois revenait la vision des personnes qui ont passé en frôlant ma vie, un sentiment irrésistible venait alors empoigner mon cœur et le baigner d'une joie suave, celui de la joie de la retraite qui chassait les retours nuageux des rêves passés que l'appel de Dieu avait fait s'envoler pour toujours dans le lointain comme une fumée poussée par le vent de l'hiver.»

Les missionnaires avaient rêvé de découvrir leur pays à bord du train, mais, le long des tranchées creusées dans les forêts, au-dessus des rivières, des gorges et des ravins, ils ne virent surtout que les champs dénudés et colorés par l'automne. Joseph Geoffroy profita du passage sur les rives du lac Supérieur pour évoquer le souvenir des martyrs canadiens en priant à haute voix pour qu'un peu du courage de ces pionniers leur fût insufflé. Ils se dégourdirent les jambes à Port Arthur et à Fort William. Ils profitèrent des quarante-cinq minutes d'arrêt à Winnipeg pour dire adieu au nègre, qui retournait à Montréal. Embauché dans l'une des boîtes de nuit où se faisaient entendre la plainte des trompettes et le chant triste des hommes comme lui, il ne serait jamais plus au service des autres. Gustave et ses compagnons ne pensaient pas grand bien de ces lieux, mais ils souhaitèrent néanmoins au musicien la réalisation de ses vœux. Devant tout le monde, le beau nègre rendit à Gustave une piastre toute neuve.

— *For the poor people of China, sir. Have a nice trip and thank you very much.*

Ils visitèrent une partie de Winnipeg et tentèrent de comprendre pourquoi, malgré son titre de métropole du Centre et de l'Ouest canadien, tout l'Ouest trouvait cette ville complètement démodée, lui préférant, et de loin, Moose Jaw. Ils s'initièrent au crédit social albertain à Calgary où ils durent verser, malgré leurs arguments pour s'y soustraire, une extravagante taxe de dix cents sur leur provision de pellicules photographiques.

Dans le grenier du Canada, les blés avaient été fauchés, engrangés ou expédiés, via Montréal, vers l'extérieur du pays. Le long de la voie ferrée, les fleurs étaient fanées, les feuilles rougies. Un glacial vent d'automne escorta le train jusqu'aux Rocheuses. À Banff et au lac Louise, l'été qui réchauffait le versant est des Rocheuses réapparut, apaisant.

Ils quittèrent le train à Vancouver. Joseph Geoffroy leur suggéra de profiter pleinement de cette halte qui précédait leur embarquement.

— Retenez ceci : parmi les dizaines de missions offertes à nos fondateurs à partir de 1921, la Mandchourie a été retenue parce que son climat tempéré ne risquait pas de dépayser les Canadiens. C'est l'hiver qui vous attend là-bas et, sur le bateau, vous ne verrez pas souvent le soleil. Profitez donc du temps doux, mais soyez à l'heure au quai; nous quittons le pays ce soir, à dix-sept heures trente.

Vers les terres promises

Suivant les prescriptions de Joseph Geoffroy, Gustave avait flâné seul dans les jardins de la capitale de la Colombie-Britannique et visité sans se presser le tout nouvel édifice du Parlement de Victoria. Il était quinze heures quand il quitta l'île à bord du traversier qui le conduisit enfin dans le port de Vancouver, où l'*Empress of Russia* dominait les quais. Arrêté par les douaniers postés à la barrière, il présenta son passeport et se fondit dans la foule d'Orientaux, parmi lesquels il put distinguer les voyageurs et les hommes d'équipage. Étranger parmi eux, il eut le sentiment de n'être plus au Canada mais ailleurs, sur un autre continent. Il chercha ses compagnons, depuis longtemps rassemblés devant le navire et inquiets de ne pas l'avoir retrouvé plus tôt.

— Espèce d'indépendant! Avec tes idées de faire tes petites visites tout seul, tu aurais pu manquer le bateau.

Fasciné par l'atmosphère qui régnait autour de lui, il ignora la remarque de Germain, qui poursuivit d'un ton paternel contrastant avec son allure de vieil adolescent au teint rose.

— Ne t'inquiète pas; nous avons déjà repéré des Britanniques, des Français et quelques Canadiens. Presque tout ce beau monde s'exprime en anglais. Crois-moi, nous sommes déjà loin de notre petit univers.

Entraînés par le mouvement des voyageurs, ils se pressèrent sur la passerelle où chaque pas les rapprochait des flancs du mastodonte. Au premier niveau, la vague d'ouvriers chinois et japonais voyageant pour deux sous dans des salles sans confort se détacha du groupe. Les quatorze retrouvèrent leurs bagages sur le deuxième pont, où Joseph Geoffroy les compta.

— Suivez les porteurs jusqu'à vos cabines. Jetez-y un coup d'œil et retrouvez-moi ici dans dix minutes.

Étroite et sombre, la chambre où Gustave et Germain déposèrent leur mallette noire ressemblait à une cellule de monastère. Il leur suffit d'ouvrir la porte pour comprendre qu'ils s'y ennuieraient à mourir.

Sur les ponts du navire, chacun cherchait une place le long des garde-corps pour observer le largage des amarres. Déjà, des matelots circulaient en distribuant des rouleaux formés de rubans de papier multicolores. Un choc léger suivit le dégagement des premiers cordages. Ils entendirent aussitôt l'orchestre qui, sur le pont supérieur, jouait les premières mesures du *God Save the King*. Imitant les officiers, les passagers libérèrent une extrémité des rouleaux de papier qui, lancés vers le quai, se défirent en milliers de serpentins bleus, blancs, rouges et violets pour former entre la terre et le navire, un filet ondulé, mouvant et coloré. Répliquant d'instinct à l'hymne national britannique, les missionnaires chantèrent le *Ô Canada* et enchaînèrent, sans pause, avec l'*Ave Maris Stella*. Ils affirmaient fièrement leurs origines, leur état et leur plus belle dévotion.

Joseph Geoffroy avait inscrit le groupe au premier service des trois repas quotidiens. Ils inaugurèrent une salle à manger impeccable et s'attablèrent en s'extasiant sur le luxe confortablement bourgeois du navire. Peu importaient à cette heure les mises en garde du coadjuteur de l'évêque de Montréal; ils étaient éblouis par l'éclat des cristaux, la richesse des boiseries, la chaleur des velours écarlates, et par le service souriant et empressé exécuté par des dizaines d'hommes de tous âges. Quatre d'entre eux s'affairaient autour de leur table, distribuant les menus de fin papier bleuté dont la couverture reproduisait une aquarelle montrant l'*Empress of Russia* voguant sur une mer calme. Plus impressionnant, dans ses lignes pures, que le vrai.

— Ne soyez pas surpris par le nombre de serveurs, prévint Joseph Geoffroy. Ils ne sont à peu près pas payés. Les Occidentaux sont généralement assez jeunes. Ils voyagent à travers le monde pour leur plaisir. Les Orientaux le font pour gagner leur vie. Il y a des jeunes et des vieux. S'il vous reste un peu d'argent pour un pourboire, ils vont l'apprécier, mais entendez-vous d'abord pour ne pas tous donner au même.

— On peut choisir ce qu'on veut sur le menu, mon père? demanda Gustave.

— Vous choisissez entre le menu oriental et le menu ordinaire. J'ignore vos goûts en matière de cuisine étrangère, mais si vous me permettez un autre conseil, je vous suggère de vous en tenir, pour aujourd'hui, aux mets que vous connaissez. Plus tard, quand il n'y aura plus à bord ni jambon ni pommes de terre, il sera toujours temps de vous mettre au riz.

Ils avaient déjà commandé quand Germain Ouimet apparut, les mains chargées de feuillets noircis d'une écriture anguleuse et fine.

— On te pensait noyé! ironisa Gustave.

— Ça n'a pas l'air de vous avoir trop inquiétés! Figurez-vous que je travaillais pour vous.

— Quelqu'un t'a demandé quelque chose, Germain ?

— Pas du tout. Toutefois mes petits calculs finissent toujours par vous intéresser.

— Tu exagères ! Tu nous les imposes. Par la force des choses et de l'habitude, pour ne pas te peiner, nous finissons en effet par nous y intéresser. Uniquement pour te faire plaisir, ne l'oublie jamais !

Germain s'était attribué le rôle de statisticien du groupe et, impassible, il entendait garder le nord, compter les heures, suivre l'évolution de la température, sans se laisser intimider par ses camarades. Infatigable amateur de données concrètes sur l'espace et le temps, il avait besoin de les révéler pour être satisfait. Gustave se cala dans son fauteuil.

— Avons-nous besoin de prendre des notes ?

— Tout dépend de l'état de votre mémoire. Alors, voici pour les distances : aux deux mille huit cent quatre-vingt-trois milles parcourus à travers le pays sur la ligne du transcontinental, il faut ajouter les quatre-vingt-deux milles sur le traversier qui relie Victoria à Vancouver. Pour l'heure, vous retardez vos montres de quarante minutes encore. Ici, il est exactement quatre heures vingt minutes de moins qu'à Montréal. Demain, à l'heure du souper, nous les retarderons encore de quarante minutes. Donc, si nous continuons d'avancer à une vitesse d'environ vingt milles à l'heure, nous aurons, le 3 octobre, cinq heures de retard sur nos familles.

— Le maître astronome nous permet-il de prendre maintenant connaissance du menu ? demanda Joseph Geoffroy.

Rassasiés, leurs montres correctement ajustées, ils retournèrent sur le pont pour voir s'éloigner le continent. Le brouillard dense ne leur permit pas de saisir une dernière image du pays qu'ils quittaient, ni de distinguer au-dessous d'eux la mer sur laquelle ils avançaient au son d'une sirène qui ne se tairait qu'à l'aube.

Un touriste avide habitait Gustave qui, malgré de grands efforts de concentration, pria machinalement, les mots s'enchaînant dans un murmure inutile. Au matin, les premiers signes de nausées le tirèrent du sommeil. Agenouillé au pied de son lit, il fut incapable d'entrer en méditation et de donner à cette première journée en mer le sens religieux qu'il recherchait.

À ses côtés, rose comme la veille, la tête penchée sur la poitrine, Germain semblait avoir trouvé une voie à son recueillement.

— Suis-moi sur le pont, Gustave ; le meilleur remède contre le mal de mer, c'est une marche, suivie d'un bon repas.

— Je ne sais pas si les autres sont en meilleur état, mais j'ai l'impression d'être une loque, un débris.

— Prends ton manteau. J'ai mis le nez dehors pendant que tu dormais. C'est frisquet, mon ami !

— Je n'ai presque rien à me mettre sur le dos. Tous mes lainages tricotés par les marraines du cercle missionnaire sont dans la cale, dans mon coffre. Penses-tu que le froid va s'éterniser ?

— D'après ce que je sais, ça devrait durer quelques jours encore, c'est-à-dire aussi longtemps que nous naviguerons vers le nord. Allez, viens. Prends ton courage à deux mains et suis-moi.

Le hasard reforma la file des prêtres qui, dans le couloir, eurent l'impression d'avancer sur la crête d'une vague. À l'extérieur, la pluie froide et drue les glaça. Le vent moula sur leurs jambes leur trop léger pantalon de gabardine. Le plancher montait, descendait, sans qu'ils puissent prévoir le mouvement suivant. Spontanément, ils cherchèrent le soutien du garde-corps.

Ils reconnurent, vers l'avant du navire, la silhouette de Joseph Geoffroy, aussi chaudement vêtu que pour une partie de sucre dans les bois du Marigot.

— En voilà au moins un qui sait voyager !

Un chapeau de feutre à large bord sur la tête, un manteau de laine noire boutonné jusqu'au cou, un col de mouton de Perse relevé sur les oreilles, ses mains gantées agrippées à la passerelle, il méditait. Aucun n'aurait osé demander à ce prêtre de décrire la route où ses pensées le conduisaient. Pendant les quatre années de leur initiation à la prêtrise, il avait su pénétrer leur conscience, deviner leurs peines et leurs soucis. Contrairement à ses confrères partisans de l'exercice d'une autorité sèche et intransigeante, Joseph Geoffroy répugnait aux sermons et aux discours. Il prêchait par l'exemple. Compréhensif et tolérant, il illustrait de toute sa personne la simplicité et le bonheur d'être prêtre, à condition de savoir jouir de la vie. Il avait balayé les aspects rébarbatifs du célibat et de la solitude en s'autorisant de simples et bienfaisants excès.

La grisaille de ce matin pluvieux leur montrait un Joseph Geoffroy tourmenté. Un inconnu.

— Est-ce que nous devons le déranger ? demanda Germain.

— Je n'oserais pas. J'aurais l'impression d'être indiscret. On dirait qu'il a pleuré.

— Voyons, Gustave ! C'est la pluie qui te fait penser cela. Pourquoi veux-tu qu'il pleure ? Vas-y, nous te suivons.

Gustave s'approcha et tendit, en le secouant pour montrer qu'il était bien propre, un mouchoir rayé où s'enlaçaient ses initiales brodées au fil de soie. D'un geste, le père Geoffroy le refusa. Il allait s'appuyer sur la passerelle quand, se ravisant, il se redressa, effaçant d'un coup la trace des émotions qui l'avaient emporté.

— Mon cher Gustave, si nous ne voulons pas passer en dessous de la table, nous ferions bien de rentrer.

— Nous ne célébrons pas la messe, père ?

— Pas ce matin, messieurs. Pensant que vous ne seriez peut-être pas en mesure de prier convenablement après cette première nuit à bord, j'ai négocié avec le bon Dieu un autre congé de messe. Plus tard ce matin, si vous n'avez pas le cœur au bord des lèvres, nous visiterons la chapelle. Nous aviserons ensuite.

Momentanément dissipé par l'air frais, le mal de mer réapparut brutalement devant les portes massives de la salle à manger. Étourdis par les odeurs, Gustave et ses compagnons s'apprêtaient à subir un repas auquel ils ne toucheraient pas. Ils refusèrent, autant pour ne pas le sentir que pour ne pas le voir, le premier service composé de riz et de plats orientaux, et crurent s'évanouir quand le centre des tables voisines se chargea de mets chinois.

Le supplice fut encore plus vif devant le petit déjeuner américain commandé par Joseph Geoffroy. Ayant remercié Dieu et béni le repas qu'ils auraient dû prendre à quatorze, celui-ci s'acquitta seul et sans remords de la tâche de manger comme quatre. Il dévora sous leurs yeux une omelette baveuse qu'il fit suivre d'une portion de jambon rôti et de plusieurs tranches de pain de mie, lequel, affirma-t-il en le mangeant malgré ce défaut, ne valait pas le pain de ménage des Antoniennes.

Pour se confier, il saisit le moment où son auditoire, affaissé devant son puissant appétit, cherchait sans la trouver la force de l'entendre.

— Il est bien tard pour entreprendre ce premier voyage de missionnaire. Je ne sais pas si je résisterai mieux que mon prédécesseur à l'humidité des marais du golfe de Davao. Les fondateurs que nous sommes n'ont pas votre jeunesse. À votre âge, les missionnaires font généreusement le sacrifice de leur vie; moi, ce n'est pas ma vie que j'offre, mais seulement ce qui en reste.

Mal à l'aise, Gustave l'aurait réconforté s'il n'avait pas d'abord fallu, pour le rassurer, dire le contraire de la vérité. À plus de quarante ans, Joseph Geoffroy lui semblait être un homme vieilli, placé devant un défi trop grand pour lui. Il fit un effort.

— Vous aurez du plaisir là-bas. Votre groupe est attendu. En Chine, le nôtre ne l'est pas. On dressera pour vous une arche fleurie où il sera écrit : *Welcome to the Canadian Fathers*. Si j'ai bien compris, nous passerons inaperçus à Szepingkai, où il est mal vu de parader en soutane. Sans compter que nous devrons apprendre à parler mandarin alors que vous pourrez travailler en anglais.

— Aux Philippines, tout est à bâtir. Cela me tracasse. À Szepingkai, vous avez une longueur d'avance. Mgr Lapierre est un bâtisseur ; je ne le suis pas et c'est ce qui m'inquiète soudain. L'enseignement du droit canon ou de l'histoire de l'Église, qui m'a occupé pendant les dernières années, ne m'a pas permis d'apprendre à construire des cathédrales.

D'ordinaire si soucieux du bien-être et du confort des autres, il replongea dans ses pensées sans remarquer le malaise des membres de sa petite troupe, qui n'attendaient qu'un signe pour quitter la table. Peinant pour demeurer attentifs, dominés par leurs vertiges, ils ne cherchaient surtout pas à soutenir la conversation. Gustave aurait donné cher pour s'allonger sur un matelas. Il posa les coudes sur la table, joignit les mains et y appuya le menton.

— Vous ne devriez pas être inquiet. Vous avez l'avantage d'être un prêtre d'expérience. Vous connaissez la nature humaine mieux que nous et vous pratiquez la charité comme une chose naturelle.

Ne sachant trop quoi répondre à l'auteur du compliment qui le fit rougir, le supérieur de la mission de Davao regarda enfin ses compagnons terrassés par le mal de mer.

— La charité ? Peut-être pas tant que ça, puisque je viens de vous imposer un gros effort. Allez donc vous reposer. Dans une heure, si vous en êtes capables, retrouvez-moi sur le pont, et nous irons à la chapelle.

Là-dessus, il tira de la corbeille un morceau de pain qu'il déchira en plusieurs bouchées dont il se servit pour nettoyer son assiette. Quand celle-ci fut bien propre, il y croisa son couteau et sa fourchette. Oubliant la présence de ses jeunes, il ferma les yeux et s'engagea dans une longue prière. Ils s'éclipsèrent en silence.

Le père Geoffroy visita seul la chapelle dépouillée où trois autels leur permettraient de célébrer autant de messes à la fois. Le lendemain et les jours suivants, l'estomac toujours à l'envers, les jeunes prêtres assistèrent simplement à la messe quotidienne de leur guide.

On comprit bientôt, à quelques signes, que le mauvais temps était bien installé. Les chaises avaient été solidement fixées au plancher et, pour retenir les plats sur les tables, celles-ci avaient été pourvues d'un rebord. On présageait le pire.

Un matin, Germain, réputé sain d'esprit et dont le sens de l'orientation ne semblait pas avoir été affecté par ses malaises, surprit ses confrères attablés devant des dizaines de tranches de pain grillées.

— Messieurs, demain n'aura pas lieu. Il n'y aura pas de 7 octobre 1938.

Joseph Geoffroy, qui à cet instant crevait le jaune d'un œuf au miroir, mima le contentement.

— L'idée de mettre fin brutalement au voyage n'est pas mauvaise en soi, Germain, mais aurais-tu la bonté d'être plus précis et de nous indiquer l'heure à laquelle la fin du monde doit survenir?

Gustave le crut fou.

— As-tu perdu la tête, Germain?

Sourd à la remarque, ravi d'avoir surpris son auditoire, Germain adopta un air hautain.

— Vous devriez savoir ceci: ma spécialité réside dans les sujets que vos très spirituels cerveaux méprisent. Sans moi, vous ignoreriez tout du temporel. Je peux donc vous annoncer que nous sauterons la journée de demain. Quand nous nous lèverons, ce ne sera pas le 7 mais le 8 octobre 1938. Pensez-vous, père Geoffroy, qu'en sautant le vendredi vous pourrez faire gras?

Faire gras? Aucun d'entre eux ne souhaitait déroger au régime monotone, mais combien rassurant, du jambon et du pain grillé, devenu l'ordinaire de leurs repas. Certains offraient ce sacrifice en compensation pour les excès qu'ils feraient quand leur route croiserait celle des sœurs Antoniennes et des sœurs de l'Immaculée-Conception, qui cuisinaient à Canton et à Szepingkai comme à Chicoutimi ou à Outremont.

Depuis que, pour satisfaire sa curiosité, il interrogeait un à un les officiers du bord, les talents de Germain dépassaient l'astronomie. Il était devenu un peu navigateur et un peu météorologue. Il reprit la parole.

— Pour vous remonter le moral, je veux vous dire que nous avons cessé, ce matin, de naviguer en direction nord. À compter de la nuit du 6 au 8 octobre..., il fera de plus en plus chaud mais il continuera de pleuvoir. C'est à ce moment-là que nous verrons de très, très loin les îles Aléoutiennes.

— Tes îles, on ne les verra pas s'il pleut et qu'on ne s'en approche pas.

— Non, mais on me les a décrites.

— Tu es géographe en plus? demanda Gustave.

— Tes remarques ne me dérangent pas. Vous manquez tous de curiosité. Toi le premier, Gustave Prévost! Les Aléoutiennes sont censées être des montagnes tristes et à pic, avec des cimes enneigées. Quand des goélands voleront autour du bateau, c'est qu'on ne sera pas loin.

— En attendant que tu nous réveilles pour les admirer, tu as certainement trouvé le moyen de nous obliger à ajuster nos montres...

— Merci d'y penser! Voici : si nous sautons une journée, nous serons donc vingt-quatre heures en avance. Vous me suivez? Comme d'habitude, mes calculs vous dépriment. Ça ne fait rien, je continue. Donc, il faut prendre les sept heures vingt d'arrière que nous avions et les soustraire de la journée que nous avons en moins. Donc, nous avons seize heures quarante d'avance sur nos familles. Si je résume...

— Surtout pas! Contente-toi de nous dire l'heure qu'il est!

— J'insiste. Si je résume, nos familles étaient en avance, et maintenant nous les dépassons. Pour ce qui est de l'heure, je ne sais pas, je vais vous revenir là-dessus. En attendant, j'ai faim.

Gustave savait que Germain Ouimet avait mis le nez dans la chambre de contrôle des machines, dans le bureau de télégraphie, et qu'il s'était lié d'amitié avec un passager japonais ferré en calcul. Ses poches étaient remplies de notes griffonnées sur des dizaines de bouts de papier.

— Il me semble que tu oublies quelque chose. Es-tu bien certain de nous avoir tout dit?

— C'est vrai. Au moment de longer les Aléoutiennes, nous serons à 51° 57' de latitude nord et à 163° de longitude ouest. Je ne vais pas vous faire plaisir, mais nous serons encore à deux mille six cent soixante-trois milles de Yokohama, où nous arriverons six jours plus tard. Et là, je ne vous parle pas de ce qui nous attend quand, un peu avant d'arriver au Japon, les courants froids et les courants chauds vont se rencontrer. Attachez bien vos tuques; dans ce coin-là, les tempêtes durent vingt-quatre heures!

Dans l'après-midi du samedi 8 octobre, la mer se calma enfin. Pour la première fois depuis le début du voyage, les missionnaires se rassemblèrent avec l'intention de dîner copieusement. Gustave s'imposa une initiation prudente à la cuisine chinoise, mais l'expérience démontra qu'il était encore trop peu déterminé pour abandonner avant qu'ils ne lui échappent les privilèges du touriste occidental.

Après le repas, tous les voyageurs furent invités à assister à un concert de musique chinoise inspiré du festival chinois de la mi-automne. L'annonce du spectacle incita d'autres groupes de voyageurs à proposer le leur, les missionnaires obtenant même, par une faveur toute spéciale, l'autorisation de faire transporter sur le pont le piano de la salle à manger.

On avait peu vu les passagers chinois. Ils apparurent, maquillés, masqués et costumés, portant des hautbois, des violons, des flûtes, des tambours et des instruments à percussion. L'un d'eux déposa par terre ce qui ressemblait à une large assiette.

— C'est pour le feu d'artifice, souffla Germain à l'oreille de Gustave.

Les spectateurs se resserrèrent autour des artistes, dont la musique, mélancolique et douce, leur plut d'abord. Attentifs à la prestation du petit ensemble dont certains membres, concentrés dans une mystérieuse méditation, transformés en pantins raides, ployaient les genoux, gesticulaient et grimaçaient, plusieurs spectateurs furent bientôt saisis par une forte sensation d'agacement.

Joseph Geoffroy fixa son attention sur ses hommes. Tels des gamins échappés du jardin d'enfants, ils échangeaient des regards entendus, souriaient aux sons discordants, se moquaient des accords et de la voix d'un soliste impassible et solennel. Ponctuant de coups de coude leurs observations, ils affichaient incompréhension et mépris pour des chants traditionnels qu'ils entendaient pour la première fois.

— Dis donc, Germain, on ne leur a pas enseigné les demi-tons? demanda Gustave.

— Ça n'en a pas l'air. C'est irritant à la longue, tu ne trouves pas ?

— Si vous voulez mon avis, renchérit un Gérard Lambert toujours prêt à se mêler à une conversation, c'est même du plus haut comique. D'un ridicule total !

— On peut au moins reconnaître, s'esclaffa Gustave, que par leurs fosses nasales ils imitent à merveille leurs instruments !

La bouche enfouie dans une main ou le menton calé sur la poitrine, ils continuèrent à sourire entre eux jusqu'à l'entrée en scène du magicien, qui leur permit de rire sans se dissimuler. Le silence salua la fin du concert.

— C'est terminé, j'espère. Je n'en peux plus, moi, dit un Clerc de Saint-Viateur.

— Regardez bien ce qu'ils vont faire maintenant, conseilla Germain.

Musiciens et employés forcèrent les spectateurs à défaire le cercle qu'ils formaient. Le magicien craqua une longue allumette qu'il jeta sur le disque posé à terre, avant de reculer à son tour de quelques pas. Enflammé, le disque s'éleva en tournoyant et en lançant des éclairs multicolores. Sous les applaudissements, une mince colonne lumineuse s'éleva dans les airs et retomba en éclairant les visages de couleurs vives et brillantes.

Les Chinois s'étant retirés, les passagers britanniques unirent leurs voix pour quelques chants graves. Pressés d'étaler leurs talents, accompagnés au piano par Germain, les missionnaires conduisirent ensuite Marianne au moulin, plumèrent l'alouette, roulèrent leur boule et se firent mener par l'aviron, sans douter de l'éclat de leur interprétation.

Plus tard, alors qu'ils étaient regroupés en un îlot de transatlantiques humides, ni le bruissement des balais ni celui de l'eau déversée à grands seaux sur le pont n'empêchèrent Joseph Geoffroy de leur dire trois ou quatre vérités.

— Les dernières semaines ont ramolli vos consciences, messieurs. Dois-je vous rappeler que vous entreprenez ici même dix ans de vie missionnaire auprès des étrangers dont vous venez de vous moquer ? Vous manquiez à votre devoir de charité. La sagesse vous viendra sans doute avec l'expérience et je souhaite que Dieu vous donne l'intelligence de reconnaître que c'est justement à cause de leur différence que ces gens nous intéressent. S'ils étaient comme nous, s'ils partageaient nos mœurs et notre religion, qu'irions-nous faire en Chine ou aux Philippines ? Le mépris, messieurs, est une arme tournée contre la compréhension. C'est avec lui qu'on forge les guerres.

— Nous n'avions jamais assisté à un concert pareil. Ce n'est pas de la musique, c'est du hasard cacophonique.

— C'est ton opinion, Germain, pas la mienne. C'est la preuve que vous êtes bien jeunes dans l'œuvre missionnaire et qu'il vous reste énormément à apprendre. Les Chinois voient dans la musique l'écho de la sagesse et la mère de la vertu. Cultivez donc le souvenir des sons qui vous ont tant déplu. Ce ne sera pas du luxe.

Un certain soir, au hasard de ses explorations en solitaire, Gustave caressa le velours des salons de première classe et constata qu'on y vivait beaucoup plus richement qu'aux étages inférieurs. L'orchestre y animait des bals élégants dont l'écho se répercutait parfois jusqu'au deuxième pont où, sur leurs chaises longues, les prêtres se croyaient au théâtre.

Un autre soir, il découvrit, sans oser y pénétrer, le logement où les Chinois étaient parqués. Il y redescendit en compagnie de Germain. Avec une assurance feinte, ils se glissèrent dans l'une des pièces où des hommes de tous âges causaient en fumant. Comparée avec cet ensemble de lits en enfilade encombrés de baluchons défaits, leur cabine était richement pourvue.

— J'ai l'impression, mon Germain, que la pauvreté et la misère que nous allons chercher au fin fond de la Chine voyage avec nous.

— Ça n'a pas de bon sens comme ça fait pitié. Il fait noir là-dedans, et puis la fumée est à couper au couteau.

Ils hésitèrent à obéir au steward venu leur dire de quitter la pièce et de retourner là d'où ils venaient. Gustave engagea plutôt la conversation en lui demandant ce qu'il faisait parmi l'équipage. Originaire de Londres, grand, jeune, mince et blond, Steve répondit en français. Voyageur-né, il avait pris la décision de ne pas entrer dans le commerce paternel d'épices et de chutneys. Il entendait consacrer son existence à l'exploration et à la description du monde. Auteur de quelques articles parus dans un journal londonien à petit tirage, il espérait être, un jour, remarqué par la National Geographic Society.

— Je me suis intéressé à ces Chinois et à leurs conditions de vie. J'ai publié un texte à leur sujet. Vous ne savez pas qui ils sont ?

— Je sais qu'ils sont ouvriers, dit Gustave, mais cela n'explique pas pourquoi ils sont entassés ici comme des rats.

— Ces hommes sont des manœuvres embauchés par des entrepreneurs chinois. Leur temps est vendu à des usines et à des scieries canadiennes. Ils sont payés en billets de crédit qu'ils échangent contre de la nourriture, chez leurs compatriotes chinois. Rarement contre de l'argent. Certains n'en ont jamais manipulé. Ils sont rapatriés gratuitement. Ceux qui ont réussi à se faire payer en argent rembourseront les frais de transport au Chinois qui a vendu leur temps. C'est pourquoi ils voyagent dans les cales.

— À votre avis, demanda Gustave, ce sont des hommes libres ou des esclaves ?

— La question est là, justement. Grosso modo, leur séjour au Canada ne leur a rien rapporté. De tous les Chinois voyageant à bord, il n'y a que deux familles et un célibataire à voyager en deuxième classe. Vous avez vu les autres. À vous de juger s'ils sont bien traités.

L'*Empress of Russia* n'eut bientôt plus de secrets pour eux. C'est à leur col romain qu'ils devaient d'avoir participé à certaines activités ordinairement réservées aux passagers de première classe. Là, ils avaient échangé quelques balles sur le luxueux court de tennis, côtoyé les touristes qui ne les laissaient redescendre qu'après avoir réclamé quelques titres du répertoire de *La Bonne Chanson*. Malgré la consigne, ils s'étaient approchés des tables de jeu et, pour une bonne cause, celle des enfants des marins décédés en mer, avaient participé à un bingo. Gustave y avait récolté dix dollars et promis, puisqu'il ne voulait pas mourir riche, de payer les cigares à ceux qui étaient disposés à devenir fumeurs.

Le soir même, trois audacieux répondirent à l'invitation de Gustave, qu'ils suivirent au fumoir où toutes les tables étaient prises. À un pas de l'entrée, ils furent tentés de rebrousser chemin.

— C'est une horreur! s'écria Germain. On se croirait à une veillée de noces quand toutes les pipes de plâtre sont allumées, que les cigares raccourcissent dans les cendriers, que les lampes à huile fument et qu'on ne voit pas à un pied. Nous devrions retourner dans nos cabines.

— Si vous voulez mon avis, dit Gustave, après ce que nous a dit le père Geoffroy, nous ferions bien de nous enfumer les poumons avant de débarquer.

— Je persiste à croire que cela ne fera qu'ajouter une mauvaise habitude à toutes celles qu'on s'échine à perdre.

— Peut-être, mais ça fait plus sérieux, plus vieux, plus «homme». Allez, commande-nous des cigares. Des bons. Nous sommes ici pour ça, non?

Du fond du salon, un Chinois d'une trentaine d'années, vêtu d'une robe de soie rouge, s'avança, les salua en courbant la tête et leur proposa de partager sa table. Gustave accepta et, en anglais, il présenta ses compagnons.

— Gérard Lambert, Germain Ouimet, Émilien Houde et moi, Gustave Prévost.

John Chee, médecin de la région de Vancouver, était ce passager d'origine chinoise voyageant en deuxième classe. Ils s'assirent, commandèrent des cigares et du thé.

— J'ai vécu au Canada pendant quelques années, mais je quitte maintenant ce pays.

Gustave traduisit.

— Il dit qu'il quitte le Canada pour toujours. *Why are you doing so, doctor?* Je lui demande pourquoi il s'en va.

— Ça va, ça va, s'impatienta Germain. Tu n'as pas besoin de tout traduire. On ne parle peut-être pas l'anglais aussi bien que toi, mais on le comprend.

Gustave le fusilla du regard et conversa librement sans plus prêter attention à son compagnon. La clientèle de John Chee était principalement formée de Chinois dont la présence dans l'Ouest remontait aux premiers travaux d'aménagement de la ligne ferroviaire transcontinentale. Avec quelques confrères, il exerçait la médecine auprès de cette population marginale et méprisée, formée de près de cinquante mille travailleurs. À ces ouvriers, délibérément tenus à l'écart des Canadiens, on refusait le droit d'acheter des maisons situées hors des ghettos chinois.

— S'ils exercent un emploi dans la ville, leurs employeurs sont toujours des compatriotes et, par conséquent, ils ne s'expriment que dans le dialecte de leur région d'origine.

— Demande au docteur Chee de parler moins vite et de nous dire quelle religion est pratiquée par ces personnes.

L'homme ralentit son débit.

— Taoïstes, bouddhistes ou agnostiques, plusieurs Chinois ont cru profitable d'adhérer à l'Église unie, la seule à leur avoir fait signe. Ils ont été déçus puisque, de toute manière, on les traite là aussi en marginaux.

Il souligna ensuite l'ambiguïté du comportement des Canadiens, qui, en 1902, signifiaient aux Japonais et aux Chinois qu'ils étaient indignes de partager leur citoyenneté.

— La loi votée cette année-là, dit-il en la citant, les déclarait «nuisibles à une collectivité libre, et dangereux pour l'État». Votre gouvernement ne s'est pas contenté d'injurier les travailleurs étrangers, messieurs.

Aux missionnaires qui buvaient ses paroles, il raconta que, l'année suivante, le Canada appliquait une mesure visant précisément à restreindre l'entrée des Asiatiques, en multipliant par cinq la taxe d'entrée jusque-là fixée à cent dollars par personne.

— C'est ce que le Canada avait trouvé de mieux pour mettre un terme à la venue des familles. Naturellement, elles cessèrent d'immigrer. Par contre, laissant leur famille derrière eux, les hommes continuèrent de traverser le Pacifique, ce que le gouvernement canadien toléra jusqu'au 1er juillet 1923. Ce jour-là, le Canada humiliait une autre fois les Orientaux en adoptant une loi leur interdisant l'immigration chez nous.

John Chee s'arrêta. Gustave, qui se flattait d'avoir vu le jour dans un pays ouvert, juste et équitable, se porta à sa défense.

— Je suis surpris de ce que vous dites. Il y a énormément de familles et de gens qui sont accueillis au Canada. Des Italiens, des Polonais, des Français, des Irlandais, des Anglais...

— Ils sont blancs, si je ne m'abuse. Votre pays apprécie la main-d'œuvre bon marché, mais, une fois le travail terminé, il ne veut ni voir ni côtoyer la différence. Les immigrants dont vous parlez s'intègrent au point de disparaître dans l'ensemble.

Ce n'est pas le cas pour les Orientaux. D'ailleurs, même s'ils le désiraient, ils ne pourraient pas s'éloigner des quartiers où on les confine.

Plus riche, plus éduqué que bon nombre de ses compatriotes, le docteur Chee était, à sa manière, un travailleur clandestin. Entré au Canada sous la désignation d'ouvrier agricole, il y était venu précisément pour soigner les siens. Il avait gagné sa vie aussi bien qu'à Shanghai et entretenu l'espoir de voir le Canada s'ouvrir à ceux qui voulaient s'y installer.

— Les sages prétendent, même en sachant que c'est généralement impossible, qu'on devrait trouver dans l'administration de chaque pays au moins dix hommes probes. Je retourne chez moi sans avoir trouvé ici ce qu'on appelle le *shungho*. L'harmonie, si vous préférez.

Le cours d'histoire s'achevait. Devant John Chee, pas un des quatre missionnaires ne critiquerait le pays qu'ils avaient toujours cru si parfait qu'il pouvait servir de modèle au monde entier. Vaguement coupables, tristes, ils étaient sans voix.

— Nous ne savions rien de ces lois dont vous venez de nous parler, ni de l'injustice des Canadiens à votre égard.

— Monsieur Prévost, mon peuple a beaucoup fait pour votre pays. Nous vous avons aidés à le construire, à réaliser l'union des provinces qui le composent. C'est à contrecœur que de nombreuses familles retournent en Chine. Elles ne peuvent pas s'établir, posséder une terre, une maison. Leurs enfants devraient être des Canadiens. Ils n'ont encore jamais vu la Chine, mais c'est là qu'ils étudieront, se marieront et s'installeront. S'ils reviennent un jour chez vous, je souhaite que le Canada les traite avec autant de respect qu'il en a pour les membres des autres nations.

En écoutant parler John Chee, Gustave revoyait le tranquille et discret buandier chinois qui avait poussé le courage jusqu'à s'établir à Saint-Eustache. On ne flânait jamais dans sa boutique, on ne lui adressait que quelques mots. On le fuyait, mais il était présent dans chaque maison, où l'on s'en servait pour faire peur aux enfants. Le bonhomme Sept Heures qui enlevait les enfants désobéissants, l'ogre qui les mangeait, c'était le Chinois. Gustave ne l'avait pas redouté, mais il l'avait évité. Récemment encore, passant devant l'atelier dont les effluves de vapeur chaude embaumaient la rue, il avait emprunté le trottoir d'en face. À vingt-quatre ans, dans sa tournée de futur missionnaire en terre de Chine, il n'avait pas osé franchir la porte de la buanderie pour dire à M. Wong qu'il partait enfin vers les «terres promises».

John Chee ne regrettait pas de les avoir étonnés.

— Quand j'ai appris que vous étiez missionnaires et que certains d'entre vous se rendaient en Mandchourie, je me suis dit que vous empruntiez une longue route pour aller faire le bien, et qu'il n'était peut-être pas nécessaire d'aller plus loin que Vancouver. J'attendais l'occasion de vous parler d'une Chine canadienne dont vous ignoriez peut-être même l'existence.

C'était ça, le pire de la démonstration : ils auraient aussi bien pu établir leur mission de l'Empire du Milieu dans l'ouest de leur propre pays. John Chee repoussa sa chaise, leur serra la main et quitta le fumoir en marchant lentement vers la sortie. Alors seulement, ils remarquèrent son dos voûté.

— Il a quel âge, d'après vous ? demanda Émilien Houde.

— Trente, trente-cinq ans ?

— Je viens, dit Gustave, de rencontrer un parfait missionnaire. J'ai l'impression d'avoir passé les quatre dernières années de ma vie sur un nuage, sans m'intéresser à la réalité. Je suis prêt à fumer maintenant !

Le soir, pendant que Germain écrivait à sa famille, Gustave griffonnait le brouillon d'une lettre destinée au supérieur de la

Société. Il y disait sa déception de n'avoir découvert que le jour même l'existence de milliers de Chinois proscrits.

« Nous ne sommes pas suffisamment instruits des questions politiques et sociales qui touchent notre pays. En route pour la Mandchourie, j'ai la conviction de laisser derrière moi une mission tout aussi étrangère que celle qui m'attend de l'autre côté de l'océan. Déjà à moitié acquis au christianisme, les Chinois du Canada n'ont pas eu à lutter contre des mandarins ou des brigands, mais je m'interroge sur le nom à donner à ceux qui, dans mon propre pays, les exploitent et les traitent comme des chiens.

« J'ignore combien de Chinois vivent à Montréal et aux environs, et je m'inquiète de savoir qu'il n'existe pas de mission catholique pour les soutenir et les défendre contre l'injustice. Ma vocation me conduit ailleurs, mais je prierai désormais autant pour ces gens dont plusieurs partagent ma nationalité que pour ceux qu'en Mandchourie je traiterai comme mes sœurs et mes frères. »

Ils s'étaient éloignés du Canada sans le voir. Le Japon leur apparut à sept heures, au matin du 14 octobre 1938, au-delà d'une ligne sinueuse et sombre où se déployaient en éventail des dizaines de barques à voiles carrées qui se balançaient mollement. Un peu avant le port, l'*Empress of Russia* s'immobilisa. Chargées à ras bord de lourds paniers de charbon, quelques barques s'approchèrent. À fleur d'eau, les flancs du navire s'ouvrirent. Silencieux dans leur soutane froissée et humide, Gustave et Germain observaient les manœuvres de ravitaillement pendant qu'à leurs côtés, redevenu photographe, Émilien Houde s'extasiait devant le spectacle.

— Tu parles d'une chance! Une escale au Japon! Avez-vous vu la falaise, là-bas? Que c'est beau, que c'est beau!

— Je suis surpris, dit Gustave, de voir les femmes travailler aussi fort que les hommes. Ça ne les dérange même pas. Regardez! L'avez-vous vu lui jeter un panier dans les bras? Tu me donneras une de ces photos-là, Émilien. Quand ma mère va voir ça...

Germain spéculait sur le poids des charges.

— Chaque panier doit peser dans les cent, cent vingt-cinq livres. Entendez-vous le bruit que ça fait en tombant dans le bateau? Ce n'est pas chez nous que les femmes seraient traitées aussi durement.

— As-tu vécu à Sainte-Scholastique les yeux fermés, Germain?

— Veux-tu m'insulter?

— Non. Je me demande seulement, étant donné que tu es si fort en calcul, si tu as déjà compté les pas de ta mère.

— Tu les as peut-être comptés, toi?

— Non, mais je l'ai vue faire et je peux te dire que même si elle ne s'est jamais balancée au-dessus de la mer avec cent livres de charbon dans les bras, elle a travaillé fort. À l'aube dans l'étable pour aider le père à traire les vaches. Ensuite pour séparer le lait de la crème, baratter la crème pour faire le beurre, fabriquer le savon, bêcher le jardin, semer, récolter, soigner les poules, vendre les œufs, cuisiner, s'occuper des enfants, tout ça souvent dans une seule journée!

— C'est le lot des femmes, Gustave. Les hommes travaillent.

— Serais-tu en train de nous dire que les femmes ne travaillent pas?

— Ce n'est pas ça...

La conversation tournait au vinaigre. Laissant Houde à ses acrobaties, ils se séparèrent. Le navire reprit la direction du port, où il accosta. Des officiers d'immigration grimpèrent aussitôt à l'échelle. Peu après, les premiers voyageurs descendaient à terre.

Joseph Geoffroy et Joseph Dupuis manquaient à l'appel. Le premier pour avoir enfin cédé au mal de mer, le second pour avoir été projeté sur les sacs de sable empilés le long des garde-corps, pendant la tempête qui avait salué leur arrivée dans les eaux japonaises. Il verrait le Japon du hublot de la cabine et soignerait en se lamentant une fracture des côtes et une forte fièvre. Geoffroy avait manqué la messe du matin, évité la salle à manger et raté l'entrée du navire dans le port. Cerné et pâle, il rejoignit ses compagnons, avec dans les mains un croûton de pain et une pomme.

— C'est tout un banquet, ça ! ironisa Gustave.

— Je vais déjà beaucoup mieux !

Il ne voulait pas descendre sans prendre d'abord une précaution.

— Nous connaissons très mal la civilisation japonaise. Les contrastes, l'alternance entre l'ancien et le moderne vous surprendront, mais n'oubliez pas que les Japonais sont épris de tradition et réservés. Notre visite sera brève, et j'insiste pour que vous exprimiez du respect devant un pays dont vous ne verrez malheureusement qu'une vitrine.

D'une démarche incertaine, ils visitèrent le centre de Yokohama, encombré de cabs et de bicyclettes. Fasciné, Émilien installa son trépied pour une photo.

— Quand on pense que le bon Dieu a créé le monde en six jours, en ayant la fantaisie de toujours dessiner des visages différents... À sa place, je ne me serais pas donné toute cette peine.

— Sois certain, Émilien, que nous apprécions tous qu'il ne t'ait pas confié cette tâche et que tu te contentes de l'admirer ! lança Gustave.

— Aidez-moi donc à rassembler une couple de Japonaises pour une pose. J'en veux qui soient en kimono, avec tout le tralala.

Ils n'osèrent pas. Joseph Geoffroy les pressa.

— Tu te contenteras de cartes postales, Émilien. Dépêche-toi de remballer tes appareils. Deux voitures nous attendent pour nous conduire à Tokyo. Nous n'avons pas l'éternité devant nous, mes amis !

À petite vitesse, les deux cabs, presque soudés l'un à l'autre, s'engagèrent sur la route vers Tokyo. Vitres ouvertes sur ce bazar pour touristes, les véhicules s'emplirent d'odeurs de pourriture, de fleurs et de fruits. Se succédaient des centaines d'échoppes et de boutiques débordant d'une pacotille colorée étalée dans un désordre savant.

Gustave ne se reconnaissait pas dans ce voyageur tenté par d'inutiles colifichets de papier, de fil, de métal peint ou d'écaille répandus sur les soies drapées qui défilaient sous ses yeux. Il aurait voulu que des souvenirs de son voyage en Orient éclairent le royaume de Lorenza et que, parlant de la mission de son fils, elle puisse montrer quelques-uns de ces petits objets. Sa mère, croyait-il, serait heureuse et flattée de suspendre ici et là dans la vieille maison de bois une lanterne dorée, une pagode rouge, des papiers découpés, et de répéter que, parcourant le monde, Gustave pensait à elle.

— Allons-nous nous arrêter, père Geoffroy ?

— Non. Nous continuons d'une traite jusqu'à Tokyo. Si tu as de l'argent à dépenser, attends d'être dans les grands magasins. C'est plus sûr.

Le soleil éclairait la ville. Ils visitèrent une antique pagode en bois naturel, dont les extrémités du toit en pente se retroussaient vers le ciel. Ils se firent conduire au Palais impérial, dont ils ne virent que la frontière fleurie, puis, éblouis, ils entrèrent tous ensemble dans les magasins modernes, vastes et animés.

— Nous nous retrouverons à l'entrée dans une heure. Ne dépensez surtout pas tout votre argent de poche.

L'invitation à l'économie tomba dans les oreilles d'un Gustave sourd. Il ouvrit d'abord ses goussets remplis de yens pour acheter des babioles. Un chemin de table de soie écarlate et deux cartes postales en noir et blanc. Sur la première, une Japonaise et sa fille en kimono fixaient l'objectif d'un air apeuré. La seconde montrait le funiculaire conduisant à un temple shintoïste élevé au sommet du mont Maya, ainsi nommé en hommage à la mère du Bouddha. Une montre-bracelet, la plus belle, la plus originale du monde, eut raison de sa prudence. Au centre d'un bracelet métallique extensible brillait, doré, un cadran ovale, réversible. Retenant son souffle, il posa un à un ses yens sur le comptoir. L'équivalent de quarante beaux dollars pour avoir l'heure à son poignet.

— Penses-tu que je me suis fait voler? demanda-t-il à Germain en lui montrant la montre que le cadran retourné sur son poignet faisait ressembler à un bracelet d'or.

— Je pense que non. À ce qu'on m'a dit, on fait de meilleures affaires dans les magasins que dans la rue. Sauf pour le change, qui y serait meilleur, paraît-il.

— La trouves-tu belle, au moins?

— Le cadran retourné comme ça, on dirait un bijou de femme. À mon avis, tu devrais la porter avec les aiguilles sur le dessus. Ce que je ne comprends pas, c'est que tu oses dépenser d'un coup sec le cinquième de l'argent de poche que tu as reçu pour tes dix ans en Chine. Si je sais encore compter, nous disposons de vingt dollars par année pour satisfaire nos petits caprices. Pas plus, pas moins. Là, tu viens de dilapider l'argent de deux ans. Franchement, je trouve ça fou.

De toute sa vie, Gustave n'avait rien possédé qu'il eût acheté avec son propre argent. Des économies de bouts de chandelles, l'accumulation des cinquante cents reçus pour sa participation aux messes ne lui avaient guère permis de folies.

Une fois, il s'était payé le luxe d'un lexique Robert, vendu quarante-cinq cents par un séminariste dont la vocation s'était éteinte au terme d'une première année d'études.

— Je vais te dire, Germain. As-tu bien regardé nos montres de poche ? As-tu remarqué la gravure des initiales ? À moins d'être chanceux, ce ne sont jamais les nôtres, mais celles des bienfaiteurs qui nous les ont offertes ou dont la Société a hérité. J'ai le droit de ne pas aimer ça.

— Moi, du moment que je peux savoir l'heure...

Joseph Geoffroy se montra aussi réservé que Germain. Il tâta l'objet, et conclut qu'il ne valait peut-être pas le prix payé, avant de souligner, péremptoire, qu'en Chine la mode n'était pas encore à l'heure juste.

— Les Chinois, à l'instar de plusieurs autres peuples, trouvent futile notre intérêt pour le déplacement de deux aiguilles sur un cadran. Retiens ceci, et c'est valable pour tous ceux qui se rendent en Chine : dans ce pays, tant qu'il n'est pas dix heures, il est encore neuf heures. Les Occidentaux sont les seuls à s'intéresser au compte des minutes et des secondes !

Il faisait noir quand, après avoir soupé de riz et de poisson, ils quittèrent Tokyo qui étalait sa richesse, son originalité et sa puissance à travers des centaines d'enseignes lumineuses au néon.

À bord, ils flânèrent sur le pont, repoussant jusqu'à minuit le moment de réintégrer leurs cabines. Cette soirée précédait la division du groupe, qui s'effectuerait le lendemain après la visite de Kobe et de Kyoto. Les uns iraient alors vers la Chine, tandis que les autres, toujours sur l'*Empress of Russia*, voyageraient vers les Philippines.

— Si Dieu le veut, dit Geoffroy, nous nous retrouverons dans dix ans sur un navire semblable pour revenir chez nous.

De la chaise longue où il gisait depuis l'après-midi, Joseph Dupuis s'opposa au projet.

— Ne comptez pas sur moi pour remonter là-dessus. Je reviendrai en avion ou en traversant le pont que les Japonais auront jeté au-dessus du Pacifique...

Le lendemain à neuf heures, les Prévost, Houde, Ouimet et Lambert remballèrent leur croix de mission, rabattirent les volets de leur autel portatif, replièrent leur soutane et verrouillèrent leur valise. Leurs malles et les caisses remplies d'outils et d'objets hétéroclites, transportées pour la mission de Szepingkai, sortirent des soutes.

Trois jours les séparaient de la Chine et de la Mandchourie.

Sourd et muet

Dans la matinée du 19 octobre 1938, Gustave et ses trois confrères découvrirent la gare de Szepingkai et la foule hétéroclite, bruyante et indisciplinée qui l'encombrait. Hommes, femmes et enfants, Chinois comme Japonais, civils et militaires, gueux et riches marchands étaient indifférents à ces jeunes étrangers en soutane qui désespéraient de trouver une bouée pour se tirer de là. Gustave distingua, dominant toutes les têtes, celle d'Alexandre Gauvreau.

— J'ai vu des cheveux blonds ! C'est Gauvreau, j'en suis sûr ! cria Gustave en montrant du doigt le missionnaire. Enfin, un visage connu !

— Tenez-vous par la main s'il le faut, insista Gauvreau après les avoir rapidement salués. La voiture de monseigneur nous attend dehors. Préparez-vous à être surpris !

Une charrette à deux bancs à laquelle étaient attelés deux chevaux mongols tenait lieu de limousine à l'évêque de Szepingkai.

— Voici donc un carrosse princier digne de nous ! ironisa Gustave. Et sous quel nom désigne-t-on ce somptueux véhicule, père Gauvreau ?

— Appelez-moi Alexandre. Avec son petit pavillon aux armoiries de l'évêque et ses deux chevaux, ce *ma-tchee* produit autant d'effet ici qu'une Cadillac à Montréal.

Le *ma-tchee* se faufila entre des hommes et des femmes halant eux-mêmes leurs voitures à deux ou à quatre roues, chargées de marchandises, de légumes, de fagots ou de chiffons. Ils heurtèrent un chariot brusquement arrêté devant eux par la volonté d'un âne insensible aux coups de fouet répétés de son conducteur. Ils entrevirent un luxueux palanquin aux rideaux fermés et plusieurs véhicules militaires usés, ternis et bosselés.

En quête d'âmes, Gustave découvrait d'abord un enfer d'accoutrements, de sons, de grimaces, de sourires figés, de salutations froides et d'odeurs repoussantes.

En un peu plus d'un quart d'heure, ils passèrent de la ville japonaise, de construction récente, au bourg mandchou fondé une trentaine d'années plus tôt. L'essor de Szepingkai reposait sur une situation géographique favorable à l'aménagement d'une ligne de chemin de fer traversant la Mandchourie.

Dans cet univers où les repères familiers seraient rares, Gustave reconnut le séminaire, dont il avait vu quelques photos. Inauguré au mois de septembre 1929, l'immeuble de brique devait son existence au désir de Rome de créer une préfecture apostolique à Szepingkai. Détachée du grand diocèse de Moukden, confiée à la Société des Missions-Étrangères de la province de Québec qui la plaça sous la direction de Louis Lapierre, la préfecture s'était enrichie d'une institution qui témoignait du succès de l'initiative romaine.

Alexandre Gauvreau aida les nouveaux venus à décharger la voiture.

— Sachez que, même si elles semblent ne pas avoir été balayées depuis quatre mille ans, les rues que nous venons d'emprunter sont les plus belles de la ville. Les trous et les bosses qui ont meurtri votre dos y sont moins nombreux qu'ailleurs, je vous l'assure.

Germain, qui n'avait pas compté les obstacles, voulut bien le croire. L'absence de confrères à l'entrée de l'édifice l'inquiétait pourtant.

— J'aimerais bien qu'on me dise pourquoi le séminaire semble désert. C'est le temps des vacances?

— La retraite d'automne a lieu à l'évêché. Je n'en suis sorti que pour aller vous chercher. Après une bonne nuit de sommeil, vous pourrez vous joindre à nous.

Tôt le lendemain matin, Alexandre Gauvreau pilota les jeunes missionnaires. Les aumônes avaient permis à l'infatigable Louis Lapierre de donner à la mission de Szepingkai les proportions d'un quartier. Au séminaire se greffaient une école supérieure, des écoles élémentaires — une pour les filles, une pour les garçons — un dispensaire, des catéchuménats, des maisons — celles du recteur, des professeurs, des domestiques, des sœurs de l'Immaculée-Conception — le noviciat de la communauté chinoise de Notre-Dame-du-Saint-Rosaire et la cathédrale, humble monument inauguré en 1934, deux ans après que la préfecture eut été élevée au rang de vicariat, et son préfet, à celui d'évêque.

— Vous connaissez Mgr Lapierre! Il a dessiné les plans de la plupart des bâtiments que vous voyez dans ce quadrilatère. Il est passé maître dans l'art de stimuler les bienfaiteurs.

Gauvreau n'exagérait pas. À chacune des tournées de Louis Lapierre à travers le Québec, la manne tombait dans le compte bancaire de la préfecture. Mieux que quiconque, il maîtrisait l'art d'obtenir des rentes et de cultiver l'estime des célibataires susceptibles de léguer leurs biens à sa mission.

— Les ouvriers chinois coûtent cher? demanda Germain.

— S'ils sont lents, oui. Le pire, c'est de les former, de leur apprendre des techniques qu'ils ne connaissent pas. Par conséquent, nous sommes tous plus ou moins architectes, ingénieurs, maçons. Nous faisons de tout, ici.

Admis à la retraite, ils subirent le contrecoup de la fatigue due à l'épuisante traversée du Pacifique et de la mer de Chine, et se laissèrent, comme au séminaire, gagner par le silence et la réflexion. Quand elle prit fin, leurs aînés, une trentaine de prêtres à barbe et à cheveux longs, s'ouvrirent enfin sur la Mandchourie.

Celle-ci ayant été envahie en 1928 par les Japonais, qui y imposèrent la loi et l'ordre, ils la comparaient à un chat qui dort. Divisée, elle exploserait. Nul ne savait quand, mais tous en étaient sûrs. Des milliers de partisans de Tchang Kaï-chek luttaient dans l'ombre pour redonner à la Chine son intégrité. D'autres soutenaient la politique japonaise, tout en anticipant la férocité des armées du grand général qui, s'il reprenait la Mandchourie, ne manquerait pas d'ordonner l'exécution des collaborateurs chinois. Ceux-ci croyaient se japoniser en renonçant à leurs religions traditionnelles, en ne communiant plus avec les ancêtres et en adhérant au shintoïsme. Le Japon était leur patrie; la Chine du Sud, l'ennemie du Japon et de la Mandchourie. La multiplication rapide des conquêtes japonaises dans le sud de la Chine depuis la mi-décembre 1937 et la reddition de Nankin avaient porté à plus de cinquante-quatre millions le nombre des Chinois vivant sous l'Empire du Soleil-Levant, dont les possessions en Chine représentaient plus du double de l'espace occupé par l'archipel nippon.

Le bilan des activités des missionnaires était celui d'une entreprise perpétuellement en butte aux entraves et aux obstacles. Ils manœuvraient avec crainte et prudence, tâchant de ne pas imposer leurs œuvres, mais s'efforçant d'y attirer un nombre croissant de chrétiens et de non-chrétiens. Le très sensible Alexandre Gauvreau livra le fond de sa pensée. Il tranchait sur le groupe, où il faisait figure d'original. Né à Montréal, d'un père médecin et d'une mère formée chez les sœurs de la Congrégation de Notre-Dame, il était une espèce de phare pour Gustave et Germain, qu'il avait précédés de quelques années au séminaire de Sainte-Thérèse.

— Ne croyez surtout pas que je profite de l'absence de Mgr Lapierre pour critiquer. Il sait que je déplore le fait d'être venu ici sans avoir été mis au courant de ce qui m'y attendait, et moi, je sais que vous êtes aussi ignorants que je l'étais en arrivant. Vous auriez dû, avant de partir, connaître la Chine, son histoire et quelques mots de la langue qu'on parle ici. Vous auriez dû savoir que dans les travaux qui seront les vôtres le bréviaire ne sera pas votre principal instrument !

— Vous êtes trop tendre, monsieur Gauvreau, lança un Ernest Jasmin arrogant et intransigeant. Ça ne me déplaira pas de les voir souffrir un peu. Vous auriez peut-être voulu qu'on leur enseigne la menuiserie avant qu'ils partent ? Pour ma part, je souris déjà à l'idée qu'ils se cogneront les doigts avec un marteau. Ils ont voulu plonger, qu'ils nagent maintenant !

Fils de gros travailleurs, protégés par des mères qui montaient aux barricades pour les défendre contre les exigences paternelles, Gustave Prévost et Germain Ouimet avaient fui le travail manuel et ignoré tous les arts de l'ouvrier. Quand, peu avant leur départ, le séminaire leur avait imposé des cours d'hygiène, d'art dentaire et de coupe de cheveux, ils avaient cru que leurs travaux pratiques ne déborderaient pas ce champ.

Petit, fort comme un bœuf, réputé infatigable, Georges Pelletier voulut évoquer ses propres difficultés.

— Ne vous laissez pas trop abattre par M. Jasmin. Il aime se montrer intraitable. Au fond, il a bon cœur...

— Si j'avais besoin d'un biographe, monsieur Pelletier, je ne ferais pas appel à vous, riposta Jasmin dont les yeux noirs s'étaient enflammés.

— Est-ce que je peux parler, maintenant ? demanda Pelletier. Je suis parti des Cantons-de-l'Est pour entrer au séminaire. La vie de groupe, la discipline me plaisaient modérément, mais j'ai trouvé pire en venant ici. Isolés dans nos postes, nous sommes laissés à nous-mêmes, obligés de prendre des décisions qu'il nous arrive de regretter. Je doute de pouvoir m'adapter vraiment. J'aime les Chinois, mais Gauvreau a raison ; je suis malheureusement de ceux qui n'acceptent pas spontanément leur manière de voir et de penser. J'essaie, mais il reste au fond de moi cette tendance à vouloir réformer ceux qui m'entourent. Les Chinois se méfient des étrangers ; notre religion ne colle pas à leur milieu. Même les chrétiens les plus fervents restent attachés à des croyances païennes.

Bouillant d'impatience, Eugène Bérichon, vrai pionnier du vicariat, l'interrompit.

— Tu parles de ce que tu connais, Pelletier, mais tu ne connais pas tout ! Ici, au début, il n'y avait à peu près pas de chrétiens. Nous avons débuté en ouvrant deux ou trois écoles de prière et nous en avons aujourd'hui plus d'une centaine. Dans certaines régions, en particulier dans notre nouvelle préfecture de Lintung, le travail consiste à ramener les anciens chrétiens aux sacrements et à la pratique religieuse. Pour nous, le travail est agréable parce que nous recrutons de nouveaux chrétiens. Dans le Jehol, à Lintung, les prêtres doivent lutter contre l'oubli où sont tombés des milliers d'anciens chrétiens. C'est plus ingrat.

Leur travail dans cette région reculée était en effet si ingrat, qu'ils avaient réfléchi pendant deux ans avant de prendre en charge une partie de la province du Jehol, où les missionnaires belges de Scheut travaillaient depuis des dizaines d'années. En 1931, malgré l'accueil réservé de la population et des autorités civiles, les Québécois acceptaient d'évangéliser les villages et les dessertes gravitant autour de Lintung. Les prêtres qui, depuis cette époque, quittaient Szepingkai et son évêque pour ce désert y supportaient une indescriptible solitude.

— Mais, que ce soit à Lintung ou ailleurs, poursuivit Georges Pelletier, nous n'avons aucune influence réelle. Nous baptisons des mourants et des bébés. Les conversions d'adultes sont rares. Personnellement, je ne me sens vraiment utile qu'en travaillant de mes mains.

— Cela fait partie du métier de missionnaire, continua Bérichon. Je dois vous dire que Pelletier est notre saint Joseph. Si vous allez à Hoai Te, vous verrez comment il s'est démené pour moderniser la mission. Grâce à lui, c'est tout le village qui profitera bientôt de l'électricité et de l'eau courante. Son problème, c'est d'avoir creusé trois puits et récolté un seul gallon d'eau. En Mandchourie, que vous travailliez avec Pelletier ou avec un autre, vous allez salir vos belles petites mains blanches.

— C'est l'autre volet du métier, dit Pelletier. Nous n'avons pas, comme les théologiens, beaucoup de temps pour réfléchir. Trop de tâches nous absorbent. Gauvreau a raison et nous agissons ici sous la pression de l'urgence, sans nous arrêter aux détails.

— De quels détails parlez-vous ? demanda Gustave.

— Tu veux un exemple ? Je t'en fournis un tout de suite, dit Gauvreau. Comment se fait-il que les constructeurs, les bâtisseurs que nous sommes n'aient pas songé à élever un temple catholique sur le modèle de ces jolies pagodes où l'âme des ancêtres s'élève et grandit ? De toutes les communautés, sociétés et congrégations établies en Mandchourie, seule celle des missionnaires américains de Maryknoll s'est inclinée devant l'histoire pour ériger des lieux de prière inspirés de l'architecture traditionnelle.

— Je ne vois pas pourquoi la Société imiterait l'architecture chinoise, dit Germain.

— M. Gauvreau voudrait nous voir plus discrets, reprit Jasmin. Nous croyons, au contraire, qu'il faut insister sur notre différence et que cela passe par la partie la plus visible de notre activité. C'est pour cette raison que les bâtisses construites à Szepingkai sont assez semblables à celles qu'on voit au Québec.

Émerveillé par la richesse culturelle du plus grand et plus ancien empire du monde, Gauvreau mettait de l'emphase dans l'expression de ses sentiments et, pour tout dire, il parlait comme un livre. Indifférent à l'impatience de ses confrères, il s'attarda longuement sur des sujets sans lien direct avec leur œuvre, insistant pour dire que la connaissance de la Chine était plus utile à l'étranger qu'aux naturels du pays, qui vivaient leur histoire sans la connaître. Ses propos touchèrent Gustave, plus proche de lui que de ces colosses qu'une foi folle avait tirés de Saint-Ferdinand-de-Halifax ou de Baie-des-Ha! Ha!

Comment Gustave assimilerait-il dix siècles de traditions, de spiritualité confuse et de mystères qui provoquaient le désarroi et l'admiration de Gauvreau?

— D'autres sont passés avant nous et, avec l'aide du ciel, nous passerons à notre tour, mais il y a une telle frontière entre la civilisation chinoise et la nôtre... Nous ne faisons rien comme eux. Et de notre côté, nous disons qu'ils ne font rien comme nous... Même pas compter. Par exemple, Gustave, que sais-tu au juste des méthodes de calcul des Chinois?

— Rien de plus que l'existence du boulier.

— Et comment penses-tu te débrouiller, maintenant que tu as vu la manière dont les Chinois calculent?

— Je ne le pourrai sans doute jamais.

Depuis son arrivée à Szepingkai, il avait suivi ses pairs dans l'obligatoire tournée des magasins de la ville. L'interprète chinois de la mission avait négocié devant eux l'achat de grandes pièces de flanelle et de coton noir pour la confection de leurs pardessus d'automne. Dans ces échoppes et plus tard chez le tailleur, un complexe jeu de doigts avait orchestré l'âpre et interminable dialogue du vendeur et de l'acheteur. Ailleurs, d'autres doigts agiles manipulaient des plateaux suspendus au plafond et pesaient étoffes, farine, sucre ou légumes. Sans logique apparente, les marchands lisaient, dans la position des boules façonnées en un autre siècle et déformées par l'usure, le résultat d'une série de mouvements nerveux et saccadés.

— Tu n'as pas encore percé le secret de ce langage codé, poursuivit Gauvreau, et à moins d'avoir le génie d'Ernest Jasmin ou de Mgr Lapierre, tu n'y arriveras jamais. Germain, Émilien et Gérard non plus. Ce n'est pourtant rien à côté d'un autre mystère. Imagine, maintenant, les âmes des pauvres gens. Pour les atteindre, tu devras d'abord admettre que beaucoup sont heureux dans le dénuement, et que tu ne dois pas rêver, pour eux, d'un bien-être auquel ils n'aspirent pas.

Ce n'était pas ainsi que Gauvreau, fils de bonne famille, avait abordé l'existence. L'éducation familiale l'avait amené à concevoir la pauvreté comme un état temporaire dont il fallait s'extraire, par le travail ou par l'étude.

— Même si j'ai choisi d'aller à la rencontre des nécessiteux, j'ai d'abord appris à enseigner l'espérance et la foi. Ces pauvres gens partagent un principe qui nous est totalement étranger : le contentement. Malgré toute ma bonne volonté, je sens les choses autrement et, même si je maîtrise de mieux en mieux leur langue, je doute que cinq mille ou huit mille signes me permettront de sonder leur âme et de les aimer comme je le devrais. À quoi sert ma conception du bonheur dans un monde qui n'a pas besoin d'encouragement ? Dans un monde où les humains ne craignent pas la mort ?

Gauvreau déplorait que l'Amérique ne connaisse les Chinois qu'à travers les clichés répandus par la presse et par certaines publications missionnaires : misère, infanticides, soumission des femmes.

— Pourquoi laisser croire que les Chinois sont étrangers à toute civilisation, quand ils ont tout inventé ? Et on continue de les ranger parmi les primitifs ! Il est vrai qu'ils résistent à l'enseignement chrétien, mais nous n'avons pas le droit d'y voir un manque d'intelligence ou d'ouverture. Ils ne sont pas obsédés par le rendement, ils ne cherchent pas à se moderniser et le temps leur a donné raison. Sans effort, ils ont découvert le ver à soie, inventé la boussole, le papier de chiffon, la poudre à canon. Dans ce dernier cas, on pourrait les féliciter de l'avoir utilisée seulement pour faire exploser leurs pétards. Les Occidentaux ont transformé la poudre pour s'en servir contre l'humanité. Les Chinois nous méprisent pour cela.

Gauvreau se permit de leur prédire des déceptions nombreuses qui seraient, pour peu qu'ils ouvrent les yeux, compensées par d'innombrables sujets d'admiration. Les missionnaires ne verraient peut-être jamais la Grande Muraille de Chine ni les neuf étages de la tour de porcelaine de Nankin. Ils fréquenteraient, par contre, des hommes capables de fabriquer des briques du lever du jour jusqu'au coucher du soleil, et de mépriser les charrues canadiennes, sous prétexte que rien n'imposait de délaisser les instruments aratoires estimés de leurs ancêtres.

Alexandre Gauvreau voulait tout décrire de la nature, poignante, saisissante, toute en plaines, vallons, montagnes et déserts; des villes de trente mille âmes, développées sous l'influence mongole ou chinoise, vestiges d'un autre âge, au premier abord effrayantes.

— On finit par les trouver belles, puis on les aime au point de ne plus vouloir les quitter. Même chose pour les gens. Qu'on les ait convertis ou pas.

Aux nouveaux missionnaires, il fallait un nom chinois. Ils le reçurent d'Ernest Jasmin et de M. Li, son conseiller dans cette délicate entreprise. Sombre et exigeant, Jasmin compensait une physionomie rébarbative par une intelligence pointue, qualifiée de géniale par ses confrères. Fort de cette réputation, il ne se privait pas de remarques blessantes et s'exprimait sur toutes choses avec une autorité si intransigeante qu'il n'était jamais contredit. Même l'évêque, Louis Lapierre, était ébloui par cet homme qui, avec ténacité et acharnement, avait osé renouveler l'enseignement du chinois, dont il avait simplifié les idéogrammes en les transposant selon les codes de l'écriture romaine. Des années de travail qui lui avaient permis de créer un dictionnaire.

Peu après l'arrivée d'Ernest Jasmin en Mandchourie, l'évêque avait applaudi son initiative de renommer chacun à la mode du pays. Depuis, il était Che : une pierre. Bernard Desroches portait le même nom tout en se distinguant de son chef par l'usage des mots Shen Fou : spirituel et prêtre. Favorisés par la finale de leur patronyme, les cousins Armand et Paul-Émile Asselin étaient connus des Chinois sous le nom de Linn.

— En général, je cherche parmi les «cent noms» celui qui se rapproche le plus du vôtre. Damase Bouchard est devenu le père Pou. Alexandre Paradis a hérité du plus simple : Pa. D'autres s'appellent Chang, Ming ou Kin. Les premiers arrivés ont pu choisir un nom qui sonnait un peu comme le leur. Dans votre groupe, le seul qui ne sera pas surpris par le sien est Germain Ouimet, dont le nom sera Wei.

Ils ne pouvaient pas, à moins de vouloir chaque jour se faire demander s'ils étaient apparentés, emprunter le *ming tse*, le nom ordinaire d'un autre.

— Si vous le faisiez, ce que je ne vous permettrai pas, les Chinois trouveraient toujours un moyen de faire la différence. On pourrait donner à Gustave Prévost un sobriquet pour souligner, par exemple, la couleur de ses cheveux. Ils ont l'air d'être en feu, tes cheveux. C'est plutôt rare par ici.

— À Saint-Eustache aussi, c'était rare, père Jasmin. Toute ma vie, on m'a appelé Ti-Rouge. Qu'on le fasse encore ne me dérangerait pas beaucoup. Tant que vous ne traduirez pas textuellement mon nom pour en faire «veau dans le pré», j'accepterai celui que vous me donnerez.

— Nous ne sommes pas ici pour nous amuser. Notre sage M. Li pense que le premier des cent noms classiques, Tchao, t'irait bien.

Le nom de Tchao étant commun à des millions de Chinois, il restait à attribuer à Gustave un nom plus personnel.

— À moins de devenir évêque, ce qui ne devrait pas t'arriver bientôt, tu ne l'utiliseras jamais dans la vie courante. À cause de tes cheveux, tu seras Yu Ming : jade brillant. Il est déjà gravé sur le sceau qui te servira de signature. On a dû vous dire que j'imposais mes volontés. Comme vous le voyez, on n'a pas exagéré.

— Ainsi, je m'appelle «jade brillant». C'est masculin?

— En Mandchourie, en mandarin, c'est masculin. Au Sud, c'est féminin. C'est peut-être un problème avec lequel tu devras vivre un jour, mais aujourd'hui c'est aujourd'hui. Va, Shen Fou Tchao. N'oubliez jamais d'ajouter les mots Shen Fou à votre nom chinois. Ils rappellent que vous êtes prêtres. Ils désignent les prêtres. Vous les utiliserez en toutes circonstances.

Les nouveaux missionnaires furent officiellement affectés à leur territoire de mission. Gérard Lambert partirait pour Pamienchen, Germain apprendrait le mandarin à Szepingkai pendant que Émilien Houde et Gustave feraient cet apprentissage en découvrant le vicariat de Lintung, temporairement dirigé par Harry Gill. On leur fit cent recommandations.

— Les espions sont partout, rappela Jasmin. Parlez de Dieu, annoncez la bonne nouvelle, taisez vos amitiés, soyez aimables avec les Japonais autant qu'avec les Chinois. Ici, la politique est attachée au bout d'une corde que le vent charrie en tout sens. Nous vivons en Chine, mais en territoire japonais. La Mandchourie reviendra peut-être à la Chine. Sera-t-elle libre ou communiste? Nous ne le savons pas, et d'ailleurs les Russes pourraient tout aussi bien s'en emparer. Même les Américains pourraient en prendre le contrôle avant de la rendre à Tchang Kaï-chek...

— Quoi qu'il advienne, renchérit Harry Gill, vous paieriez cher vos amitiés ou des apparences d'amitié. Même les communistes sont divisés. Plusieurs en veulent à leur chef, Mao Tsê-tung, qui, en septembre dernier, pour stopper l'avance des Japonais, s'est rallié à Tchang Kaï-chek.

— Ne soyez pas non plus trop proches des civils japonais, ajouta Jasmin. Certains vivent ici depuis dix ans. Ils aiment la Mandchourie et ne voudraient pas la quitter. Quand tout cela éclatera, vous serez dans le feu de l'action. Plus vous préserverez votre indépendance, meilleur sera votre sort.

Aux premiers froids, au début du mois de novembre 1938, Émilien Houde et Gustave Prévost suivirent leurs malles et celles de leurs confrères en route pour Lintung. Elles furent jetées sur celles de quatre sœurs Antoniennes de Marie en route pour Kailou.

— Mon doux Jésus! s'exclama l'une d'elles. Ils ont dû écraser nos petites lampes!

— Il n'y a pas de danger, ma sœur, la rassura Gill. Les malles sont solides.

Harry Gill était en charge du groupe. À trente-six ans, il portait dix ans de plus que son âge. Presque chauve, les joues noircies par une barbe séparée en deux pointes formées en boudins qu'il tortillait sans arrêt, il serait, avec le myope Gaudiose Gagnon, un guide ouvert et bavard.

Avant que le vieux train de bois ne s'ébranle, les sacs de huit passagers chinois s'empilèrent sur les leurs.

— On dirait qu'ils déménagent leur maison, remarqua Gustave.

— C'est un peu ce qu'ils font. Ils prétendent qu'ayant payé leur passage il est avantageux d'emporter tout ce qu'ils peuvent.

Chinois et Canadiens se toisèrent en silence, assez long-temps pour permettre aux provisions et aux nouveaux venus de dégager de puissantes odeurs d'ail, d'oignon et d'alcool chinois. Suivant une ligne bien droite, le train s'éloigna lentement de la gare.

Pendant les quatre heures suivantes, il roulerait à travers un paysage triste et dépouillé. Harry Gill et Gaudiose Gagnon répondaient déjà aux questions des Chinois qui voulaient tout savoir de ces blancs étrangers au long nez. Subissant en souriant cet interrogatoire, les deux prêtres révélaient en chinois le prix des malles bleues à coins de cuivre, l'origine et la destination des voyageurs.

La communication était coupée. Sourd, muet et pourtant intrigué par ce dialogue, Gustave se sentait à l'écart et mesurait une fois encore le fossé qui le séparait de ceux qu'il voulait connaître.

Celui qui avait demandé le prix de la montre réclama le droit de la toucher. Gustave tendit le bras. Harry lui suggéra d'être plus amical et de retirer le bracelet pour que tous puissent le voir et le manipuler. Le premier homme soupesa le bijou avec délicatesse. Il étira plusieurs fois le bracelet dont les mailles dégageaient les losanges argentés rivés aux quatre angles. Il la tourna, la retourna entre ses doigts, observant le pivot qui protégeait le verre égratigné en diagonale. L'homme la montra à Gustave, qui aurait voulu expliquer que la montre avait été égratignée au cours d'une partie de ballon volant dans la cour du séminaire. Aucune envie ne troublait la curiosité des Chinois, qui exprimaient, au contraire, une sorte d'inquiétude. Leur expression de commisération embarrassa Gustave et fit sourire Gaudiose.

— Tu peux constater qu'ils ne sont pas jaloux de ta belle montre ! Veux-tu me dire quelle idée tu as eue d'acheter ça ?

— J'ai de la chance de ne pas être trop influençable. Depuis que j'ai cette montre, j'ai souvent fait rire de moi.

Aujourd'hui, c'est différent. J'ai l'impression de faire pitié. Aurais-tu la charité de me dire ce qui se passe ?

— Tu vois, Gustave, tu ne comprends pas la langue, mais tu sens qu'ils te plaignent. Ils sont désolés pour toi parce que, sachant que tu habiteras un pays de sable, ils sont sûrs que ta montre s'emplira de poussière et cessera de fonctionner.

— Dis-leur que j'y ferai attention ; que je la mettrai dans une boîte, et la boîte dans un tiroir.

— Ils disent que même si tu l'enfermais dans un œuf, le sable se moquerait de tes précautions. Ils savent de quoi ils parlent... Tu me donneras ta montre. J'en prendrai soin, et si un jour des brigands nous attaquent, nous enlèvent ou nous pillent, ils seront heureux de nous échanger contre cette belle montre-bracelet !

Le train étant parvenu en terrain plat, son rythme permit à Gustave d'en prévoir enfin les soubresauts. Il se leva, fit une courbette polie, enjamba quelques sacs et en contourna d'autres pour atteindre la fenêtre. Précipité contre la cloison par une soudaine accélération, il réprima un mouvement d'impatience.

À travers la fenêtre souillée, jamais effleurée par le torchon de sa mère, mourait une plaine de sable jaune piquée d'arbustes et d'arbres pétrifiés, sortis des entrailles de la Mandchourie comme pour le saluer et lui dire que le monde où il entrait resterait impénétrable.

Unis depuis des siècles, vent d'ouest et sable du désert de Gobi tarissaient les sèves, dévoraient les bourgeons et asséchaient les cours d'eau. Dans mille ans peut-être, transformé en désert aride, le beau royaume de Mongolie ne serait plus convoité.

Gustave se retourna, s'imaginant dans quelques mois, s'exprimant à la manière de Harry et de Gaudiose qui, la bouche molle, semblaient se plaire à cracher et à aspirer des mots dont la tonalité ne le faisait plus sourire. Ils s'interrompirent.

— Tu admires ton nouveau pays? demanda Harry. Tant qu'il ne neige pas, car il neige parfois autant qu'au Québec, le vent transporte du sable. Tu comprendras pourquoi les Chinois sont patients. Ce pays est le maître de la patience. Les Chinois disent qu'au-delà de la mémoire des hommes il y avait des milliers d'arbres ici. Le sable les a usés lentement. Si tu rencontres un seul arbre adulte, agenouille-toi, rends grâce au Seigneur, et coupe-le pour te chauffer avant qu'un autre le fasse.

Le paysage révéla plus tard une infinie succession de dunes de sable protégeant de pauvres bourgs reliés entre eux par d'étroits sentiers.

— C'est en empruntant ces routes que tu comprendras pourquoi nous sommes des broussards, dit Harry. C'est un beau titre. Derrière ces collines vivent plusieurs chrétiens. À toi de les découvrir, de ranimer la foi de ceux qui l'ont abandonnée. Ils attendent peut-être ta visite.

Gustave somnolait, paupières fermées, quand Gaudiose raconta une histoire qui ressemblait à une légende. S'imprimèrent alors dans son esprit les images du majestueux fleuve Liao déviant brusquement de son cours millénaire pour inonder Tung Leao et s'en retirer des semaines plus tard, laissant deux mètres de sable derrière lui. Avait-il rêvé? Le conteur avait-il vraiment affirmé qu'on avait dû creuser le sable recouvrant les maisons pour pouvoir y pénétrer?

Harry et Gaudiose disparurent dans le mouvement de la gare de Tung Leao, dont le nom signifiait «ville du sable», jetant leurs compagnons dans l'inquiétude. Ils les rejoignirent une demi-heure plus tard.

— Où sont passées nos malles? demanda vivement Gustave.

— Dans une salle où on les inspecte, répondit Harry. Maintenant, dit-il en s'adressant aux membres du groupe, vous nous suivez comme des canards qui ont peur de perdre leur mère. Avez-vous vu André Fortin et Georges Pelletier? Ils devaient être ici pour nous aider à passer rapidement à travers les formalités et les inspections! Venez, c'est notre tour! Tenez-vous le corps raide et les fesses serrées...

— ...

— Pardon, mes sœurs! Tenez-vous droits, inclinez poliment la tête quand on s'adresse à vous. Soyez patients et polis. C'est tout ce qu'on vous demande. Est-ce que l'un ou l'une d'entre vous a caché une arme dans sa malle? Un fusil, un revolver? Un sabre? Un canon, tant qu'à y être?

La question leur était posée presque chaque jour depuis leur arrivée en Chine. Non seulement n'en avaient-ils pas mais, en fait d'armes, la plupart d'entre eux ne connaissaient que les fusils de chasse ou, comme Gustave, des imitations offertes avec une orange en guise d'étrennes du jour de l'An. Il n'avait entrevu de revolvers que dans les films américains projetés au séminaire et sur l'*Empress of Russia*, et il savait qu'au Canada de plus en plus de bandits de grands chemins pénétraient dans les maisons en brandissant cette arme et en criant «*Hands up*», comme au cinéma.

En revanche, les missionnaires transportaient depuis Dairen, où ils étaient montés à bord du train les conduisant à Szepingkai, un carnet d'identité déjà couvert de timbres et d'impressions à l'encre rouge.

— Votre carnet vaut aussi cher que votre passeport, dit Gaudiose Gagnon en sortant le sien d'une mallette. Surveillez-le et n'oubliez pas de tendre la main pour qu'on vous le rende. Si vous le perdez, vous êtes mûrs pour la prison. N'oubliez jamais que nous sommes presque toujours en état de guerre.

Les Chinois et les Japonais nous prennent pour des espions. Les premiers pensent que nous travaillons pour les Japonais. Ces derniers, qui se méfient des Américains, prétendent que nous sommes à leur solde.

L'inspection des livrets et les échanges de propos qui suivirent, au sujet des motifs du voyage, ne furent pas amicaux. Harry et Gaudiose durent étaler et compter leur argent, et décrire longuement l'usage qu'ils en feraient. Une partie, destinée à la propagation de la foi, irait aux écoles de prière. Une autre, constituée des dons et du produit des quêtes, serait investie dans l'aménagement des orphelinats et des dispensaires de la préfecture apostolique. Le reste, dons des bienfaiteurs québécois pour des messes, serait consacré à l'entretien des chapelles, et au salaire des ouvriers et du personnel.

Il faisait noir quand les portes du poste de police se refermèrent derrière eux. Vidée de la faune qui l'animait à leur arrivée, vaguement éclairée par la lune, la gare sentait l'urine et les excréments. Devant la consigne où leurs bagages avaient été abandonnés pêle-mêle, Georges Pelletier les attendait.

— André Fortin fait de la brousse du côté de Siao Kaidi. Je suis passé au bureau du télégraphe pour savoir par quel train vous arriveriez, mais votre message n'y était pas encore. Bienvenue dans notre beau désert!

Suivis par une meute de chiens affamés, les voyageurs s'enfoncèrent jusqu'à la cheville dans le sable poudreux couvrant les rues de la ville.

— Je ne m'habituerai pas à cette peste de fauves errants. Ils mordent, bavent, foncent, effraient les enfants et les animaux. En prime, ils distribuent les poux et le typhus! Si vous sortez demain, munissez-vous d'une longue branche solide ou d'une canne. C'est le seul moyen de les éloigner.

Ils escortèrent les Antoniennes jusqu'à la maison des sœurs de l'Immaculée-Conception, dont l'école et le dispensaire avoisinaient la maison des prêtres. Pauvres parmi les pauvres, les prêtres des Missions-Étrangères de Tung Leao partageaient un logis minable dont la pièce centrale servait de parloir, de salon et de salle à manger. Ils se penchèrent pour passer sous le cadre de la porte. Harry explosa :

— Je ne croirai jamais que Mgr Lapierre a lui-même dessiné les plans de cette maison-là ! Un homme de cette hauteur ! Il a dû se laisser distraire !

— Vous vivez vraiment dans ça ? demanda Gustave, incrédule.

— Si tu étais en Afrique, tu te contenterais d'une hutte. Ici, ton confort sera égal à celui des Chinois. Suivez-moi maintenant dans la visite de notre palais, dit Pelletier en ouvrant la porte côté cour. Il fait trop noir pour que vous distinguiez quoi que ce soit. À quelques pas, nous cultivons nos patates et nos tomates. Dans un des coins dorment un âne et le cochon qu'on engraisse pour avoir de quoi manger cet hiver. Le jardin, la façade et les côtés de la maison sont protégés par un mur de terre. C'est notre rempart contre les chiens et les voleurs. La maison est en terre, le lit est en terre... Nos fenêtres ne sont pas vitrées, mais bouchées par plusieurs couches de papier de riz, à la chinoise. Revenons, si vous le voulez, vers la cuisine.

On ne pouvait pas s'y tromper. Une panoplie d'ustensiles en fer-blanc, en fonte ou en paille couronnait le poêle d'argile. D'une casserole s'échappait une vapeur légère.

— Ça ne chauffe pas très fort. Si le cuisinier ne vient pas ajouter un peu de combustible dans ce petit enfer, nous allons geler comme des rats. Voulez-vous un peu d'eau chaude ? C'est notre seul luxe.

— Depuis quelques années, tous les missionnaires sont au régime de l'eau chaude, dit Harry. Autrefois, nous aurions trinqué en buvant du whisky chinois. Il en mijotait toujours un peu sur nos poêles. Malheureusement, à force de fréquenter la boisson, certains y ont pris goût, de sorte qu'il n'est plus permis d'en boire ou d'en offrir.

La main solide et pas très propre de Pelletier faisait passer les gobelets en fer-blanc d'une tablette poussiéreuse jusqu'à la surface de l'eau.

— Asseyez-vous, dit-il en montrant quelques tabourets sales alignés contre le mur gris.

— Pourquoi certains se sont-ils tournés vers la boisson? demanda Gustave.

— Un peu parce que, à la longue, la méfiance des gens devient insupportable et complique l'exercice de notre ministère. D'être traités comme des pestiférés, de ne côtoyer que l'homme à tout faire finissent par avoir raison de la résistance des missionnaires.

— Pelletier a raison, dit Gill. Certains entretiennent l'idée que nous sommes responsables des accidents et des épidémies qui les frappent. Le hasard a voulu que plusieurs malheurs aient touché cette région depuis notre installation. Les Chinois pensent que c'est à cause de nous. En 1932, le choléra a fait six mille morts. Les terrains vacants sont devenus des charniers à ciel ouvert. Léon Lacroix a vécu cette tragédie. Il ne s'est pas jeté dans le whisky, mais il ne s'en est jamais remis.

— C'est vrai, confirma Gustave. Je l'ai rencontré au séminaire. Il ne veut surtout pas revenir en Chine.

— Ça n'a pas été facile, poursuivit Pelletier. Afin de prouver qu'ils n'étaient pas responsables, lui et ses confrères ont parcouru la ville pour vacciner les survivants. Ils ont passé des jours entiers à enterrer les morts et à chasser les chiens qui déchiraient les cadavres aux portes des maisons où on les jetait.

— Après le choléra, reprit Gill, il y a eu la peste, des inondations et encore la peste. Quand il fait très chaud, une odeur de cadavre flotte sur Tung Leao. Tu dois te souvenir de la petite idée qui trotte dans la tête des Chinois : si nous restions chez nous, les choses n'iraient pas plus mal pour eux.

— En réalité, dit Gaudiose Gagnon, le choléra est directement lié à la guerre et aux tentatives des Chinois du Sud pour chasser les Japonais. J'ai raconté, sur le train, l'histoire du fleuve Liao. C'est une légende pour les aveugles. Tout le monde sait que des résistants chinois qui voulaient détruire les casernes militaires ont éventré un barrage et forcé le fleuve à sortir de son lit. Damase Bouchard était là. Il était là aussi quand les Japonais, impuissants à mettre la patte sur les coupables, ont fusillé des dizaines d'innocents.

Autrefois, Gustave avait lu ces histoires. Des anecdotes, avait-il cru, sans leur prêter un véritable intérêt. À Tung Leao, dans cette cabane autour de laquelle hurlaient les chiens et le vent, Shen Fou Tchao avait peur. Pelletier ne fit rien pour atténuer cette sensation.

— Juste pour te dire, Gustave, à quel point les chrétiens sont mal vus... Ici, à Tung Leao, il y a trois vieilles familles chrétiennes : les Ts'ien, les Mong et les Kao. On ne leur parle pas plus qu'à nous. Pour les protéger, la mission leur a vendu, je devrais dire donné, les vieilles maisons construites par les Belges en 1926. C'est nous qui les protégeons.

— Je vous écoute, dit Gustave, et j'ai l'impression que vous cherchez à me décourager ; à me convaincre que, par une sorte de fatalité, je ne pourrai rien ajouter à ce qui a déjà été fait.

— Tu suivras ton curé, dit Pelletier. Tu comprendras plus tard et, à ce moment-là, tu nous fourniras peut-être une recette meilleure que celle que nous connaissons.

Ils éteignirent les bougies et s'allongèrent, tout habillés, sur l'étroit lit de terre battue. Transporté en plein Moyen Âge, suspendu aux cris des veilleurs de nuit et au bruit sec des baguettes des gardiens en faction devant les boutiques des marchands, Gustave ne dormit pas. À l'aube, quand s'éleva la rumeur d'une ville entrant en activité, les chiens se turent. De l'autre côté des murs, la rue s'anima. Sur le sable, brouettes et chariots, trop lourdement chargés, avançaient dans la plainte exténuée des mulets, des bœufs, des ânes et des petits chevaux, haletants.

Les odeurs entrèrent avec le matin. Celles des galettes, des pâtés et des légumes transportés par les marchands ambulants dont les vociférations envahissaient les rues de la ville. À ces commerçants se joindraient bientôt l'aiguiseur de couteaux, le guenilloux, le menuisier et le boucher, qui iraient ensemble s'installer à la croisée des chemins. À moins qu'ils ne se joignent à l'insolite défilé d'hommes et de femmes courbés sous le poids des denrées, cheminant vers le marché public.

Gustave n'entendit pas les enfants pauvres qui, à Tung Leao, louaient leurs services à des familles qui les rétribuaient pour mendier dans le sillage des vendeurs.

Prudemment, il descendit du lit où Gaudiose, Harry et Émilien dormaient encore, et il entra dans la cuisine. À genoux devant le poêle, manteau sur le dos, coiffé d'une calotte, un gros paysan y enfournait Dieu sait quoi pour nourrir un feu qui produisait surtout de la fumée. L'homme attisait la braise en marmonnant. À la vue de Gustave, il se releva.

— *Tché fan lo meyo...*

— ...

L'homme répéta ce qui pouvait être son nom, une question, une salutation. Gustave sourit et ouvrit les mains dans un geste d'impuissance. Derrière lui, Georges Pelletier répéta la phrase et la traduisit.

— «*Tché fan lo meyo*» veut dire : «Avez-vous bien mangé?»

— Je n'ai pas mangé et il le sait. Pourquoi pose-t-il la question?

— C'est la phrase qu'on utilise ici en guise de salut. Même si tu n'as pas mangé, tu dois répondre : «*Tché fan la.*» «J'ai bien mangé.»

— J'ai faim. Si je dis que j'ai déjà mangé, je vais passer en dessous de la table, non?

— Non, non. Si tu as faim pour un peu de sorgho suri, tu vas être servi, ça ne sera pas long. Moi, je me dépêche d'aller aux toilettes avant l'arrivée du ramasseur de crottes.

— Le quoi?

— Ne fais pas cette tête. Ici, l'engrais ne pousse pas dans le champ; alors, pour ne rien perdre, on se sert de ce que nous produisons le matin. Si tu as de la chance, tu pourras peut-être même vendre ton petit trésor quotidien.

La vallée de toutes
les poussières

Dans le jargon missionnaire, le petit poste de Kailou était situé «autour» de Tung Leao, soit à une centaine de kilomètres. Sur une carte où le tracé des routes obéissait à la plume du géographe et ignorait les conséquences des intempéries, la distance semblait courte. Mais la route glacée, creusée de milliers de sillons profonds et enchevêtrés obligea les missionnaires à consacrer plus de vingt-quatre heures à ce voyage.

Peu avant leur départ de Tung Leao, Harry Gill avait enfin loué un camion qu'ils chargèrent rapidement avant de prendre place sur les banquettes. Face à face, des bâches couvrant leurs genoux, Antoniennes et prêtres des Missions-Étrangères subirent l'épreuve du vent qui brûlait leurs mains et leurs visages. Harry parla du froid sibérien. Ou mongol. L'image était éloquente.

— Depuis quelques années, on donne aux missionnaires qui font de la brousse par ici, les moyens de s'habiller à la mode mongole. Des pelisses grossières et puantes, mais chaudes.

Les voiles des quatre petites sœurs Antoniennes s'élevaient en claquant au-dessus de leurs têtes. Leurs mains s'accrochaient, tantôt au siège, tantôt au lé de tissu qui menaçait de découvrir leurs cheveux courts. Destinées au poste de Taingtze où quatre de leurs consœurs vivaient depuis 1934, elles voyageaient en silence.

Fondée à Chicoutimi, vouée au service et à l'entretien des prêtres, la petite communauté modelait son rôle sur celui des saintes femmes qui, dans l'ombre, ont veillé sur le Seigneur. Invitées par Louis Lapierre à se joindre à son œuvre missionnaire, en prenant charge des dispensaires de la région de Lintung elles ajoutaient enfin une autre dimension à leurs fonctions premières.

Au cours de ce voyage, tous comprirent pourquoi les Chinois croient inutile de discuter des moyens à prendre pour traverser les rivières, avant même d'en avoir atteint les rives. Ruisseaux et rivières obstruaient la route, imposaient des arrêts. Le mécanicien et le chauffeur du camion auscultaient alors les ponts, en mesuraient la solidité. Devant les cours d'eau peu profonds sur lesquels aucun pont n'avait été jeté, les deux hommes évaluaient longuement les risques d'un passage vers l'autre rive. Avant d'y engager le véhicule, le mécanicien, dont le rôle consistait à prendre les premiers risques, entrait dans l'eau boueuse et marchait jusqu'à ce qu'il ait trouvé la piste la plus sûre, celle dont la profondeur ne dépassait pas la hauteur des roues. Fascinés par ce rituel inhumain, les occupants du camion retenaient leur souffle, partageaient son angoisse et craignaient d'être eux-mêmes emportés dans un tourbillon ou d'étouffer par le froid qui déjà contractait les muscles de l'homme pourtant impassible.

Dans certains aspects de ce pèlerinage vers son premier territoire de mission, Gustave reconnut les épreuves subies par les héros de ses lectures de jeunesse, contraints de découvrir leurs propres limites. Ce voyage l'éclaira sur les siennes. Rien de ce qu'il voyait depuis son arrivée en Mandchourie n'avait nourri ses rêves exaltés de séminariste. Sur le terrain, reléguée au second plan, l'aventure qu'il avait voulue spirituelle s'éclipsait derrière l'inquiétude et la peur qui tarissaient déjà ses réserves d'espérance.

Menaçantes, hautes et sombres dans la nuit, des dunes tracées à l'équerre par l'architecte du diable annoncèrent Kailou. Le camion zigzaguait le long des impressionnants couloirs de sable. Vint un moment où le conducteur réduisit sa vitesse, éteignit les phares. Il immobilisa enfin le véhicule, et Harry sauta à terre.

— Restez ici, ne bougez pas.

Il fallut, à tâtons, descendre du camion, et le décharger pour réparer un pneu.

— Ne vous éloignez pas, mes sœurs ! Derrière ces dunes, il peut y avoir des brigands.

— Les brigands, murmura une Antonienne. Je croyais que les Japonais les avaient tous emprisonnés.

— C'est ce qu'on dit aux partants depuis que les grandes bandes ont été détruites, mais nous ne serons jamais trop prudents. La nuit est bien tentante pour les mauvais garçons.

— Si des brigands se montraient, comme tu le disais à bord du train, tu pourrais leur donner ma montre...

— Au fait, l'as-tu perdue ? Je ne l'ai pas vue depuis le matin.

— Cette fantaisie ne m'intéresse plus. Vous aviez raison de dire qu'elle n'est pas à sa place ici.

Ils reprirent la route et s'arrêtèrent devant une auberge tenue par des Mongols.

— Je descends négocier. Attendez-moi, dit Harry.

La porte s'entrouvrit sur un petit homme noir qui d'abord refusa de les recevoir. Harry haussa le ton, insista sans succès, jusqu'à ce que le mécanicien intervienne. Après de longues minutes, la porte s'ouvrit sur d'autres ténèbres où Harry disparut. Il en ressortit en colère, criant et gesticulant puis, alors que ses compagnons, sûrs de devoir repartir, replaçaient les bâches sur leurs jambes, Harry sortit ses yens, paya et marcha vers eux.

— Qu'est-ce qui se passe? demanda Gustave. Tu hurles comme un damné et tu paies?

— C'est à la mode de discuter avec ces gens-là, répondit Harry en aidant les sœurs à descendre. Ils commencent par refuser. Nous insistons. Quand ils acceptent, nous refusons le marché qu'ils proposent. Ensuite, nous parlons sérieusement. Celui-là m'a déclaré que les hommes en soutane n'étaient pas les bienvenus chez lui. Je lui ai dit que, vu l'état de son auberge, il avait raison de ne recevoir que des cochons... Il m'a répliqué que nous pouvions passer la nuit dehors et qu'il ne nous retenait pas. J'ai fini par payer un prix fou.

— Est-ce propre, au moins? demanda l'une des sœurs.

— Aurons-nous une chambre pour nous seules? demanda une autre.

— Vous voulez rire! Nous sommes loin de l'hôtel Mont-Royal, ma sœur. Vous dormirez dans la même pièce que nous, parce qu'il n'y en a qu'une. Bouchons-nous le nez et ne soyons pas trop regardants sur la poussière.

Ils entrèrent dans la ville de Kailou le lendemain après-midi. Construite comme Tung Leao sur un banc de sable, elle était, malgré ses trente mille habitants et sa piste d'atterrissage, méprisée des fonctionnaires chinois et japonais qui lui reprochaient son isolement.

Malgré toute sa bonne volonté, Alphonse Dubé, qui les accueillit dans sa méchante maison de terre, ne pensait guère plus de bien de cette région.

— C'est un territoire sauvage, inquiétant et hostile. On nous y traite poliment, mais pas assez pour nous faire oublier que Kailou n'était pas notre premier choix.

La mission principale devait être établie à Lintung où vivaient deux mille catholiques. Leur défaite relevait de l'épopée. Riche de quelques milliers de yens, Arthur Quenneville s'était rendu à Lintung au mois d'avril 1934 pour acheter, à cinq kilomètres de la ville, à Hai Sing Ta La, les terres nécessaires à l'édification d'une mission. Un an plus tard, il embauchait des ouvriers chinois et entreprenait la construction d'une maison assez vaste pour contenir un hôpital, des écoles de prière, un dispensaire et une chapelle.

Les travaux étaient presque terminés quand, en septembre 1935, un ordre des Japonais de Lintung l'obligea à détruire l'immeuble et à quitter la région. Officiellement, la propagande religieuse des Québécois était en cause. Officieusement, Lintung étant au cœur du réseau d'espionnage contre les Russes de la Mongolie extérieure, la présence d'étrangers dans la ville ou à proximité de celle-ci était indésirable.

Louis Lapierre crut bon d'envoyer immédiatement à Lintung deux autres prêtres auxquels il recommanda de reprendre les pourparlers. Alphonse Dubé et Antonio Laberge y furent délégués, mais n'eurent pas beaucoup de succès. Dubé haïssait cette ville.

— Mgr Lapierre refusait de s'avouer battu. Malgré sa prestance et son tact, Quenneville avait perdu la face. Ici, cela ne pardonne pas. Mieux valait, pour lui et pour la Société, qu'il soit oublié. Monseigneur m'envoya en même temps qu'Antonio Laberge pour négocier harmonieusement.

— Drôle d'idée d'envoyer Laberge, dit Gustave. D'après ce que j'en sais, il est loin d'être diplomate.

— Je suis aussi allergique que lui à l'autorité et aux tracasseries administratives. Nous avions décidé de partir et avions vendu les terres de Hai Sing Ta La. Cela a eu l'effet d'un miracle. Les Japonais se sont adoucis et nous ont permis de demeurer dans Lintung et d'y faire un peu d'apostolat. Plus tard, ils nous ont autorisés à acheter un autre terrain et des matériaux. Un permis officiel de construire nous a été délivré; malheureusement, il a presque aussitôt été révoqué et nous avons été expulsés.

— Et vous vouliez encore rester? demanda Gustave.

— Pas vraiment... Nous avons déguerpi rapidement. En route vers Szepingkai, des brigands nous ont attaqués. Nous nous sommes battus à coups de revolver et, à l'épouvante, nous sommes revenus à Lintung.

— Vous aviez des revolvers?

— Jusqu'à ces derniers mois, tous les missionnaires étaient armés, puis toutes nos armes ont été saisies. Pour en finir avec cette histoire, le sous-préfet de la ville prétendit, puisque nous avions eu la vie sauve, que nous étions complices des brigands. Tu peux me croire si je te dis qu'à Lintung, c'est toute la Société des Missions-Étrangères qui a perdu la face. Laberge n'est pas revenu dans la région, et je travaille maintenant avec Eustache Dumais.

— Cela explique pourquoi on vous appelle les «sacrifiés» de Kailou.

— L'expression est un peu exagérée, mais nous ne manquons pas de travail parce que, si les Japonais tentent de limiter notre influence, ils apprécient nos services éducatifs.

— Exactement, dit Harry Gill. Depuis la prise de contrôle de la Mandchourie, ils veulent instruire et former les Chinois à la japonaise. Dans les écoles que nous avons créées et financées, ils ont imposé leurs professeurs, dicté les horaires et les matières enseignées. La gymnastique militaire est au programme d'étude des filles et des garçons. Le temps consacré à l'apprentissage de l'anglais a été doublé.

— Et l'enseignement religieux, là-dedans ? demanda Gustave. Vous ne pouvez pas passer votre temps à enseigner n'importe quoi.

— Même si nos écoles sont entièrement financées par la mission catholique, nous allons finir par enseigner seulement ce qu'ils veulent, ajouta Gill.

— Tout ça, conclut Dubé, parce ces Chinois sont maintenant des Japonais. Ils savent qu'ils devront un jour se battre contre leurs compatriotes du Sud.

Le soir, quand ses compagnons se couchèrent, Gustave emprunta à Dubé sa petite lampe à huile et s'installa, pour écrire, sur un coin de la table poisseuse de la cuisine. Il tira de son sac une feuille portant l'en-tête de l'*Empress of Russia* et griffonna quelques mensonges. La découverte de la Mandchourie était une fête pour l'âme et il y serait heureux. Il déchira la lettre.

Un jour, beaucoup plus tard, quand il aurait apaisé les sentiments qui le tourmentaient, il avouerait à Lorenza qu'un soir, au bout du monde, il avait craint de ne jamais s'adapter à un pays en guerre contre lui-même.

Le lendemain, Harry Gill et Gustave prirent place à bord d'un chariot. À la sortie du village, ils s'intégrèrent à un convoi qui s'engagea sur la route conduisant à Lintung.

Lorenza s'inquiétait. Des notes laconiques transmises par le séminaire lui avaient appris que Gustave avait fait bon voyage. « Votre fils est arrivé à Szepingkai en bonne santé. Nous prions pour lui et pour ses confrères. Votre dévoué, Edgard Larochelle. » Plus tard, trois lettres courtes et banales de son fils avaient raconté la découverte du Canada, la traversée du Pacifique et la visite de Tokyo où, avait-elle lu sans le croire, les magasins rivalisaient de beauté avec les Dupuis, Eaton et Morgan.

Zéphyr, qui ce matin-là dormait encore, ne luttait même plus contre les malaises qui l'abattaient. Prostré, il ne quittait jamais sa chambre.

— Le moral n'y est pas, madame Prévost. Nous ne savons pas pourquoi il ne marche plus, mais nous ne pouvons pas grand-chose pour sa santé, avait dit le médecin. Je ne pense pas que votre mari puisse continuer de travailler sur la terre. Vendez, si vous le pouvez.

Elle se tourna vers la fenêtre et vit le store jauni dont le gland effiloché témoignait de l'usure. Ils avaient été économes et sages. Les surprenant à l'heure où ils pouvaient enfin respirer, la maladie compromettait leur avenir.

Elle se pencha vers son mari.

— Dors-tu?

Il ouvrit les yeux et fixa le plafond.

— Zéphyr, il faut vendre tout ça avant le printemps.

Presque sans la voir, il sourit tristement.

— J'ai pensé à nos voisins, les Houle. Ils se louent aux sœurs de la Congrégation de Notre-Dame pour cultiver leur terre. Ils doivent avoir envie d'une ferme bien à eux.

— Tu rêves, Lorenza. Ça ne les intéressera jamais...

Elle soupira.

— Écoute-moi, Zéphyr. Ce n'est pas dans cet esprit-là que je vais leur parler. Je vais leur dire, au contraire, que notre terre est magnifique. Tu y as laissé ta santé, elle va rapporter. Je vais les voir ce matin. Pas demain. Aujourd'hui même.

— Tu vas perdre ton temps et ils vont nous prendre en pitié.

— Pas si c'est moi qui leur en parle.

Les Houle n'attendaient qu'un signe des Prévost...

Lorenza qui se faisait un devoir d'écrire une lettre hebdomadaire à Gustave put lui dire, comme s'il avait été là, que les soucis de son père seraient bientôt dissipés. Que l'hypothèque serait effacée et qu'un petit bénéfice leur permettrait d'élever une maison neuve sur la partie de la terre la plus proche du village de Saint-Eustache.

«Je crois que, même s'il paraît indifférent pour le moment, ton père, enfin délivré des angoisses qui l'obsèdent, vivra paisiblement et moi aussi. Ta mère qui pense à toi.»

Un peu de neige coiffait le clocher de Taingtze quand, le 4 novembre 1938, après avoir traversé Lintung et Linsi, le «grand village» apparut à l'horizon. Le bras tendu vers l'aiguille grossière qui se dressait au-dessus de la vallée, Harry Gill annonça la fin du long périple qui plaçait Gustave au service de la jeune Église de Mandchourie. Cet endroit morne serait celui de sa véritable initiation à la Chine.

Gustave ne trouva pas de mots pour décrire ce qu'il ressentit en pénétrant au creux de la vallée de toutes les poussières. De toutes les misères. Brune sous le ciel d'automne, Taingtze semblait avoir émergé, telle quelle, du sol aride. Enclos dans ses murs d'argile desséchée et de paille de sorgho, le village ressemblait aux châteaux de sable modelés, après la pluie, par des enfants indifférents à la pureté des formes et à l'harmonie des contrastes.

Gaudiose Gagnon qui ne s'était pas arrêté à Kailou, l'avait précédé de quelques jours. Devenu son vicaire, Gustave parcourut en un mois l'immensité du territoire de la mission où, croyait-il, il évoluerait au cours des dix prochaines années. Conteur intarissable, Gagnon fournit à Gustave cent prétextes pour se taire et écouter.

Il put ainsi, sans effort, récapituler une matière abordée distraitement à la lecture du bulletin de la Société des Missions-Étrangères. Vus du séminaire, tous les postes missionnaires étaient peuplés d'âmes déjà conquises, ou «païennes» et à séduire. La présence de milliers de chrétiens à Haobetou, à Ounioutai et à Tung Leao, remontait à la révolution de 1912, et à la vague migratoire qu'elle déclencha. Pendant vingt ans, à raison de près d'un million par année, des paysans de la Chine du Sud étaient montés vers la Mandchourie. Gagnon savait tout de cette aventure sans espoir.

— De pauvres gens, assez semblables je dirais, à ceux qui sont venus chercher de l'ouvrage en Saskatchewan, en Alberta et en Colombie-Britannique. Sauf qu'ici, ils espéraient trouver des terres et s'y établir.

— Il y en a au Sud, non? Tu ne vas pas me dire qu'ils ont entrepris la traversée de ce désert-là seulement pour le plaisir d'ensemencer du sable et de l'argile?

— Même si ça ne crève pas les yeux, la terre est moins stérile qu'autrefois. À cette époque-là, les autorités favorisaient le développement de l'agriculture, c'est pourquoi les Chinois sont venus, en masse, s'établir dans cette province moins peuplée que le reste de la Chine. Entre toi et moi, la perspective de survivre quelque part dans leur pays était certainement aussi intéressante que celle d'aller travailler en Amérique.

En vingt ans, la population de la Mandchourie était passée de seize millions à plus de trente millions de personnes. Surtout des pauvres, attirés par la construction de voies ferrées, mus par l'espoir d'une vie meilleure. Or, au terme de pénibles voyages à bord de jonques et de wagons à bestiaux, la misère les attendait. Quotidien, le spectacle de familles entières mourant de faim devant les portes closes des villes n'avait scandalisé personne, sinon les missionnaires belges. Ils morcelèrent la majeure partie de leur domaine et ils y installèrent quelques dizaines de familles qui acceptèrent d'être christianisées.

— Ça me rappelle, dit Gustave, les campagnes de colonisation chez nous, quand le pauvre monde allait en Abitibi ou au Manitoba, soi-disant pour trouver du travail ou des terres à cultiver.

— Ou à l'émigration des Canadiens français vers les États-Unis. Les Américains nous appelaient les «Chinois de l'Est». Ici, on ne leur donnait pas plus de nom qu'aux chiens. Je n'ai pas connu cette période-là. Les premiers qui sont venus en mission ici ont travaillé avec les Chinois d'en bas. Je vais te dire qu'il ne leur restait pas beaucoup de temps pour convertir et éduquer.

— La charité s'est imposée comme une fonction réservée aux missionnaires...

— Comment faire autrement? Tout nus, affamés, ces Chinois vivaient leur destin, sans réagir ni se plaindre. Les autorités se contentaient de leur donner des rations de sorgho sec distribué par les soldats qui le leur lançaient. Les gens se jetaient à genoux pour ramasser quelques grains. Tu as déjà vu faire les animaux? C'était pareil, sauf que les missionnaires voyaient en eux des créatures de Dieu. Certains jours, une simple infirmière pouvait baptiser jusqu'à trente-six enfants mourants.

— Alors...

— Les chrétiens de Taingtze appartiennent principalement à ce groupe de laissés-pour-compte.

Derrière l'écran de poussière, le misérable village de Taingtze lui parut beau.

Comme la plupart de ses confrères, Gustave cessa de s'interroger sur sa place ou sur l'utilité de son action. L'évolution spirituelle de quelques dizaines d'enfants et d'adultes reposait, ne fût-ce qu'un peu, entre ses mains. Il adopta les œuvres en marche, de l'école au catéchuménat, et ne voulut rien réformer. Il se laissa attendrir par le pauvre dispensaire où les Antoniennes recevaient les enfants abandonnés et malades.

L'orphelinat recueillait les poupons de sexe féminin rejetés par certaines familles. Leur sort et celui des fillettes de Canton, accueillies par les sœurs de l'Immaculée-Conception, fascinaient les Québécois qui donnaient abondamment à l'œuvre de la Sainte-Enfance.

Contrairement à l'opinion de nombreux prêtres catholiques occidentaux, Louis Lapierre croyait qu'un clergé authentiquement chinois pouvait naître de l'activité des missionnaires. Pour que ce clergé se multiplie plus tard par lui-même, il voulait former un grand nombre de prêtres. Bon an mal an, cinq ou six étudiants formés à l'école des garçons de Taingtze venaient grossir les rangs des recrues du petit séminaire de Szepingkai, et dans la préfecture de Lintung, on plaidait déjà en faveur de la création d'une institution semblable, indépendante de la première.

Gustave endossa cet objectif qui épargnerait aux séminaristes un déracinement incompatible avec des coutumes familiales qui exigeaient le maintien des adolescents dans leur milieu. Par contre, des difficultés freinaient leur formation, et après avoir compris les éléments des idéogrammes chinois, ils étaient contraints d'apprendre le français. Ensuite seulement, on leur enseignait les rudiments du latin. L'initiation à deux langues étrangères et aux concepts transmis par celles-ci ralentissait leurs progrès.

«Idéalement, écrivit-il à Edgard Larochelle deux mois après son arrivée, nous ne devrions plus imposer aux Chinois l'apprentissage de notre langue. Ils devraient pouvoir s'adresser à Dieu avec l'esprit qui leur est propre. Entre toutes nos prétentions, je redoute celle qui, trop souvent, nous incite à porter sur la Chine et sur les Chinois le regard de ceux qui croient véhiculer toutes les vérités.»

Observateur silencieux, Gustave s'appliqua à vivre à la mode du pays. Obligé de chausser des bottes fourrées, disgracieuses et lourdes comme des plâtres, il avait eu recours aux services de Do, l'homme à tout faire de la maison, qui les brisa pour lui en les portant pendant plusieurs jours.

Do marchait, dormait ainsi chaussé. Ce compagnon sentait l'homme et la fumée et, dégoûté, Gustave repoussait le moment de reprendre son bien. Sa répulsion lui faisait honte et l'obligeait à admettre qu'il n'était pas encore le prêtre qu'il espérait devenir. Quand il fit trop froid, Gaudiose le força à réclamer ses bottes, à endosser une pelisse épaisse et à se coiffer de ce casque mongol dont les oreilles poilues flottaient librement au-dessus des siennes.

Engoncé dans cet inconfortable accoutrement, il s'initiait à l'hiver mandchou, à la chaleur du fumier de cheval et de bœuf qu'on enflammait, le soir, à une extrémité du lit-fourneau. Tout habillé, il s'y allongeait entre deux couvertures, appréhendant le milieu de la nuit où après avoir été trop chaude, la couche se glaçait. Jusqu'à la mi-décembre, les nuits s'écoulèrent ainsi, entre fièvre et frissons.

Quand il ne décela plus les odeurs de l'engagé, il comprit qu'à son tour il sentait l'homme et la fumée. Celle de la nuit qui, voulait-il croire, ne révélait pas l'origine du combustible; celle du jour, dégagée par le poêle chauffé au foin, à la paille de millet et aux tiges de sorgho. Ses habits puaient aussi, imprégnés qu'ils étaient du désagréable parfum de l'huile rance où M. Do, promu cuisinier à l'heure des repas, plongeait des beignets de légumes ou de viande. Une autre odeur, celle du sorgho qu'on laissait sûrir dans un fût de bois, flottait dans la cuisine. Gustave avait horreur du sorgho macéré qu'il n'avalait jamais sans imaginer qu'il avait déjà été mangé. Parce que les pauvres s'en régalaient, il les visitait aux heures où ils n'étaient pas attablés.

Aux derniers jours de l'année 1938, les missionnaires des postes de la préfecture se réunirent à Taingtze pour la retraite et les retrouvailles de Noël et du nouvel an. Quelques minutes avant la messe de minuit célébrée dans la modeste chapelle de la mission, Gustave rasa les poils roux qu'il s'était résigné à laisser pousser.

Harry Gill lui fit observer combien son geste était éloigné de l'esprit de soumission convenant à son état.

— Encore quelques mois, Prévost, et tu aurais eu l'air d'un vrai missionnaire.

— Je n'ai pas envie de me déguiser, de ressembler à un vieux bouc ou à un respectable mandarin. J'exercerai mon ministère en plein jour, tel que je suis, c'est-à-dire étranger, blanc, jeune et rasé. Aucun Chinois ne se trompera sur ma véritable identité. Je ne tiens pas à être pris pour un Chinois.

— Dis-nous la vérité, Gustave. Tu veux paraître beau. À mon avis, c'est une idée propre aux orgueilleux. Je me trompe?

— Oui et non. Je ne déteste pas être tel que ma mère m'a fait. J'admets que je n'aime pas la barbe, mais surtout, je refuse d'imiter les Chinois. Si nous prétendons être différents de ce que nous sommes, nous ne serons pas respectés.

On le soumit à un examen de chinois. Résolu à se taire aussi longtemps qu'il serait incapable de s'exprimer avec clarté et concision, il refusa de prononcer un seul mot. Combien de fois s'était-il agenouillé devant la lampe du petit sanctuaire pour demander la grâce d'une science infuse? Gill exprima sa déception.

— Tu es trop lent, mon petit père, tu retardes tes progrès et toute la mission en souffre. Inspire-toi d'Émilien Houde. Il est plus souple, moins têtu que toi. Il porte la barbe, prononce quelques phrases et il est utile au catéchuménat. Tu n'es pas ici pour te promener.

— Je le sais, mais j'apprends lentement et je prendrai le temps qu'il faut pour être compris. Je tiens à te dire que je ne suis pas toujours, comme tu dis, en promenade. J'accompagne Gagnon, je dis la messe, je bénis les gens... J'apprends, j'explore et j'ai la conscience tranquille.

— Et, quand penses-tu être prêt?

— Dans un an, un an et demi. Je ne suis pas le premier à bloquer sur les gutturales et les tons. Je veux qu'on me laisse le temps dont j'ai besoin.

Il sondait pourtant les profondeurs et la complexité du mandarin. Porteur de bottes, d'eau et de bois, et cuisinier, M. Do avait aussi le plus bel accent de Taingtze. C'est donc lui qui enseignait aux écoliers chinois et aux missionnaires. Un livre illustré dans une main, il régnait sur ses chaudrons en corrigeant la prononciation des *ma-ma*, *te-te* et *sin-sin*, qui enrageaient son élève sans altérer sa patience. Pour accélérer son apprentissage, Gustave assistait aux leçons de catéchisme des enfants inscrits à l'école de prière.

— Je connais la matière par cœur. Normalement ça devrait rentrer. Mais non! Je dois avoir les méninges engourdies, parce que je me fais même avoir par les enfants.

— Ils t'ont fait le coup de te demander si tu fumes?

— J'aurais préféré ne parler de cela à personne. Pour se moquer de moi, les petits bergers sont les pires. Ils sont plus expérimentés que les autres et plus savants sur les choses de la vie. Le soir, quand ils ramènent leurs moutons à leurs propriétaires, ils s'arrêtent pour causer. L'un d'eux m'a innocemment demandé s'il m'arrive de fumer. J'ai répondu, la pipe. Dans leur mandarin vulgaire, ils m'ont appris à utiliser le mot pipe à leur manière. Le soir, j'ai fait part de mes progrès à Gaudiose. Il s'est moqué de moi comme d'un imbécile.

— Ils lui avaient fait le même coup qu'à nous. Il a donc compris que toi, Gustave, qui ne sais pas encore demander un gobelet d'eau, tu pourrais sans t'en rendre compte, parler des parties intimes des femmes.

— Je ne me méfie pas spontanément, mais je connais des missionnaires qui se conduisent exactement comme ces enfants-là. Celui qui a enseigné à M. Do comment dire bonjour en français ferait bien d'aller se cacher. Le pauvre homme salue tout le monde en s'inclinant et en disant : «Je suis un maudit fou, je suis un maudit fou...» Son accent était tel qu'il m'a fallu six mois pour comprendre que cela n'était pas du chinois. J'ai ri, puis je nous ai trouvés pitoyables.

— Écoutez-ça, s'exclama Gill, le petit jeune qui nous fait la leçon !

Un télégramme, adressé par Louis Lapierre, surprit le groupe au milieu de la retraite : «À Pamienchen, 26 décembre 1938. Barbeau décédé. Congestion pulmonaire.»

Gustave n'avait vu Aldée Barbeau qu'une fois, lors de son arrivée à Szepingkai. À trente-huit ans, il comptait parmi les premiers membres de la Société des Missions-Étrangères. Vicaire, puis curé à Fakou où un prêtre chinois tenta de faciliter son intégration, il rencontra l'antipathie de la population de ce village. Entêté et résolu, il construisit de ses mains l'église, le couvent des sœurs de l'Immaculée-Conception et le dispensaire de la mission. Grâce à la contribution financière de sa famille, il se chargea de l'instruction de quelques jeunes gens dont le docteur Wang, diplômé de l'université de l'Aurore, à Shanghai.

— Il a traité Wang comme son fils, avait dit Alexandre Gauvreau en le lui présentant. Grâce à lui, le dispensaire de Szepingkai s'appuie sur un médecin catholique qui admet que des Chinois puissent s'être convertis et désirer mourir en ménageant Dieu et leurs ancêtres.

Suivant de peu le télégramme, une lettre de l'évêque de Szepingkai exprimait son intention de faire coïncider le rapatriement des restes d'Aldée Barbeau avec ceux d'Émile Charest et de René Bédard. «Ainsi, concluait Louis Lapierre en annonçant pour le mois de mars 1939 des funérailles collectives, quoi qu'il advienne, nous pourrons espérer être tous réunis en un seul endroit.»

Après son assassinat par des brigands au début de l'année 1934, Charest avait été enterré sur le terrain de la mission de Tcheng Kia T'oeon. Terrassé par le typhus le 21 avril suivant, Bédard avait été inhumé sans cérémonie dans l'enclos réservé aux contagieux de Hwaite.

La triple inhumation qui eut lieu dans les jardins de la cathédrale rassembla les missionnaires autour de Louis Lapierre qui, après un séjour de dix mois au Canada, rentrait enfin chez lui. Soucieux de ne favoriser aucun de ses hommes et d'entretenir avec tous des relations cordiales, il traita Gustave comme les autres. Avait-il oublié que le jeune missionnaire était le premier prêtre qu'il eût jamais ordonné? La veille de son départ pour Taingtze, Alexandre Gauvreau vint lui dire que l'évêque désirait le voir à son bureau.

— Alors, dites-moi, jeune homme, Gustave Prévost était-il digne d'être prêtre et membre de la Société des Missions-Étrangères?

Il n'avait donc pas oublié.

Gustave se revit, le 29 juin 1938, jour de son ordination, dans l'église de Saint-Eustache. Là, dans un latin sec et dru, Louis Lapierre avait posé la même question à l'archidiacre qui avait répondu oui.

— Depuis ce jour-là, j'ai l'intime certitude que Dieu m'a accordé sa confiance, parce que j'en suis digne.

— Et comment se sent Gustave Prévost, missionnaire en Mandchourie?

— Le matin de mon ordination, je me suis cru plus près du ciel que de la terre. Depuis mon arrivée ici, je me sais plus proche de la terre que du ciel. Les épreuves et les questions sont nombreuses... La réalité est loin, très loin de l'idéal.

— S'il demeure réaliste, toute sa vie Gustave Prévost poursuivra un idéal qu'il n'atteindra pas.

— Vous croyez vraiment que je ne serai jamais satisfait?

— Il n'est pas souhaitable que tu le sois. Si je l'étais moi-même, si un seul d'entre nous se complaisait dans ce qu'il accomplit, notre mission n'aurait aucun avenir.

Les étapes de la découverte se multiplièrent pendant près de deux années. Après Taingtze, Gustave fut muté à Haobetou. Dans cette petite fourmilière, cinq ou six grands propriétaires terriens, redevables de leur bonne fortune aux pères belges de Scheut, s'étaient acquittés de la tâche ordinairement dévolue aux missionnaires. Après avoir incité les paysans à devenir chrétiens, ils distribuaient les congés, encourageaient leurs employés à fréquenter l'école de prière et la chapelle, si bien qu'à Haobetou, on communiait et on se confessait avec une assiduité incomparable en Chine. Le curé Armand Asselin et son vicaire Gustave vivaient dans une situation presque idéale.

Isolé du monde, le village ignorait tout de l'agitation qui perturbait l'Asie et l'Occident. Les rares journaux québécois parvenant aux deux prêtres des mois après leur parution, ils pouvaient croire qu'entre leur publication et leur lecture, le monde retrouverait la raison.

Gustave avait passé l'été à Haobetou quand, en septembre 1939, la France et l'Angleterre se mobilisèrent contre l'Allemagne qui venait d'envahir la Pologne. La paix qui enveloppait le village n'en fut pas davantage troublée et les deux hommes continuèrent d'apprécier les aspects simples et champêtres de leur mission.

Par la faute des brigands, il ne restait à Haobetou ni ânes ni mulets. C'est donc à motocyclette, que Gustave s'élança à travers les dunes, à la recherche des malades et des indigents qui ne pouvaient venir au village. Malgré un vocabulaire encore limité, il était enfin un vrai, un bon missionnaire.

Dans une lettre adressée à Louis Lapierre, il avoua qu'une première joie l'éclairait. Il était heureux. Sa mission avait un sens.

À Szepingkai, où l'on anticipait l'entrée du Canada dans le conflit, le harcèlement des Japonais s'intensifia. Les enquêtes se multiplièrent et le fonctionnement des dispensaires fut compromis par la défense faite aux médecins chinois d'y collaborer. Il fut interdit d'accueillir de nouveaux enfants dans les écoles. Ailleurs dans l'évêché, les autorités remirent en question le droit de la Société à posséder des terres et des immeubles.

L'évêque cessa de se présenter, les dimanches, au balcon de la cathédrale où il avait l'habitude de faire les grandes annonces. Comptant sur la jeunesse d'une équipe renouvelée à bon rythme depuis trois ou quatre ans et sur la récente nomination d'Émilien Masse à la tête de la préfecture apostolique de Lintung, Louis Lapierre précipita le départ des missionnaires malades et de ceux que leurs vacances rappelaient au Canada.

Jean-Marie Poitevin, le cinéaste propagandiste de la Société, rapporterait à Montréal des kilomètres de pellicule dont il tirerait un film. Dans son scénario, déjà élaboré, des collégiens québécois seraient mis en face de la vie quotidienne en Mandchourie. Le héros reconsidérerait son avenir à la lumière de ces images, et choisirait de consacrer son existence à l'apostolat.

Épuisé, Ernest Jasmin referait ses forces aux Philippines. Le grand constructeur qu'était Georges Pelletier quitterait la Mandchourie et, peut-être la Société puisqu'il ne s'était jamais senti l'étoffe d'un missionnaire. Harry Gill partirait pour un an, après avoir gardé le phare de la préfecture de Lintung en attendant la nomination du nouveau préfet.

Jusqu'au début de janvier 1940, Armand Asselin et Gustave ne surent rien de ces dispositions ni du climat tendu qui s'installait ailleurs qu'au fin fond de la Mandchourie. Ils en apprirent un peu plus le 9 janvier, lendemain de la fermeture des écoles pour les vacances. Ce jour-là, Émilien Masse, son vicaire Roland Roch, et les missionnaires de Kailou et de Taingtze visitèrent les deux desservants de Haobetou. Ces derniers auraient dû, comme le voulait la coutume, se rendre eux-mêmes à Taingtze mais Gustave, se remettant à peine de trois semaines de lutte contre le typhus, était encore alité. Masse se réjouit de constater qu'il résistait à la maladie qui avait emporté René Bédard.

— Bédard était fatigué, je ne l'étais pas. Il n'a pas été soigné. Je l'ai été. Je figure donc parmi les soixante pour cent de personnes qui survivent aux morsures des poux.

— Il a pris ça à Hobouo où je l'avais envoyé porter les sacrements aux catholiques, dit Asselin. Il a accepté l'hospitalité d'une famille où on dort à douze sur le lit-fourneau. Ça grouille de poux, là-dedans. Tout le village est immunisé. Pas les visiteurs.

— Armand m'a aidé à me débarrasser des poux, avec le résultat qu'il ne reste plus une goutte d'huile à lampe dans la maison. Ensuite, j'ai commencé à ressembler à un zombi. Il a appelé les Antoniennes qui m'ont injecté une tonne de morphine, avant de me transporter à Taingtze où elles m'ont traité. Je ne me suis rendu compte de rien, mais j'ai fait le plus beau voyage de ma vie !

— Il voyage encore, monseigneur Masse, dit Armand. Il n'a pas beaucoup aidé à préparer les enfants à célébrer Noël.

— Armand me taquine. Je ne suis encore qu'un étudiant en langue chinoise, ce qui ne m'a pas empêché de monter la crèche, de confesser une centaine d'enfants, et de les tenir tranquilles jusqu'à ce qu'Armand dépose sur la paille notre blond petit Jésus de cire. Je n'ai pas voulu lui voler la vedette.

— Je ne sais pas si les écoliers étaient aussi collants cette année à Taingtze qu'ils l'ont été à Haobetou, mais il n'y avait pas moyen de les renvoyer chez eux.

— Les familles manquent d'argent et les enfants le savent, ajouta Asselin. Ils mangent plus et mieux à l'école qu'à la maison, et ce qu'on leur offre gratuitement n'a pas à être fourni par leurs parents. Il y a de cela aussi dans leur présence à l'école et à la mission.

— La guerre accentuera leurs difficultés, conclut Émilien Masse.

Cette guerre, ils ne l'avaient pas oubliée, ils n'y pensaient simplement jamais. Quand leurs visiteurs partirent et qu'ils retrouvèrent leur routine, Armand et Gustave accordèrent à peine plus d'intérêt aux conflits. Pendant les mois qui suivirent, leur évolution les incita à croire que si le monde entrait en guerre, ce serait parce que le Japon exerçait sur la Chine une trop grande emprise.

En août, Gaudiose Gagnon et Gustave se retrouvèrent à Kailou où ils avaient été mutés. C'est là qu'à la fin du mois de septembre 1940, une émission diffusée de la côte ouest américaine conforta les hypothèses voulant que la Mandchourie soit au cœur des luttes dont le but était de la réintégrer au domaine chinois.

Le Japon venait de conclure avec l'Italie et l'Allemagne une alliance politique, militaire et économique destinée à accroître la dépendance de la Chine, et son pouvoir sur celle-ci. De leur côté, paralysés à Shanghai et à Nankin où ils avaient été impuissants à empêcher les massacres de la population chinoise, les Américains misaient sur une alliance avec Tchang Kaï-chek pour freiner l'avance japonaise dans le Pacifique.

Quant aux Russes, autant pour se protéger contre le Japon que pour étendre l'influence communiste en Chine, ils prêteraient leur concours à l'armée de Tchang Kaï-chek et aux Américains, pour une éventuelle invasion de la Mandchourie. L'armée, divisée entre communistes et nationalistes, éclaterait sans doute à son tour sous la pression des recrues toujours plus nombreuses de Mao Tsê-tung.

Dans la perspective où la Russie et les États-Unis s'armeraient contre le Japon, la Chine, enjeu principal d'un conflit idéologique, économique et politique, risquait d'être déchirée.

Les Japonais procédèrent à la saisie ou à la destruction des appareils de radio à ondes courtes appartenant à la Société. Ils saisirent ou «empruntèrent» la plupart des motocyclettes.

— Ils nous coupent les jambes, maintenant, lança Gaudiose. Ça promet !

Que deviendraient-ils si, impuissants à fuir ou à se défendre, on les pourchassait ? Au cours des dernières années, on les avait obligés, sous prétexte d'en légaliser le port, à enregistrer leurs armes à feu, bientôt réquisitionnées contre une somme ridicule. Les missionnaires étaient désormais à la merci de quiconque les attaquerait, brigands, policiers ou militaires.

Au mois d'octobre 1940, Louis Lapierre leur demandait, par télégramme, de dresser immédiatement l'inventaire des biens de la Société. Gaudiose profita de son titre de curé pour secouer son vicaire.

— Tu as trois, quatre petites choses à faire, Prévost. D'abord, la liste des objets qui t'appartiennent, et celle des bâtiments et des biens de la mission. Va dire aux Antoniennes de faire elles aussi leurs listes.

— Penses-tu que les Japonais vont tout saisir ?

— Rien n'est impossible, surtout cela.

Un autre message leur parvint. À la requête expresse du consulat britannique, l'évêque de Szepingkai transmettait aux missionnaires canadiens une offre officielle de rapatriement en Amérique, à bord d'un paquebot mouillant dans le port de Dairen.

— Je n'ai pas l'intention de partir. Et toi? demanda Gaudiose.

— Moi non plus. De quoi aurions-nous l'air en fuyant au premier appel? Je me suis promis à la Chine.

Le soir même, ils répondirent qu'ils restaient.

Les Antoniennes en firent autant.

Le métier de missionnaire ne ressembla plus à un agréable passe-temps. L'hiver couvrit Kailou et les rumeurs de guerre. Gustave écrivit à sa mère des lettres qui ne sortiraient peut-être jamais du pays. «Depuis plus d'une semaine, la nature est bellement canadienne ici; les arbres sont chargés d'une couche de givre aux mille feux sous le soleil, et le gris morne de la nature est devenu d'un blanc étincelant. Les cristaux de neige s'illuminent aux rayons solaires. Je n'avais pas encore vu de neige si persistante.»

Au printemps 1941, ils étaient ensevelis sous des bancs de neige glacés, aussi solides que les dunes. Contraint par la muraille de boue et de paille entourant le gros village à n'en réchauffer que les murs extérieurs, le soleil parut sans apaiser les corps malades ou épuisés. «C'est la Chine qui rentre...», répétait Gaudiose à Gustave. Une Chine froide, dure. Sans joie.

Louis Lapierre avait reçu de ses hommes la réponse qu'il attendait et avait apprécié leur volonté de demeurer parmi les chrétiens. Il refusa toutefois aux Antoniennes le sort incertain qu'elles avaient choisi et les rappela d'urgence à Szepingkai. Elles se rassemblèrent toutes à Taingtze où Émilien Masse leur ordonna de partir, en soulignant qu'il était du devoir des hommes de veiller sur leur sécurité physique aussi bien que sur leur évolution spirituelle.

— N'annoncez votre départ à personne. N'oubliez pas qu'avec les Chinois, il ne faut jamais sembler craindre ni fuir. Dites intérieurement adieu à vos œuvres. Vous quitterez Taingtze dès que l'autorisation de voyager dans le pays vous aura été accordée.

Elles eurent l'impression de partir comme des voleuses. Seule la novice Madeleine Tchao, partagea leur secret en promettant de les remplacer.

À la grâce de Dieu

Souriant, M. Tchang, l'homme à tout faire de la mission de Kailou, déposa le courrier devant Gustave qui sourit à son tour. Surpris par la taille du paquet, il défit patiemment les nœuds de la corde de chanvre et déplia lentement les journaux vieux de plusieurs semaines, déjà lus par ses confrères de Szepingkai et de Taingtze. Il replia soigneusement le papier kraft qu'il utiliserait à son tour pour les expédier à Haobetou. Plusieurs lettres, certaines portant le cachet du bureau de poste de Saint-Eustache, d'autres celui du séminaire de Pont-Viau, glissèrent sur la table de bois. Il demanda à M. Tchang d'en décoller les timbres pour les offrir à Madeleine Tchao.

Il se perdit d'abord dans la lecture des nouvelles du pays. Il lirait les lettres plus tard. La victoire de l'Américain Joe Louis sur Gus Dorazio en deux rounds à Philadelphie, le 17 février 1941, l'intéressa moins que le point de vue qui se développait au Canada par rapport à la guerre. À l'exception des Québécois qui refusaient d'y envoyer des soldats, les Canadiens semblaient disposés à voler au secours de l'Europe.

Longtemps bloquées à Szepingkai où elles s'étaient accumulées, les lettres de sa famille lui parvenaient enfin. De la première qu'il décacheta, tombèrent quelques articles de presse soigneusement découpés par Lorenza. Des articles nécrologiques et une copie de la lettre pastorale des archevêques et évêques de la province de Québec, prescrivant, à la date du 9 février, une messe solennelle dans toutes les églises, pour demander à Dieu la victoire de l'Angleterre et de ses alliés. Une photo de famille prise aux Rois : sa mère et son père de chaque côté de Mgr Larochelle, trônant sur le sofa du salon, sous une photographie montrant Gustave le jour de son ordination.

«Grâce au peu de terre qu'il nous reste, depuis que nous avons vendu le principal aux Houle, tes frères n'iront pas à la guerre, du moins pas pour le moment. Ils ont quand même dû s'enregistrer à Saint-Jérôme. Nous ne savons pas ce que la guerre nous réserve et je prie Dieu pour qu'elle ne m'enlève pas nos garçons. Un de parti, c'est assez. Lucille reste à la maison pour m'aider. Les garçons ont commencé à rôder autour d'elle, mais elle parle de suivre tes traces et d'entrer chez les sœurs de l'Immaculée-Conception. Pour le moment, nous ne manquons de rien, mais tout est compté.»

Les plis du papier pelure retenaient l'annonce d'une lampe Aladin, extraite d'un catalogue vantant la clarté de sa lumière et l'élégance de sa forme. Elle suivrait dans une malle expédiée par la Société, si les conditions le permettaient. «Avant ton départ pour la Chine, tu nous as fait cadeau d'une lampe dont nous avons moins besoin depuis l'installation de l'électricité dans la maison et que nous gardons en souvenir de toi et pour les tempêtes qui n'ont pas manqué cet hiver. Papa et moi avons acheté celle-ci pour toi, en espérant qu'elle t'incitera à nous écrire plus souvent.»

Dans un post-scriptum rédigé au bas de la dernière page, Lorenza avait ajouté : «Ton père va mieux et le médecin assure que nous ne devons pas trop nous inquiéter de sa santé physique. Malgré tout, son moral n'est pas bon. Il est toujours ailleurs et un peu triste. Ne l'oublie pas dans tes prières. Ta mère qui pense à toi.»

Gustave se détourna du courrier pour aller vers la fenêtre et se perdre dans l'observation du paysage. Une fois encore, il n'y verrait rien, seule une lueur perçait le papier de riz et soulignait le réseau de veines sombres dessinées par la colle durcie. Qu'aurait-il pu voir qu'il ne connaissait pas déjà? Le mur de la cour, les fagots de bois sec autour desquels tournoyaient la neige et le sable fin? Il n'avait pas besoin d'yeux pour savoir que les ouragans de poussière succéderaient aux poudreries de l'hiver, et qu'après que le froid l'eut paralysé, la chaleur sèche de l'été aurait raison de son énergie.

Voilà pourquoi en ce pays, pensa-t-il, les visages sont ravinés, les corps usés avant l'âge. Voilà pourquoi à cinquante ans les Chinois sont des vieillards, et les missionnaires qui partagent leur quotidien brûlent leurs énergies, avant de rentrer au pays pour y guérir de maux qui, au Canada, frappent les hommes âgés.

Cette lumière sans éclat ranima le souvenir du dernier dimanche de juin 1925. Il avait onze ans. Une brise légère emplissait la cuisine d'été où, la veille, Zéphyr et les garçons avaient installé les moustiquaires. Lorenza et les filles avaient lavé et repassé les tentures fleuries, et dégagé la pièce des boîtes qui l'encombraient. Le rituel annonçait l'été, toujours trop court. Au retour de la messe, la famille s'était rassemblée dans cette cuisine pour le premier déjeuner de la saison. Lorenza, que les enfants ne voyaient jamais au repos, s'était assise pour contempler les champs bordés d'arbres centenaires, et respirer les odeurs humides et sauvages qui embaumaient enfin sa maison.

— C'est beau la vie, avait-elle dit en montrant à Gustave la terre labourée et ensemencée.

— C'est beau la vie, avait-elle répété avec une joie d'enfant, sans attendre de réponse de ce fils trop jeune pour comprendre que les premiers jours de l'été puissent procurer un plaisir aussi vif.

Puis, Gustave l'avait vue se raidir et son visage avait soudain exprimé l'inquiétude. Il l'avait suivie dans sa course vers la cuisine où elle avait précipitamment rangé la vaisselle abandonnée sur le comptoir, et elle avait appelé Zéphyr à son secours. Accompagné d'un autre prêtre, le curé du village marchait vers leur maison. Entrée dans la chambre, elle avait tiré de son coffre de mariage un tablier de coton blanc brodé de marguerites et de chrysanthèmes. Elle s'était arrêtée devant la coiffeuse dont le miroir au tain craquelé lui rendit une image ondulée et noircie. Sachant par cœur l'enchaînement des gestes qui la rassuraient sur sa beauté, elle avait dessiné sur ses joues encore pâles, deux cercles de poudre censés l'avantager.

Nerveuse, elle était revenue dans la cuisine, ajustant et défroissant le tablier dont l'odeur empruntait à la naphtaline et à l'eau de Floride. De l'étagère la plus haute du buffet où elle rangeait les friandises réservées aux grands jours, elle avait retiré une boîte de sucre à la crème. Le fin du fin.

Conférant de l'importance à leur visite, les deux prêtres avaient frappé à la grande porte. Puis ils avaient secoué la poussière accrochée au bord élimé de leur soutane en attendant qu'on les invite à entrer. Préférant s'asseoir autour de la table de la cuisine où l'eau bouillait déjà pour le thé, ils avaient refusé d'être reçus au salon. Pendant de longues minutes, ils avaient tourné autour du pot, parlé de la belle saison, des pommiers en fleurs et, enfin, de Gustave dont ils avaient remarqué l'intérêt pour l'étude. Rougissant, il s'était avancé pour entendre le bien qu'on disait de lui, mais la voix de son père avait mis une sourdine aux compliments.

— Tant mieux s'il a du talent à l'école. Pour ce qui est des travaux manuels, il n'est pas bon à grand-chose.

Lorenza s'était mordu les lèvres pour ne pas riposter.

Accueillant comme un signe le peu d'intérêt de l'enfant pour la vie agricole, le curé aborda le sujet véritable de leur visite.

— Ne pensez-vous pas, vu qu'il ne vous sera peut-être pas très utile, qu'il faudrait le pousser aux études?

Zéphyr n'avait pas apprécié la question. Il destinait à ses fils un legs sacré et n'admettait pas qu'on puisse dénigrer la terre sur laquelle il s'échinait. Pas un homme, fût-il curé, n'interviendrait entre les quatre murs où il construisait l'avenir de ses garçons.

— L'héritage de Gustave est ici. Sa vie est ici. Un homme qui a du bien n'a pas besoin d'étudier. À quoi ça lui servira de se tracasser les méninges? Tous les enfants qui vont aux études en reviennent pleins de dégoût pour le travail de la terre.

Refusant d'abdiquer trop tôt, le curé avait fait dévier la conversation, entraînant Zéphyr sur une voie piégée où il avoua que les heures passées à retourner le sol n'enrichissent personne. Surtout pas lui.

— La crise s'étire, monsieur Prévost et vous avez d'autres fils, capables de vous succéder sur la ferme. Laissez-nous prendre charge de celui-ci. Vous savez bien qu'il ne sera jamais ni très grand ni très fort.

— Ce n'est pas une raison, avait répondu Zéphir en se renfrognant.

Le curé avait posé une main sur le bras du père de famille.

— C'est un talent qui se perdra, monsieur Prévost. Nous vous proposons simplement de payer ses études au grand collège de Sainte-Thérèse. Sans vouloir vous blesser, nous savons que vous n'avez pas les moyens de le faire instruire. Nous savons également que vous ne favoriseriez pas l'un de vos enfants au détriment des autres. Nous vous enlevons cette épine du pied. Nous nous occuperons de toutes les dépenses mais, quand vous le pourrez, vous paierez ses vêtements de collégien, son transport, ses repas. Pour le moment nous n'attendons de vous que l'autorisation de l'inscrire au collège.

— Vous voulez en faire un prêtre ?

— Pas obligatoirement, mais qui sait ? Voilà un enfant sage et réfléchi, inspiré par les mystères de la foi. Quand le moment viendra, il choisira librement la voie qui répondra le mieux à ses désirs.

Lorenza avait regardé son mari.

— Nous ne gaspillerions pas le peu d'argent que nous avons pour en faire un avocat. S'il a la chance de devenir prêtre, nous ne pouvons pas refuser. Toutes les familles rêvent d'avoir un fils prêtre. Nous allons payer notre part. Dis oui à M. le curé, Zéphyr ?

D'un ton ferme, pour bien montrer que son Gustave n'était pas un incapable, elle avait aussitôt relevé sa réputation.

— L'important, c'est qu'il n'aille pas vivre au pensionnat avant la fin des récoltes et du battage des grains. Il n'est peut-être pas fort, mais il est très content d'aider quand nous avons besoin de lui.

Émilien Masse avait glissé, parmi les journaux, un mot informant Gustave qu'une charge de professeur de français l'attendait au séminaire régional de Szepingkai. De saison en saison, depuis novembre 1938, on le déplaçait d'une mission à l'autre sans lui donner le temps de nouer des liens réels avec les communautés où il passait, en nomade. Il avait accepté, sans la contester, cette coutume qui permettait aux missionnaires d'explorer l'ensemble de la préfecture. Il croyait être établi à Kailou et voilà qu'on le retirait de la mission pour l'enfermer dans un collège où il enseignerait la seule langue qui, à son avis, n'était d'aucune utilité aux étudiants. Il se prépara malgré tout à partir.

«La nouvelle de ma nomination m'a coupé le respir. Je change donc mon fusil d'épaule et repars pour de nouvelles conquêtes, écrivit-il quelques jours plus tard à Edgard Larochelle. Je vous dirai plus tard mes impressions. Quoi qu'il en soit, je pars plein d'espoir et de confiance, sachant tous les secours spirituels attachés au devoir d'état. Depuis mon agrégation dans la Société, je m'astreins à briser mon caractère en puisant la force de le faire dans le serment d'obéissance que j'ai alors prêté. Je me répète, chaque jour, cette phrase où il est dit que le serment place les missionnaires sous la dépendance des supérieurs de la Société pour l'emploi de leur temps et pour toutes leurs relations. Elle en dit suffisamment pour que je m'incline, chaque fois que mon esprit s'engage dans une réflexion où je mets en doute le bien-fondé des ordres qui me sont transmis. Je vous avoue cependant que de devoir quitter Kailou où je commence enfin à prêcher et à recueillir le fruit des dernières années, me chagrine beaucoup. Les missions ont davantage besoin de pasteurs que les séminaristes chinois n'en ont d'avoir à leur disposition un professeur de langue aussi inexpérimenté et peu convaincu que moi.»

Au milieu du printemps 1941, le consulat britannique de Moukden transmit à Mgr Lapierre une nouvelle proposition de rapatriement émanant du ministère canadien des Affaires extérieures. En dépit des tensions politiques et sociales, tous les missionnaires en poste en Mandchourie, répétèrent leur volonté d'être solidaires des chrétiens chinois et de poursuivre leur tâche, sans égard au danger. Leur sécurité reposait désormais sur l'harmonie des relations diplomatiques entre les gouvernements canadien et japonais ou leurs intermédiaires, qui avaient prévu, en cas de conflit armé, de procéder de part et d'autre du Pacifique, à l'internement des citoyens des pays en cause.

— Dans leur vocabulaire, on appelle ça de la «protection», dit Gaudiose qui rentrait de Taingtze où Émilien Masse avait réuni ses curés pour les informer des mesures d'urgence adoptées par l'évêque de Szepingkai et le consulat à la suite de leur refus de partir. D'après Mgr Masse, poursuivit-il, si le conflit s'envenime, nous nous réfugierons à Szepingkai où les Antoniennes sont hébergées. Nous serons «protégés», c'est-à-dire détenus dans les bâtisses de la mission où, paraît-il, nous serons traités comme des princes.

— Comme des princes, ou comme des otages? demanda Gustave.

— Tu as raison de parler d'otages. C'est exactement le rôle que nous jouerons dans le conflit qui s'annonce. Les Japonais ont intérêt à ce que leurs compatriotes établis au Canada et aux États-Unis soient bien traités. L'inverse est aussi vrai. Nous serons bien protégés.

— Les sœurs seront sans doute rapatriées. Elles n'ont pas à demeurer en Mandchourie puisqu'elles n'ont plus rien à y faire.

— Même pas! D'un point de vue japonais, les femmes sont des êtres sans intérêt qui ne présentent aucun danger. Comme elles sont utiles, elles poursuivraient leurs activités dans les dispensaires. Par contre, si nous décidons de partir tous, il se peut que nous soyons forcés de laisser nos sœurs derrière nous. Mgr Masse m'a dit, et je le cite : «À cause de la dépense surérogatoire représentée par le transport des sœurs, celles-ci resteraient sur place "sous la garde de Dieu"!»

— Sous la garde de Dieu! Ai-je bien entendu, Gaudiose?

— La Société est plus pauvre que pauvre, mon ami... Il n'y a pas de raison pour que nous pensions le contraire de ce que recommande Mgr Larochelle dans sa dernière circulaire. Lis toi-même!

— Sept pages! Tu veux que je lise ça, d'une traite, illico?

— Tu n'es pas aveugle, que je sache, dit Gaudiose en lui arrachant la lettre et en tournant à la hâte les pages, à la recherche des quelques lignes qui annonçaient les jours les plus noirs.

— «Un problème sérieux pourrait, avant longtemps, surgir pour vos missions, car le ravitaillement menace d'être interrompu du côté du Pacifique, comme du côté de l'Atlantique. De quelle façon, dans ces circonstances, les missions pourront-elles subsister sur place?» C'est une bonne question, murmura Gustave.

— Oui, sauf que dans le confort de notre maison mère, à Pont-Viau, notre supérieur ne nous fournit pas la plus petite réponse. Continue de lire.

— «C'est la question que, depuis le commencement de la guerre en Europe, bien des missions ont mise à l'étude. Je vous engage à envisager dès maintenant vous-mêmes ce grave problème afin de n'être pas pris au dépourvu.»

— Voilà! Serrons-nous la ceinture, car comme le conclut Mgr Larochelle, juste avant de nous recommander à la Providence nous allons devoir «prévoir pour pourvoir».

Gustave arriva à Szepingkai au début du mois de mai 1941. L'imminence de la guerre y suscitait une activité commerciale nerveuse. De partout, on venait faire provision de denrées, de médicaments, de vêtements et de bois de chauffage. L'évêque n'était pas le moindre des spéculateurs. Pour garantir la survie du véritable village construit dans le quadrilatère occupé par la mission, Louis Lapierre achetait d'incroyables quantités de produits de longue conservation : légumes-racines, viandes salées, grains, farine et fromages. Après chacun de ses passages chez les marchands, les employés suivaient pour charger les chariots et distribuer les provisions à la cathédrale, au séminaire, au dispensaire, à l'orphelinat, et aux résidences des Clercs de Saint-Viateur et des sœurs de l'Immaculée-Conception.

En peu de jours, caves et greniers débordèrent et, dans la vaste cour emmurée du séminaire et de la cathédrale s'amoncelèrent des tonnes de fagots et de branches. Témoin de cette activité qui ne cadrait pas avec les sombres pronostics d'Edgard Larochelle quant aux finances des missions de Mandchourie, Gustave exprima son étonnement.

— Bien sûr que nous n'avons pas d'argent, mais les Chinois et les Japonais ont l'habitude du crédit qui leur rapporte beaucoup plus que leurs activités ordinaires.

Pendant que les bombes ravageaient le Danemark, la Norvège, la Hollande, la France et la Belgique, en Mandchourie seuls l'acharnement des militaires et l'explosion du commerce annonçaient les hostilités. Pour le reste, aux yeux de Gustave le pays était absolument pareil à ce qu'il était en 1938. De son côté, Louis Lapierre croyait à l'imminence de la guerre autant qu'il croyait en Dieu.

— Elle aura lieu. Je ne sais pas combien de temps elle durera, ni comment nous nous en tirerons. Ce qui importe, maintenant, c'est de procurer à la mission les moyens de survivre à la disette et, puisqu'on parle d'internement probable, de prévoir qu'il y aura assez de vivres, de vaccins et de médicaments pour qu'une centaine de personnes tiennent pendant plusieurs mois. Il nous reste à prémunir la mission contre le vol en donnant des dollars à tous les inspecteurs qui se présenteront ici. Tu vois qu'un évêque ne se consacre pas qu'à la prière !

— Et si la guerre n'avait pas lieu, vous feriez quoi de tout ce que vous engrangez ?

— Je me transformerai en marchand et je revendrai. Avec profit !

— Pardonnez-moi d'en parler, monseigneur, mais je croyais que nous n'avions pas le droit de commercer...

— Les conditions qui sont les nôtres, Gustave, n'ont pas été prévues dans la constitution de la Société des Missions-Étrangères. Je le sais, j'ai collaboré à sa rédaction. À ce sujet, si je peux me permettre un secret...

— ...

— Nous n'avons rien reçu de la Société. Et nous ne recevrons rien de plus que des vœux. Edgard Larochelle nous a tous exhortés à l'économie. La source de ce conseil est la suivante : la Société est au bord de la faillite.

— Et vous dépensez autant qu'un millionnaire ; où est la logique là-dedans ?

— Je fais confiance à la Providence, petit. Elle m'a souvent favorisé et je compte sur mes donateurs. Tu connais l'histoire qu'on raconte à mon sujet ? J'étais en visite à Montréal, en 1932, pour être consacré évêque. J'en ai profité pour faire soigner mes dents. Le dentiste m'a fabriqué, gratis, une belle couronne en or. En le voyant si généreux, je me suis permis de lui demander mille dollars pour la cathédrale. Je suis ressorti avec un chèque. Tu devrais consacrer du temps à la propagande, c'est ce qui paie le mieux.

— Je le sais, mais je n'ai jamais osé demander.

— Il ne s'agit pas de penser, mais d'agir. Le soir, ton travail achevé, prends une feuille à l'en-tête de l'évêché, trempe ta plume dans l'encrier et écris avec des mots qui toucheront le cœur de tes correspondants. Joins-y une photo des malades du dispensaire ou des plus beaux écoliers. L'effet sera miraculeux.

— Je ne vois pas à qui j'écrirais ; les gens que je connais ont de la misère à joindre les deux bouts.

— Écris, par exemple, à ce M. Plessis-Bélair qui semblait si fier de te donner un coup de main. À ton protecteur, l'ancien curé de Saint-Eustache, à des compagnons de collège devenus médecins ou avocats, à des oncles, à des tantes. Aux personnes seules et âgées. Il y a toujours un peu d'argent pour Dieu dans les maisons canadiennes. N'oublie pas de leur dire, ajouta l'évêque en riant, que nous ne sommes pas trop regardants. Nous acceptons les petites aumônes, les dons, les rentes, le produit des assurances à fonds perdus. Sors de la lune ! D'où penses-tu que nous avons tiré nos revenus jusqu'ici ?

— Je n'aime pas quémander.

— Si tu le faisais pour toi, tu pourrais avoir honte, mais tu le feras pour les œuvres de Mandchourie.

Hésitant à donner à sa famille la vraie couleur du temps, il attendit la fin du mois de juin 1941 pour rédiger deux ou trois lettres timides qu'il adressa à sa mère en lui demandant de les faire suivre à leurs destinataires. S'ils les recevaient un jour, M. Plessis-Bélair, l'oncle Joseph et le curé de la paroisse de Saint-Eustache seraient les premiers maillons de la longue chaîne de bienfaiteurs qu'il s'était enfin résolu à forger.

Gustave assuma avec soumission ses tâches de professeur et, à la fin des classes, il raccompagna dans leur famille les étudiants de la région de Lintung. La circulation entre les bourgs était ralentie par de nombreux barrages où les fonctionnaires exprimaient ouvertement leur hostilité à l'égard des prêtres. À Taingtze où il devait passer l'été en compagnie d'Émilien Masse et de plusieurs missionnaires qui s'y étaient réfugiés après avoir été forcés de quitter leur poste, il apprit que toutes les activités missionnaires étaient interdites.

L'été fut torride et venteux, et comme s'il fallait que cette partie de la Chine se consumât pour renaître, la sécheresse provoqua des dizaines d'incendies qui détruisirent maisons, vergers et plantations de sorgho. Les perquisitions se répétèrent chez les chrétiens, dans les missions encore ouvertes. Dans celles qui avaient été fermées, armoires et caves furent fouillées et refouillées, et presque tous les objets, emportés. Disparurent ainsi de précieux mais pauvres biens : couvertures, crayons, plumes, lettres, journaux, mots croisés, photographies et la plupart des appareils photo. Les trousses de premiers soins, médicaments, bandages et alcool, furent saisis et destinés moins aux malades qu'aux petits trafics personnels des policiers et des militaires qui s'en emparèrent. À certains endroits, on déroba de la vaisselle, des meubles, des portes et des fenêtres.

Le succès des fouilles répétées alarma les missionnaires qui comprirent que certains de leurs familiers servaient d'indicateurs aux Japonais. Ils n'accueillirent dorénavant que les amis sûrs, mais ceux-ci, craignant d'être à leur tour harcelés, se raréfièrent. En Mandchourie, pour quiconque n'était pas Japonais, sécurité et liberté n'existaient plus.

L'avenir de la trentaine d'orphelines qui, depuis leur naissance, vivaient sous la protection de la préfecture restait problématique. Où iraient-elles ? Devant le manque d'amis et l'interdiction d'aller d'une ville à l'autre pour exercer leur ministère, les prêtres étaient paralysés. Gustave observa qu'aucun des nouveaux règlements ne leur interdisait d'aller en promenade, de pique-niquer et d'en profiter pour trouver un refuge aux fillettes. L'été était si chaud.

Par petits groupes, ils allèrent à pied, à la recherche de familles disposées à accueillir un nouvel enfant. Refusant d'être vus avec les missionnaires, ceux qui acceptèrent de donner l'hospitalité aux orphelines exigèrent qu'on les conduisît chez eux. Ces promenades furent nombreuses et sans conséquences.

Gustave en proposa d'autres à l'intention, cette fois, des séminaristes qu'il avait ramenés de Szepingkai. Pour arracher une permission à Émilien Masse, il fit valoir la fragilité de leur foi et de leur engagement envers l'Église, et le fait que plusieurs d'entre eux prolongeaient leurs études au-delà du cours primaire principalement pour profiter des privilèges matériels liés à la vie étudiante.

— Nous devons les voir, les encourager, même en été. Loin de nous, ils risquent d'oublier pourquoi ils ont choisi de devenir prêtres. Je m'inquiète aussi des effets que l'antipathie générale aura sur eux; elle n'est certainement pas de nature à soutenir leur vocation.

Émilien Masse s'opposa.

— Va pour le risque personnel d'être arrêtés parce que nous quittons le poste, mais nous n'avons pas le droit de compromettre ces adolescents.

— Vous avez raison, il y a un risque qui ne me fait pourtant pas oublier mon devoir qui est, puisque je suis maintenant leur professeur, de ne pas les négliger.

— Je ne prétends pas que nous devions les négliger, mais tu admettras avec moi que la prudence s'impose. Tu peux être arrêté, et eux avec toi. Comment réagiront leurs familles en te voyant arriver? Quel prétexte donneras-tu à ta visite? En les invitant à t'accompagner en promenade, tu leur feras peut-être plus de tort que de bien. Et que leur proposeras-tu?

— Rien de compliqué. De courtes balades autour de Linsi et de Taingtze. Des arrêts sur le bord des ruisseaux, des baignades. Rien de dangereux ni de répréhensible, même aux yeux des autorités.

— Malgré le caractère anodin de ces activités, tu ne sauras pas quelle interprétation les Japonais en donneront.

— Vous m'y autorisez ou vous me refusez la permission que je vous demande, monseigneur Masse?

— Je te l'accorde, à condition que tu sois accompagné.

Quatre missionnaires épaulèrent Gustave dans ce projet, et il fut convenu de donner aux sorties des jours suivants l'allure de grands pique-niques qui les conduiraient sur les hauteurs et dans les vallées de Taingtze. Ils en firent cinq et, pour en accentuer le cachet plaisant et irréprochable, chaque fois ils prirent la route en chantant. Ils s'imposèrent d'abord la plus grande prudence puis, quand ils crurent avoir endormi la vigilance des Japonais, ils pénétrèrent à l'intérieur d'un bourg, pour revoir leurs dispensaires et leurs écoles de prière abandonnées.

Chargé des victuailles, Gustave portait sur son dos le havresac de toile hérité des Belges, et dictait l'heure du repas qui entrecoupait leurs promenades. Devant les casse-croûte étalés, les étudiants écoutaient leurs aînés parler de foi, de mission, de charité ou d'abnégation.

Subjugués par la beauté des paysages qu'ils avaient admirés lors des trois sorties précédentes, Armand Asselin, Émilien Houde et Fernand Guilbault eurent l'idée de retirer deux appareils photo d'une cachette aménagée dans la sacristie et de les enfouir parmi les provisions. Ils profitèrent donc des deux derniers pique-niques de la saison pour fixer sur la pellicule les dunes de Hai Ts'ing Ho, de Ta Long Chan, de Nankoo, de Siang Choei Koo et d'Ounioutai. Particulièrement ravi par un cliché qui montrerait ses compagnons à genoux devant une grotte abritant une statuette de la Vierge, Asselin promit de l'expédier au plus tôt au propagandiste de la Société.

— Il enverra sûrement celle-là au *Devoir*! Ils vont l'aimer!

Le 18 août 1941, les étudiants, Gustave et son confrère Alain Lecomte quittèrent Taingtze à bord d'un camion pour Tchefong d'où ils se rendraient en train jusqu'à Szepingkai. Le même jour, la police investissait la mission qu'elle fouillait de fond en comble, emportant les appareils photo, la pellicule et tout ce qui leur faisait envie.

Dans la soirée du 21 août suivant, les deux professeurs et les séminaristes qui s'étaient arrêtés pour la nuit dans une auberge japonaise, étaient brutalement tirés de leur lit, mis en état d'arrestation et transportés au poste de police. Interrogés séparément au cours des heures suivantes, missionnaires et étudiants avouèrent spontanément leur «crime», soit le fait d'avoir au cours des semaines précédentes participé à des séances de photographie en plein air. Cherchant depuis longtemps à démontrer que ces étrangers se livraient à l'espionnage, les Japonais tenaient enfin la preuve des activités illicites de la Société des Missions-Étrangères.

Hanté par les râles, les cris et les supplications d'un homme qu'il imaginait torturé et peut-être pendu par les pouces à une poutre de la pièce voisine, Gustave décrivit cent fois les circonstances où les clichés avaient été pris. Cent fois l'interprète coréen traduisit aux policiers japonais le plaidoyer d'innocence et surtout d'ignorance de Gustave. Terrorisé, il fut poussé, au petit jour, dans un cachot dont l'entrée était si basse, qu'il y accéda en rampant. Il distingua Alain Lecomte qui s'était redressé.

— Veux-tu bien me dire ce qui nous arrive ?

— Un cauchemar, Alain, un cauchemar. Jamais de ma vie je ne me suis senti si menacé.

— Parle moins fort, Gustave. Ils m'ont défendu d'ouvrir la bouche. Je suis certain que nous sommes écoutés.

— Ils disent n'importe quoi, et c'est ça qui me fait peur. Ou bien je ne comprends rien à leur logique ou bien c'est le Coréen qui traduit de travers, mais il m'a dit que nous serions fusillés pour cette histoire de photos. Ça n'a aucun sens.

— Quand prévoient-ils nous tuer ? demanda Lecomte dont Gustave crut entendre claquer les dents.

— Je ne sais pas. Ce matin, demain. Ils veulent faire un exemple. J'espère seulement que les policiers de Tchefong n'ont pas le droit de prendre des initiatives...

— Ce qui m'attriste le plus, Gustave, c'est de ne pas vous avoir accompagnés dans vos tournées. Je suis solidaire de ton sort, mais je ne peux pas m'empêcher de trouver stupide de payer pour un crime qui ne m'a procuré aucun plaisir.

Ils n'échangèrent plus un mot. La journée s'écoula dans l'inquiétude. Savait-on, quelque part en Chine, qu'on s'apprêtait à les exécuter ? Deux jours après leur arrestation, ils furent transférés dans un cachot mieux éclairé où ils purent enfin voir et tuer les poux qui pullulaient sur leur poitrine. Autorisés à converser en français s'ils le voulaient, peu de paroles les distrayaient de cette tâche. Alain Lecomte craignait déjà moins la mort que le typhus.

Un matin, deux policiers déposèrent à l'entrée de leur cellule une casserole de légumes et de sorgho, ainsi que des couvertures provenant de la mission où ils avaient été arrêtés. L'arrivée d'Armand Asselin suivit de peu le «banquet». Livide et anxieux, il leur apprit que les étudiants avaient été libérés après leur interrogatoire et conduits dans leur famille.

— Nous croyons qu'ils ont fourni mon nom et celui de Fernand Guilbault...

— Peut-être, mais ils ne sont pas les seuls à l'avoir fait, annonça Gustave. Nous avons, Alain et moi, décrit nos activités estivales. Nous n'avons d'abord nommé personne mais, puisqu'ils savaient déjà que nous étions une dizaine à nous balader, il a bien fallu donner des noms.

— Tes petits pique-niques vont nous coûter cher...

— J'en sais quelque chose, figure-toi. J'ai même pensé ne plus jamais revoir ta si charmante personne. Je te rappelle en passant, Armand Asselin, que je ne t'ai pas cassé un bras pour que tu viennes à mes petits pique-niques !

— Je vous conseille de préparer un comité de bienvenue parce qu'il paraît que tous ceux qui ont participé à tes activités nous rejoindront sous peu. Dès la fin de l'enquête qui est en cours, nous serons formellement accusés d'espionnage, déclarés coupables et exécutés. Nous serons les nouveaux martyrs de la Société. Ça va faire des heureux, en particulier ma sainte mère...

Alain Lecomte, dont la voix de basse réchauffait les cérémonies les plus ternes, fit sursauter les deux hommes.

— Asselin, je te préfère vraiment quand tu es un peu moins cynique. Es-tu sérieux? Nous serons vraiment accusés d'espionnage? Même moi?

— Même toi! C'est l'information transmise à Mgr Masse par les policiers qui sont venus m'arrêter. Nous aurions enfreint les règlements interdisant de photographier les places fortifiées.

— Taingtze est en pleine campagne, s'écria Gustave. À part trois ou quatre réseaux de transmission électrique, il n'y a rien là. Je n'aurais jamais cru que nous étions au centre d'une zone militaire névralgique.

— C'est simple. À force de fouiller, ils ont mis la main sur la presque totalité de nos archives photographiques. Avec la manie que nous avons de tout prendre en photo, il est bien évident qu'elles illustrent la plupart des changements survenus pendant cette période.

— Et alors? Nous n'avons jamais photographié de casernes ni de défilés militaires. Des paysages, des enfants, des chrétiens, oui. C'est tout. Par rapport à de l'espionnage, c'est insignifiant.

— Moins insignifiant que tu le crois, Gustave. Nos photos auraient pu servir les ennemis en montrant les barrages, les aéroports militaires, les voies d'accès aux villes. J'ai n'ai pas besoin de vous dire que les canons ennemis sont braqués sur le Japon et, par conséquent, sur la Mandchourie. Les plus petits détails peuvent leur être utiles.

Alain Lecomte les interrompit en entonnant le premier couplet du *Requiem*. Ses compagnons le regardèrent, consternés.

— Je ne connais pas grand-chose à l'espionnage, dit-il, mais d'habitude, les coupables paient cher pour s'être livrés à ce genre d'activité. J'entends d'ici la radio de Sinking annonçant : «Les espions canadiens ont été fusillés ce matin!»

— Tu nous enterres un peu trop vite, Lecomte, mais préparez-vous à un procès militaire. Il aura lieu, si Mgr Masse ne parvient pas à nous faire libérer dans les prochains jours, à Tung Leao. Et dans cette charmante ville de sable, la peste vient de reparaître !

— Voilà une bonne nouvelle, reprit Lecomte. Plutôt que d'annoncer que nous avons été fusillés, ils pourront dire que nous avons été emportés par la peste.

— Et c'est toi qui me traitait de cynique ? demanda Asselin en étendant une couverture par terre.

L'air du chant funèbre s'imprégna dans les murs.

Ils partageaient encore le même cachot quand, au début du mois de septembre, les trois derniers vrais «criminels», Paul-Émile Asselin, Émilien Houde et Fernand Guilbault, les rejoignirent, apportant une bonne nouvelle. Selon eux, une démarche de Louis Lapierre permettrait au ministère des Affaires extérieures du Canada d'intervenir directement dans le dénouement de l'imbroglio.

Venu plaider la cause de ses hommes auprès des autorités militaires, Émilien Masse arriva à Tchefong, le 14 septembre. Reçu avec des égards, écouté avec intérêt, il repartit le lendemain pour Taingtze, persuadé que l'enquête se conclurait bientôt sur la libération de ses six hommes. Délivrés de l'encombrant préfet apostolique, les Japonais introduisirent deux faux prisonniers chinois dans la cellule des missionnaires qui perdirent le droit de communiquer en français.

L'heure des plaisanteries était révolue. L'espoir soulevé par la visite d'Émilien Masse s'atténua peu à peu, et l'inquiétude fit son nid dans le cachot, de jour en jour plus humide et plus froid. Grelottant et plaintif, Armand Asselin attribuait sa fièvre aux poux dont le retour avait coïncidé avec l'arrivée des deux espions. Fernand Guilbault, venu en Mandchourie quelques jours seulement avant les activités de plein air auxquelles il avait participé pour s'imprégner de l'âme du pays, méditait sur un destin dont le sens lui échappait.

Pensif comme Guilbault et toujours concentré sur la chasse aux poux, Alain Lecomte ne chantait plus. Gourmand et obèse, Paul-Émile Asselin, prétendait fondre à vue d'œil et prédisait pour bientôt l'heure où ses camarades le découvriraient mort d'inanition, la peau collée sur les os. Tout aussi anxieux, Gustave ne passait plus les doigts dans sa tignasse sans exhiber les cheveux qui s'y accrochaient. L'anémie, il en était persuadé, le vaincrait avant qu'on ne le fusille. L'abnégation logeait dans le cœur d'Émilien Houde qui offrait sa vie en échange de celles de Lecomte et de Guilbault. Ils ne méritaient pas, leur assurait-il, qu'une erreur du destin, ou des Japonais, les prive de la joie de porter la parole divine à travers le monde. En attendant d'être exaucé, il exigeait néanmoins qu'un barbier le débarrasse de sa longue barbe.

C'est à la fin du mois, à la prison locale de Tung Leao où ils arrivèrent après un pénible voyage, que débuta la comparution des missionnaires. Entassé avec ses confrères et quelques soldats dans une voiture officielle, Gustave reconnut la ville de sable, ses chiens errants. Des signes confirmaient que la peste sévissait vraiment dans la ville. Des quadrilatères entiers étaient cernés de barbelés et gardés par des dizaines d'hommes armés. L'odeur de la mort emplit la voiture qui s'arrêta, lui permettant d'en descendre pour vomir. Il eut honte de sa faiblesse, et plus encore de la peur de mourir qui le faisait trembler et tressaillir chaque fois qu'au tribunal les juges s'adressaient à lui.

Il affirma que l'idée des pique-niques était la sienne et que, malgré l'interdiction de quitter la mission, il avait incité ses compagnons à le suivre dans ces balades. Il décrivit son rôle auprès des séminaristes et défia les juges en affirmant que l'influence des missionnaires résisterait à leur disparition.

Voulant entendre plus que le conte pour enfants sages que Gustave et ses compagnons s'acharnaient à répéter, les juges, par cent questions détournées, les amenèrent à dire et à redire qu'ils ne travaillaient pour aucun gouvernement étranger ; qu'ils ne s'intéressaient pas à la guerre ; qu'ils ne savaient rien des activités militaires japonaises et qu'ils ne s'en préoccupaient pas.

On ne les crut pas, mais ils furent libérés le 11 octobre, après l'intervention du gouvernement canadien et du consulat britannique, et le versement, par la Société, d'un cautionnement de cent dollars pour chacun d'eux. En contrepartie, ils furent assignés à résidence à la mission de Tung Leao, alors dirigée par André Fortin et Évariste Parent. On leur interdit d'en sortir avant la fin de l'enquête qui se poursuivrait plus tard, dans la région de Taingtze.

Gustave, Armand Asselin et Émilien Houde y furent conduits le 22 octobre, en compagnie de plusieurs officiers et soldats. Ils voyagèrent debout, dans un wagon bondé où les soldats suscitèrent une atmosphère de haine pour ensuite inviter les passagers à ridiculiser, à bousculer et à frapper ces ennemis du Japon. On espérait, en les humiliant et en leur faisant perdre la face, briser le peu de courage qui les animait encore.

Devant les officiers munis des photos incriminantes, ils refirent le pèlerinage sur les dunes. Pour les uns et les autres, l'évidence s'imposa : rien sur les clichés n'illustrait l'emprise militaire des Japonais dans ce coin perdu. Sans plus de ménagements qu'à l'aller, on les reconduisit à la mission de Tung Leao, mais le 22 novembre, sous prétexte qu'ils avaient été vus hors des murs de la mission, ils réintégrèrent leur cellule commune.

C'est là que, le 3 décembre, ils se présentèrent devant le tribunal militaire où, privilège inestimable exigé par le consulat britannique, on reçut leurs témoignages en français. Trois jours plus tard, les juges rendaient leur sentence :

— Nous reconnaissons que vous n'êtes pas des espions, que vous ignoriez la loi qui le défend, mais vous avez photographié en zone interdite. Vous devez donc subir la peine imposée pour cette violation.

L'officier, porte-parole du tribunal, fit une pause. Rassurés par ce préambule, les missionnaires respiraient enfin.

L'homme leur annonça ensuite que les trois étrangers qui, à un moment ou à un autre, avaient manipulé les appareils photo, étaient condamnés à une peine d'emprisonnement devant être purgée à Moukden. Dix-huit mois pour Armand Asselin; dix mois pour Émilien Houde et pour Fernand Guilbault.

Sans savoir encore s'ils subiraient de nouveaux interrogatoires ou si on les libérerait, Gustave, Paul-Émile Asselin et Alain Lecomte furent renvoyés à leur cellule d'où tout avait été enlevé. Volé. Aucune trace de leur passage en prison ne subsistait. Gustave était épuisé, révolté.

— Nous aurions dû être condamnés tous ensemble, sauf toi, Lecomte. Nous sommes tous coupables, et moi le premier. Je ne pense pas qu'il soit possible d'aller plus loin dans l'erreur. Comment pourrons-nous vivre dans un pays pareil?

— Ce n'est plus un pays, répondit Lecomte, c'est une trappe pour les innocents que nous sommes. Et le pauvre Guilbault qui subit ce traitement pour ainsi dire en descendant du train. Il n'aura vu de la Mandchourie que ses prisons.

— J'ai appris au moins une chose, dit Paul-Émile. Je ne serai jamais un grand missionnaire.

— Qui est grand? Qui est petit? demanda Gustave. Nous avons été traqués pour des actes sans éclat. Il y aurait eu de la gloire, peut-être, à subir ce traitement au nom de l'œuvre missionnaire. En nous accusant d'espionnage, les Japonais ont été brillants. Ils n'ont pas fait de nous des héros, mais seulement des touristes stupides.

Il faisait noir quand deux policiers les conduisirent à la mission catholique. Invité à les recevoir de nouveau, André Fortin ouvrit la porte.

— Où sont les trois autres ?

Le 7 décembre, la radio officielle japonaise annonça, depuis Moukden, la condamnation de trois espions canadiens et justifia la mansuétude des juges à leur égard et à l'égard de leurs complices, par la crainte de représailles de la part des Américains contre des ressortissants Japonais vivant en Amérique du Nord.

Ce jour-là et le lendemain, André Fortin, Évariste Parent et leurs hôtes fouillèrent la terre du jardin pour retrouver les pièces de la radio à ondes courtes qu'ils y avaient éparpillées. Ils remontèrent l'appareil et, après des heures d'efforts, ils entendirent à peu près distinctement les nouvelles américaines relayées par Pékin. Et le 11 décembre, dans la quiétude de leur maison de boue, tonna l'annonce de la déclaration de guerre de l'Allemagne contre les États-Unis. Ainsi qu'il s'y était engagé, Hitler appuyait les Japonais qui, ignorant l'appel à la conciliation lancé par le président Franklin D. Roosevelt, avaient détruit Pearl Harbor, le 7 décembre.

La guerre du Pacifique, tant redoutée, débutait.

— Il ne s'agit plus d'une hypothèse, nous y sommes vraiment, dit Gustave.

— Dieu veuille, répondit Fortin comme dans une prière, que ne survienne rien de pire pour nous que l'internement qu'on nous promet depuis l'an dernier.

En liesse, les Japonais de Tung Leao et tout ce que la ville comptait de pleutres désireux de ne pas se les mettre à dos descendirent aussitôt dans la rue pour célébrer la première victoire significative du Japon sur les États-Unis.

À minuit moins le quart, le même jour, la massive porte de bois séparant la rue et la cour de la mission fut abattue à coups de crosse. En moins d'une minute, la chambre où dormaient les missionnaires fut investie par une troupe de soldats ivres et furieux qui, arme à la main, leur ordonnèrent de se lever et de partir, sans plus d'apprêts. Chacun jeta sur une couverture ouverte qu'il nouerait en baluchon, des vêtements, un chapelet. Puis, un fusil entre les omoplates, ils marchèrent vers une camionnette remplie de policiers, qui roula vers la prison municipale où ils crurent que la mort les avait conviés.

Elle n'y était pas...

Au milieu de la nuit, le 16 décembre, le train pour Szepingkai quitta l'horrible gare de Tung Leao. Les otages canadiens qui, jusqu'à cet instant, ignoraient s'ils étaient saufs ou seulement en sursis d'exécution respirèrent un peu.

— À la grâce de Dieu, murmura Gustave en se signant.

Le grand rassemblement

Le déclenchement de la guerre du Pacifique sema la panique dans l'ensemble de la communauté missionnaire canadienne de Mandchourie, dont plusieurs membres ignorèrent, jusqu'à leur transport à Szepingkai, qu'ils la vivraient dans l'internement. Les conditions de résidence furent définies le 10 décembre, au cours d'une entrevue entre Louis Lapierre, un représentant de la délégation apostolique de Sinking et un fonctionnaire du bureau japonais des affaires internationales. Ils établirent que les prêtres seraient désarmés, rassemblés à Szepingkai et regroupés au séminaire qui serait réaménagé pour la circonstance. Ils réquisitionnèrent, pour l'armée, la plupart des autres bâtiments de la mission.

On ne statua pas immédiatement sur le sort des sœurs de l'Immaculée-Conception qui risquaient d'être forcées à travailler dans les hôpitaux et les dispensaires civils, mais on convint que les Antoniennes, qui assuraient l'entretien des prêtres, seraient maintenues dans le secteur de la mission.

Peu après le départ des négociateurs, policiers et militaires passèrent la cour du séminaire au peigne fin, scellèrent l'entrée du grenier et vidèrent de leur contenu les valises, les armoires et les pupitres. Certains étudiants furent dirigés vers Moukden pour y poursuivre leur formation, et les autres, renvoyés dans leur famille. Les Antoniennes s'apprêtèrent à vivre dans une vétuste maison bâtie au fond de la cour. Leur supérieure, sœur Marie-du-Carmel, qui avait, pour ses compagnes, accepté les tâches incombant aux servantes qu'elles étaient, les prépara au sacrifice.

— Dieu nous exauce en multipliant nos responsabilités, leur déclara-t-elle. Nous conserverons notre liberté, et cependant nous n'aurons pas de temps libre.

Sœur Marie-de-Jésus-Eucharistie, l'annaliste du groupe, rédigea le soir même la première page du journal qui relaterait l'internement à Szepingkai. Assise près du poêle éteint, les doigts gelés, elle rapporta les faits saillants du jour en s'appliquant à décrire le rôle qu'elle et ses compagnes joueraient désormais. «Le sexe faible, écrivit-elle en inclinant chaque lettre vers la droite, est considéré comme quantité négligeable.» Posant sa plume, elle chercha les mots pour exprimer ce qu'elles avaient éprouvé en se voyant conférer le titre de «premières ménagères» de Chine. Attentive à ne laisser percer ni colère ni dépit, elle fut trahie par l'humiliation. «Pour une fois au moins, conclut-elle après l'énumération des travaux à venir, nous nous réjouissons de notre inutilité aux yeux des hommes.»

Sales, amaigris et épuisés, Gustave et ses compagnons, arrivèrent à Szepingkai au début de la soirée du 17 décembre 1941, quelques minutes avant l'appel des prisonniers et le salut au drapeau. Conduits dans la cour gardée par de nombreux soldats, ils imitèrent leurs confrères en s'appliquant à leur tour à enchaîner une série de mouvements saccadés. Guidés par la voix forte du chef de la détention et par celle du traducteur chinois qui lui faisait écho, ils se tournèrent vers le nord. Vers Sinking, capitale japonaise de la Mandchourie où l'empereur Pu Yi régnait en fantoche sur une Chine qui l'ignorait. Ils pivotèrent en direction de l'est, de Tokyo. Ils s'inclinèrent en signe de soumission envers Hiro-Hito, l'empereur du Japon, l'homme-dieu qui entendait décider seul du sort du monde.

En rang serré, précédés et suivis de leurs gardiens, la quarantaine de pensionnaires furent conduits au réfectoire où ils prirent, en entrant, un bol de riz et des baguettes, et marchèrent jusqu'à la table où, enfin, il leur fut permis de parler.

Gustave sentit une main se poser sur son épaule. Tournant la tête, il reconnut Germain Ouimet qu'il n'avait pas revu depuis l'inhumation de René Bédard. Ils s'assirent côte à côte et mangèrent. Qu'importait la frugalité de ce premier repas, ils étaient simplement totalement apaisés.

— Vous avez eu beaucoup de misère, à Tung Leao, dit Germain.

— Je ne suis pas prêt à parler de cela, c'est à la fois trop simple et trop compliqué. Parle-moi plutôt de toi.

Germain, qui ne se confiait jamais, but une gorgée d'eau. Son regard inquisiteur rencontra celui de Gustave qui le soutint sans ciller.

— Ça ne te ferait pas de bien d'en parler? insista-t-il encore.

— Non.

Gustave observait Louis Lapierre qui, dans un mauvais chinois, s'adressait à l'interprète coréen en l'invitant à demander au chef de camp d'accorder à ses prêtres quelques minutes de récréation. Le tumulte qui suivit sembla à Gustave pareil à celui du collège alors que, rentrant de vacances, chacun voulait se raconter. L'évêque se leva.

— Le chef de camp, qui fait la loi ici, nous consent une heure de liberté en français. Vous venez de vivre une expérience dont vous parlerez abondamment au cours des prochains jours. Pour apaiser votre curiosité, je vais donner la parole aux curés de nos postes pour qu'ils décrivent, à tour de rôle, les circonstances de leur arrestation et de leur transport jusqu'ici. Ainsi, nous apprendrons, en même temps, l'essentiel des événements qu'ils ont vécus. Cependant, puisque trois de nos confrères sont maintenant détenus à Moukden, je demande à Gustave Prévost de relater ce qui leur a valu la sévérité des Japonais.

Les yeux plissés par un sourire, Germain triompha.

— Ça prenait Mgr Lapierre pour te faire parler; lève-toi que je t'entende.

— Si vous le permettez, monseigneur, je préférerais passer en dernier, dit Gustave en se levant et en se rassoyant aussitôt.

— Un petit effort, monsieur Prévost. Si vous n'avez pas envie de parler de vous, ne le faites pas, mais vos confrères veulent savoir pourquoi trois de nos amis manquent à l'appel.

Gustave fit le récit d'une aventure qui, sans ses conséquences, n'eût pas valu qu'on la mentionne.

Agressivité, insolence, humiliation et sadisme marquèrent autant les arrestations des autres que la sienne. La plupart se crurent destinés à la prison et quelques-uns au peloton d'exécution. Dans les faits, ils n'eurent à déplorer aucune violence physique. La capture, au matin du 9 décembre, d'Eugène Bérichon et de Germain Ouimet fut banale. Arrêtés à Lichou, le 12, Paul-Émile Lachapelle et Roland Boulé arrivèrent sans encombre à Szepingkai. Boulé manquait pourtant à l'appel.

— Boulé lui-même avait à la longue presque oublié qu'il est Franco-Américain. À la gare, sitôt que les Japonais ont vu son passeport, il a été détaché du groupe pour être conduit au camp américain de Moukden.

Capturés le même jour à Fakou, Horace Gauvin et Édouard Gilbert n'eurent qu'à ramasser leurs valises, depuis longtemps bouclées.

— Nous avons été menacés et humiliés, particulièrement à bord du train où des gens ont craché sur nous. Nous avons insisté pour que les sœurs de l'Immaculée-Conception et leurs novices nous accompagnent. Les militaires se sont moqués de nous en prétendant qu'elles étaient nos femmes et que c'était pour cette raison que nous tenions tant à elles.

À l'extrémité de la table, face au chef de camp dont l'impatience montait, Louis Lapierre déploya son corps gigantesque.

— Partout où nous passons, nous entendons de telles remarques. Elles conviennent à l'esprit des hommes qui prétendent qu'il faut être fou ou pervers pour vivre sans femmes. Pour l'instant, nos sœurs ne sont pas visées par les mesures d'internement. Je n'ai pas pu obtenir qu'elles soient rassemblées ici, autour de leurs consœurs. Elles sont malheureusement laissées sans protection.

Après avoir séjourné à la prison des opiomanes, les pères et les frères en poste à Tao Nan arrivèrent bouleversés à Szepingkai. Arrêtés en même temps qu'eux, trois employés de la mission étaient en attente de jugement pour avoir conspiré avec des étrangers.

Convoqués au poste de police de Li Tsiuen le 14, Alexandre Gauvreau et Laurent Beaudoin montèrent ensuite à bord d'un autobus sans pouvoir revenir à la mission. La nouvelle de leur arrestation s'étant répandue parmi la petite communauté, plusieurs chrétiens défièrent les soldats et envahirent le véhicule pour leur offrir de la nourriture et des cigarettes.

À la suite de ces brefs récits des événements survenus au cours des dernières semaines, de petits groupes se formèrent. Germain Ouimet et Gustave retrouvèrent Alexandre Gauvreau.

— Tu m'as paru découragé, Gustave. Ne t'inquiète pas trop pour les prisonniers de Moukden, le contexte politique les protège. Ils auront trop froid cet hiver et, si la guerre se prolonge, trop chaud l'été prochain. Ils ne mangeront pas toujours à leur faim. Malgré cela, ils seront traités aussi correctement que nous le sommes ici.

— Moi, dit Germain, je n'ai pas à me plaindre. J'ai fait plus de choses agréables depuis mon arrestation que depuis mon départ pour la mission de Hwaite, en 1939. J'ai dormi dans une prison bien chauffée, des Japonais ont porté mes bagages, je n'ai pas payé mon passage à bord du train, je me suis promené en automobile. Aujourd'hui, je remercie le ciel de me retrouver parmi vous, en sécurité.

— J'ai compris, lors du petit exercice qui a suivi mon arrivée, que nous payons cette sécurité par l'humiliation. J'ai détesté les hommages à Pu Yi, au Japon et à son empereur. Tu ne ressens pas la même chose, Alexandre?

— Tu as la couenne trop tendre, Gustave. Tu t'habitueras, fais-moi confiance. Dans quelques jours, tu tromperas nos gardiens en fredonnant, dans ta tête, les chants qui effacent ceux qu'on t'impose pendant que tu te tiens au garde-à-vous. Moi, par exemple, dès la fin de l'hymne national japonais, je me lance gaiement dans le *Ô Canada*. Ça m'ôte l'impression de trahir mon pays.

La récréation tirait à sa fin. L'interprète et le chef de camp s'étaient approchés de Louis Lapierre qui s'écarta du groupe formé autour de lui.

— Messieurs, c'en est fini de notre conversation libre. Je vous invite à vous taire. Ces policiers, dit-il en montrant les hommes armés qui bloquaient les portes du réfectoire, vous conduiront à vos chambres. Je rappelle aux internés qui viennent de se joindre à nous que l'obéissance aux règlements du camp est essentielle pour que la paix règne ici. Les principaux sont les suivants : n'essayez pas de sortir de la cour, vous seriez tués avant d'atteindre la rue ; n'approchez pas non plus de la résidence des Antoniennes qui habitent le fond de la cour, et ne leur parlez pas. Enfin, je vous conseille de vous inscrire aux leçons de japonais du frère Marie-Liguori. C'est intéressant de comprendre, ne serait-ce qu'un peu, ce qu'on dit de nous dans notre dos.

— Je n'ai même pas fini d'apprendre le chinois, murmura Gustave, comme à lui-même.

— Maintenant que tu en connais les rudiments, tu sais que tu ne maîtriseras jamais cette langue. Quelques mots de japonais, ça ne te fera aucun tort. Et, conclut Alexandre en souriant, tu pourras crier «*Banzaï*» aussi fort que le chef de camp, au moment où il nous réunira pour célébrer les victoires de son pays sur les États-Unis ! Ce sera très émouvant, tu verras...

Pour en doubler les possibilités d'accueil et permettre à plus d'une centaine de missionnaires et de civils de s'y installer, on transforma complètement le séminaire. Les meilleurs menuisiers du camp aménagèrent quatre dortoirs dans les pièces les plus vastes. Chaque alcôve, sommairement meublée d'une base de lit et d'une tablette, serait assignée à un missionnaire qui y jouirait d'un semblant d'intimité. À hauteur de table, sur les murs de la chapelle et des deux salles de récréation, ils clouèrent de longues et larges planches. Elles seraient, les matins, couvertes de linge d'autel pour la messe quotidienne des prêtres qui la célébreraient à raison d'une trentaine à la fois.

À vingt-trois heures, dans la soirée du 24 décembre, ils se rassemblèrent à la chapelle. Leurs prières s'unirent pour que vienne le règne des hommes de bonne volonté. À minuit, leurs pensées se tournèrent vers leurs confrères prisonniers à Moukden ; vers Émilien Masse et ses compagnons, retenus dans la région de Lintung ; vers les missionnaires des Philippines, coincés depuis quelques heures seulement dans l'étau de la guerre.

La messe de minuit gagna en solennité quand Alain Lecomte, soutenu par le chœur dirigé par Germain Ouimet, entonna le *Minuit, chrétiens.* À l'instant où ils se joignirent en pensée à leurs parents, à leurs amis et aux milliers d'inconnus qui priaient pour eux dans les églises du Québec, ils pleurèrent. Ou ravalèrent leurs larmes.

Il fallut un mois au ministère des Affaires extérieures du Canada pour vérifier et transmettre à la Société des Missions-Étrangères les détails de l'incarcération de Gustave et de ses compagnons. Il le fit en exigeant le secret qui devait favoriser les négociations avec le gouvernement japonais.

La nouvelle filtra dans *L'Action catholique* de Québec qui, le 14 octobre 1941, publiait un entrefilet. Imprécis, alarmant, il sema la panique dans les familles des quarante-neuf prêtres des Missions-Étrangères en poste en Mandchourie. Toutes exigèrent d'être rassurées. Le lendemain, après avoir parlé à plusieurs parents auxquels il ne put rien révéler, Edgard Larochelle adressait ce reproche au sous-secrétaire d'État aux Affaires extérieures : «Nous voulons bien garder le plus grand silence au sujet de ce que nous savons par vous, mais nous n'aimons pas laisser les journaux annoncer, avant nous, la nouvelle aux parents des missionnaires détenus.»

En décembre, l'inquiétude était toujours vive et, voulant être tranquillisées, les familles harcelèrent le supérieur qui persista à se taire. Il connaissait l'identité des prisonniers mais, lié par le secret et contraint à la prudence par les négociations visant l'internement des missionnaires, il rédigea enfin une circulaire à l'intention des parents. Il s'y prétendit ignorant quant au sort de ses hommes dont il souligna, par ailleurs, le courage et la détermination de demeurer en territoire japonais, malgré les offres de rapatriement. «Tous ont refusé cette permission, la considérant plutôt comme un manquement à leur serment.» Edgard Larochelle cita un père résolument engagé dans la voie de l'acceptation : «Je sais qu'aucun de vous, chers parents chrétiens, ne voudrait voir son fils faiblir devant son devoir. "Mon fils est capable de faire son devoir comme les autres missionnaires, qu'il reste à sa mission." C'est ce que m'a répondu dernièrement le père de l'un de nos missionnaires du Mandchoukouo. C'est aussi le sentiment qui vous anime, chers parents, j'en suis convaincu. Mais il est bien légitime que vous vous intéressiez à votre fils missionnaire.»

Depuis ce fameux jour d'octobre où son fils Gérard était revenu du village en disant que Gustave moisissait peut-être en prison; depuis la publication d'articles spéculant, plus tard, sur le sort probable des missionnaires pris dans les griffes des Japonais, Lorenza était déchirée. Son fils était-il ou n'était-il pas au nombre de ceux qui seraient jugés et sans doute condamnés?

Elle sut alors ce que signifie pleurer toutes les larmes de son corps. Anxieuse, elle en voulait à la Société des Missions-Étrangères et au gouvernement canadien. Elle reprochait intérieurement à Gustave qui, en les balayant, s'était moqué de ses appréhensions. Jour et nuit, cherchant vainement une réponse, elle interpella Dieu, rôda autour du téléphone, entretenant l'illusion que les liens entre sa famille et le supérieur de la Société étaient assez sincères pour qu'il lui révèle, à elle, toute la vérité.

Un matin, puisqu'il ne venait pas lui parler en face, elle avait pris le téléphone et demandé à la standardiste de la mettre en communication avec le séminaire. Attendant d'être rappelée, elle songea qu'au moment où sonnerait le code de retour chez les Prévost, les voisins se pendraient au cornet du téléphone pour épier une conversation qui serait, au souper, sur toutes les tables et, le soir, sur tous les oreillers.

Les trois coups du signal ouvrirent au fond de ses entrailles autant de blessures aiguës.

— Madame Zéphyr Prévost ?

— Oui, c'est moi...

— Mᵍʳ Edgard Larochelle est en ligne, cria la standardiste. Parlez, madame !

Lorenza crut entendre respirer les commères. Elle voulut crier sa rage. Elle éclata en sanglots. Lié par un fil à cette femme mue par une intuition sûre, le prélat n'échappait pas à l'effet contagieux de l'émotion qui le fit frissonner. Il mentit cependant et n'admit pas que Gustave était prisonnier à Tung Leao.

— Je ne sais rien, madame. Je vous tiendrai au courant. Je peux vous assurer que nous prions pour nos missionnaires. La Providence veille sur eux.

Debout devant le téléphone, Lorenza essuya ses larmes avec un coin de son tablier.

— Ce n'est pas assez, ça. Il faut que tout le monde s'occupe de les faire revenir.

— Des gens, bien placés, essaient de savoir ce qui se passe là-bas. Ce n'est pas simple quand les communications sont coupées, madame ! Priez, vous ne pouvez rien faire de plus, madame Prévost. Je passerai vous voir bientôt.

Il ne vint pas, et quand le 7 décembre, quelques heures seulement après le raid surprise sur Pearl Harbor, le Canada déclara la guerre au Japon, devenant le premier des alliés à entrer officiellement dans la mêlée, Lorenza s'écroula. Le conflit amplifiait la menace qui pèserait désormais sur ses autres fils, sur ses filles et sur tous ceux qu'elle aimait.

Levée à cinq heures, elle arpenta la maison, jusqu'à ce que la voix grêle de la station radiophonique CKAC transporte dans sa cuisine silencieuse la rumeur du menaçant orage. Les événements donnaient raison à Mᵍʳ Larochelle. On ne pouvait qu'espérer.

Zéphyr, à qui des mois de repos avaient redonné la santé, trouva la cuisine réchauffée par l'attisée qui brûlait depuis l'aube dans le poêle sur lequel l'eau du thé matinal bouillait déjà. Il en versa dans une tasse ébréchée et, devant le miroir accroché à un clou au-dessus du lavabo, il mouilla le blaireau dans l'eau chaude, dessina vivement des cercles sur le savon qu'il étendit en mousse sur ses joues et se rasa pendant que sa femme dressait le couvert pour une personne. Elle versa l'eau sur le thé et, quand son mari s'attabla, elle posa devant lui le pot de crème, le sucre, un bol de mélasse et des ustensiles.

— Tu ne t'assois pas, Lorenza?

— Non. Tu vas manger tes crêpes et boire ton thé. Après, tu attelleras pour me conduire à l'église. Je veux y être pour la messe de sept heures. Lucille fera manger les autres. Moi, j'ai affaire au bon Dieu.

Elle entra dans l'église au moment où le prêtre avançait vers l'autel. Certaine d'être au centre des curiosités, elle marcha, tête haute, jusqu'au banc familial. Elle s'agenouilla en pensant à Gustave. Autour d'elle, une cinquantaine de paroissiens priaient pour que la guerre ne s'éternise pas, et surtout pour qu'elle n'impose pas aux familles de trop douloureuses séparations.

La messe était terminée depuis de longues minutes quand elle remarqua le curé, debout devant elle. Elle leva les yeux et lui demanda de la recevoir en confession, là, sur ce banc.

— J'ai dit la messe pour votre fils, madame Prévost.

— Merci.

— Et pour nous tous. Puis-je vous aider?

— Je ne sais pas. Je suis fâchée contre Dieu, mon père. Je vous attendais pour vous en parler.

— Je comprends votre souffrance. Vous savez, Dieu n'a pas grand-chose à voir avec la guerre. Les hommes sont parfois mauvais. Même si Dieu leur a donné le pouvoir d'être vertueux, le droit de choisir. Certains ne vivront qu'au nom des valeurs temporelles. Ceux-là, voulant les imposer, recherchent le pouvoir et la domination, leurs décisions sont aveugles et cet aveuglement est responsable de nos souffrances.

— Dieu pourrait ôter aux hommes l'envie de se battre. Leur donner le besoin de partager et d'être bons. Pourquoi la vie sur terre ne serait-elle pas heureuse? À quoi sert Dieu s'il nous jette dans le malheur? Je ne comprends pas. Vous nous parlez d'un Dieu bon, d'un Dieu qui protège, d'un Dieu qui veille sur nous et sur nos enfants. Gustave vit pour Lui, pour répandre la foi parmi les incroyants et il est menacé. Je suis fâchée, mon père. Je veux m'en confesser.

— Je ne vous confesserai pas pour cela, madame Prévost. Vous souffrez, ce n'est pas un péché. Si vous voulez parler, revenez me voir quand vous le voudrez.

Elle quitta l'église. Zéphyr l'attendait, piétinant devant le traîneau, enveloppé dans un capot de chat sauvage, et chapeau de poils enfoncé sur le front. Il aida sa femme à monter à bord du véhicule et quand elle fut assise, il lui couvrit les genoux d'une épaisse fourrure doublée de flanelle noire. Des naseaux du cheval pressé de rentrer, sortit une buée dense.

— Viens ma femme. Viens te reposer.

Son idée était faite. En pensée, cette nuit, elle avait ébauché un plan destiné à soutenir son fils qui souffrait en prison. Elle assisterait à la messe quotidienne des seize derniers jours de l'avent. Et elle jeûnerait. Elle ne priverait pas les jeunes des plaisirs de Noël, mais après la messe de minuit, en témoignage de solidarité avec Gustave, on ne réveillonnerait pas chez les Prévost. Dans l'épinette au sommet de laquelle était dressé l'ange porteur de la bonne nouvelle, chaque bougie brillerait comme une étoile. Un espoir éclairant un ciel obscurci par la bêtise des hommes.

Elle ne téléphona plus au séminaire et la circulaire de Mgr Larochelle, survenant à un moment où elle croyait avoir fait la paix dans son âme, raviva sa colère. Même si elle doutait que Gustave les reçoive un jour, elle lui écrivit deux lettres qu'elle cacheta, heureuse de lui redire son amour et sa constance. Elle les déposa sur la tablette du téléphone mural en se promettant de continuer, au rythme d'une lettre par semaine, à lui transmettre des nouvelles de la famille et du pays. Peut-être les remettrait-elle un jour à Mgr Larochelle qui les ferait ficeler dans un paquet contenant d'autres messages destinés aux missionnaires de Mandchourie. S'il osait, bien sûr, les visiter encore.

Une semaine avant Noël, elle ouvrit la poche de farine blanche d'où elle retira la prime ordinaire, une tasse et une soucoupe de porcelaine blanche. Le décor bleu d'inspiration chinoise imprimé sur les objets lui rappela ce jour de 1934 où son fils lui avait annoncé son projet de partir, plus tard, pour l'Orient. Elle réprima l'envie de jeter ce cadeau aux ordures.

À onze heures, la veille de Noël, apaisée par l'intense chaleur et le confort de sa cuisine éclairée par un soleil d'hiver qui arrivait chaque jour plus vite au bout de sa course, elle décrocha le téléphone. Il fallut une bonne demi-heure avant que la voix d'Edgard Larochelle se fasse entendre au bout du fil. Elle l'invita pour le dîner du dimanche après Noël.

— J'ai décidé de faire la paix, annonça-t-elle à Zéphyr. Nous allons le recevoir convenablement et mettre les petits plats dans les grands. Il finira peut-être par parler.

Il arriva à bord de la vieille Ford qu'il gara, le nez contre le banc de neige, gardant juste la distance dont il aurait besoin pour actionner la manivelle qui ferait démarrer le moteur. Il parla du rationnement des pneus, des chambres à air neuves et des métaux dont la vente était désormais prohibée au Canada, et accepta volontiers un petit remontant. Lorenza versa le vin de Saint-Georges dans des verres sans pied, en attendant l'occasion de lancer la conversation sur le seul sujet qui l'intéressait. Mais le visiteur la devança.

— Nous n'avons pas de mauvaises nouvelles de Mand-chourie, madame Prévost. C'est déjà ça.

— Vous avez des nouvelles, alors?

— Oui et non. Le délégué apostolique en poste à Tokyo a transmis à Rome des informations voulant que nos prêtres soient en sécurité, chacun dans leur poste.

— Gustave fait-il partie des prisonniers arrêtés au mois d'octobre?

— Je ne le sais pas. Il est peut-être dans la région de Lintung, mentit-il en insistant sur le «peut-être». On a su par des lettres de Mgr Masse et de Mgr Lapierre, qu'au pire, ils seraient rassemblés à Szepingkai. Prévoyant cela, Mgr Lapierre a accumulé des provisions, du charbon, du bois, de la nour-riture...

— Des nouvelles plus détaillées, plus réalistes, pensez-vous en recevoir un jour?

— Tant que durera la guerre, nous serons à la merci du bon vouloir du Japon. Sauf si, comme l'espère le gouvernement canadien, l'Argentine reste à l'écart du conflit. Les nouvelles pourraient nous arriver par l'intermédiaire de ce pays ou par la Croix-Rouge internationale. Nous avons écrit à cet orga-nisme. C'est-à-dire que le gouvernement leur a fait parvenir nos listes de missionnaires, mission par mission. Nous ne devrions pas nous inquiéter, à moins que les choses ne tournent mal pour les Japonais vivant au Canada.

— Que le bon Dieu vous entende, monseigneur.

Contrairement à ce que Lorenza avait pu croire, à deux heures et demie le matin, les missionnaires rassemblés au séminaire de Szepingkai se régalèrent d'un repas à la cana-dienne, semblable à celui auquel elle avait renoncé.

Peu avant Noël, par la grâce de Dieu et des liens tissés auprès de fournisseurs par sœur Marie-du-Carmel, un cochon, caché sous un monceau de charbon de troisième qualité, fut livré aux Antoniennes qui en firent tourtières et ragoût. Louis Lapierre ayant, pour les besoins des messes, imposé le rationnement du vin, on trinqua, de part et d'autre des deux grandes tables du réfectoire, en choquant des verres remplis d'eau.

Deux jours auparavant, Yorrit de Boer, missionnaire d'origine hollandaise, membre de la Société de Bethléem, s'était joint à eux. S'exprimant en anglais, en allemand et en chinois, il n'avait jusqu'alors eu aucun contact avec ses confrères canadiens. En un rien de temps, ils l'initièrent à un langage oscillant entre le français et le québécois. Il apprit, comme eux, à se passer de *toasts* et de *gravy* et à dire que le camp n'avait rien des «gros chars».

Le 28 décembre, Émilien Masse, les pères Alphonse Dubé, Paul Gravel, Eustache Dumais et Robert Hétu arrivèrent enfin de Lintung. Délogés de la préfecture apostolique et privés de leurs possessions, ils avaient assisté au vol de leurs biens et remis les clés des bâtiments appartenant à la Société.

Le chef du camp d'internement profita de leur venue pour annoncer l'addition prochaine de nouveaux internés.

— Ce sont de vrais voleurs, affirma-t-il. Des marchands belges ou hollandais. Ils partageront vos dortoirs où des lits seront ajoutés. Ceux d'entre vous qui possèdent des effets personnels et qui y tiennent devront les cacher.

L'annonce consterna les missionnaires. Malgré l'inconfort et l'exiguïté du séminaire, ils redoutaient l'arrivée d'étrangers mercantiles, sans doute hostiles à la prière et à la méditation, et qui, à cause de cela, dissiperaient les plaisirs de l'internement.

Tôt le lendemain, ces bandits furent débarqués, parqués dans la cour et encerclés par les soldats dont les voix pointues attirèrent les missionnaires aux fenêtres. Le nez sur la vitre, Gustave grattait et soufflait sur la couche de givre pour la faire fondre.

— Fais attention, Gustave. C'est défendu de regarder dehors.

— Laisse-moi faire, Germain. Je m'en fiche. Je veux les voir. Tu as de bons ongles, aide-moi donc à ôter le givre.

Germain lui tendit un canif.

— Arrange-toi pour qu'on ne te voie pas. Tu distingues quelque chose ?

— Ça gèle à mesure que j'en enlève. Les soldats ont l'air de se demander quoi faire de ces hommes. Où as-tu pris ce canif ?

— Je l'ai sur moi depuis le collège. J'ai fait en sorte qu'ils ne le trouvent pas. As-tu déjà vu ces hommes-là avant ?

— Je ne pense pas. Ils n'ont pas l'air en grande forme, crois-moi...

Répondant l'un après l'autre à l'appel de leur nom, les nouveaux venus se détachaient du rang et présentaient leur passeport au chef du camp, pour s'aligner ensuite devant le drapeau japonais. Autoritaire, froid comme le vent qui tournoyait autour d'eux, le chef accompagnait ses paroles de gestes brusques. Pas un son ne montait vers les chambres.

— Je suppose, dit Gustave, qu'il les renseigne sur ce qu'ils pourront et ne pourront pas faire ici. Que les gardiens vont les surveiller jusqu'aux toilettes, que les portes des dortoirs doivent rester ouvertes, qu'il leur sera permis d'écouter les émissions japonaises à la radio, de lire le *Mandchuria Daily News* et le *Tientsinois*.

— Et de chanter l'hymne national japonais !

— Bon, ils entrent. Si nous descendions jeter un coup d'œil ?

Les chambres se vidèrent d'un coup. S'engouffrant en même temps dans le couloir, ils s'arrêtèrent à l'entrée du réfectoire où, parmi les prisonniers qui entraient en silence, l'un tomba, évanoui.

Ouvrant le rang des gardiens qu'il dépassait d'au moins une tête, Louis Lapierre courut vers le malade qu'il releva et conduisit à une chaise. L'évêque avait reconnu le père Henri Ullings, de la société missionnaire belge de Scheut. Encouragés par son audace, les internés le suivirent, remplissant la pièce de rires et de cris de joie.

Le calme revenu, le chef du camp demanda à Louis Lapierre d'expliquer la cause de cette explosion et de ces disgracieuses accolades entre hommes mûrs. L'évêque, en rempart devant le malade, se tourna vers le Japonais et, l'ayant appelé mon frère, le contredit d'une voix forte.

— Ces hommes ne sont pas des bandits! Il s'agit, au contraire, de prêtres belges consacrés à l'évangélisation de la Mandchourie.

Le Japonais, dont les doigts roulaient et déroulaient nerveusement une feuille de papier brunâtre, imposa le silence et relut le document avant de décréter, d'un ton solennel, qu'il s'agissait bel et bien de malfaiteurs. Louis Lapierre affirma qu'à sa connaissance, la Belgique n'était pas encore en guerre contre le Japon.

— Cet écrit trahit la vérité dans le seul but de justifier l'incarcération de ces missionnaires.

— Cela est faux, riposta le chef par le truchement de l'interprète.

— Vous dites qu'ils sont commerçants et voleurs, et ils sont vêtus comme des gueux. Les avez-vous donc dépouillés de leurs habits de richards? demanda Louis Lapierre sur le même ton.

— Ici, c'est moi qui pose les questions! Je vous ai laissé libre de diriger les Canadiens qui sont avec vous. N'oubliez pas qu'à mes yeux, vous êtes un prisonnier ordinaire.

— Je défends ces hommes, répondit l'évêque en se redressant davantage. Ce sont des prêtres. Demandez-leur de montrer leur chapelet.

— Je m'en tiens aux documents officiels. Je ne sais rien et ne veux rien savoir de ce que vous prétendez.

Plus tard, sans doute mieux informé, le Japonais autorisa la construction d'autres autels autour du réfectoire et dans la chapelle, et il reçut privément Louis Lapierre. Celui-ci, craignant de perdre l'autorité qui lui avait été concédée, s'excusa, à regret, de s'être laissé emporter.

Le 30 décembre, vingt-trois autres prêtres arrachés à leurs missions du nord du Jehol, en même temps que leur évêque, Louis Jantsens, rejoignirent les internés. Ils étaient désormais cent vingt-trois.

Craignant pour la vie du père Ullings, le chef dépêcha un médecin japonais auprès du mourant et promit que tous les missionnaires malades bénéficieraient de soins attentifs.

Le 1er janvier 1942, après le salut matinal au drapeau, il annonça que le prêtre était sauvé et souhaita une bonne année à ses pensionnaires.

L'exiguïté du réfectoire n'était pas propice au partage des repas, aussi fut-il convenu qu'à compter du jour de l'An, puisqu'ils étaient les hôtes de l'évêque de Szepingkai, les Belges mangeraient les premiers, et qu'il en serait ainsi par la suite.

Du bout de la table où il présidait à l'humble repas du nouvel an servi vers treize heures, Louis Lapierre s'imposa une attitude paternelle et compréhensive. Au dessert, quand, privés de café, ses hommes geignirent comme des enfants, il se leva. Dans le vacarme des chaises qu'ils repoussèrent en même temps, les missionnaires qui croyaient venue l'heure des grâces, se levèrent à leur tour.

— Asseyez-vous! Messieurs, nous commençons une nouvelle année. Je ne sais pas de quoi elle sera faite. La guerre ne nous permet d'entretenir aucun espoir concret et, si nous nous référons à celle de 14-18, elle peut durer plusieurs années. Oui, Éloi?

— Plusieurs années! s'étonna Éloi Montambault. Nous sommes des otages, non? Ils peuvent donc nous échanger, nous libérer, nous déporter!

— Les Japonais peuvent faire ça, oui. Ils peuvent aussi nous garder dans ce camp pendant très longtemps. Cette éventualité doit s'imprimer dans votre esprit. Nous ne pouvons pas nous lever le matin en espérant être libérés le jour même. Ni être aussi pessimistes que celui qui répète sans se fatiguer, «mort lente, mais sûre». Nous ne pouvons plus trembler chaque fois que les soldats se réunissent en conciliabule, ni tomber en dépression comme Alphonse Dubé qui a perdu son veston et qu'il faut consoler pour l'empêcher d'en pleurer...

— Un soldat l'a volé. J'en suis sûr! C'est mon bien et je veux le retrouver.

— Nous le savons. Cependant, tu n'es pas le seul à déplorer la perte d'un objet ou d'un vêtement. Gustave Prévost ne parle pas de la perte de sa célèbre montre. Parfait! C'était, à mon avis, une coquetterie inutile et prétentieuse.

— Je n'en ai aucune peine.

— Tant mieux si tu te détaches des biens de la terre, Gustave. D'un autre côté, tu n'es pas irréprochable non plus. Il y a des limites, lorsqu'on vit en groupe, à s'isoler pour se recueillir. Tu en décourages plusieurs. Ils n'osent plus t'approcher de crainte de troubler tes pensées profondes. Je veux vous rappeler ceci : il est, par malheur, possible que l'internement soit long. Aussi, je ne veux plus vous voir avec des faces de carême. Vous m'avez compris?

— Manger à moitié va nous tuer. Sauf à Noël et aujourd'hui, nous faisons maigre deux fois par jour. Nous sommes aux patates et aux carottes bouillies, sans dessert ni jus de fruits. Et nous devrions être heureux, monseigneur?

— Vous êtes ici depuis moins d'un mois et vous vous trouvez déjà misérables ! Vous devriez être contents de vos ventres pleins. Moins de dessert ne peut que vous faire du bien. Regardez Paul-Émile Asselin. Il recommence à engraisser. Pour moi, c'est signe que la diète du camp ne tuera personne.

— Pardon, monseigneur. Moi, j'engraisse juste à regarder un verre d'eau. Sauf votre respect, ce n'est pas très charitable d'encourager les gars à rire de moi.

— Je m'en confesserai, Paul-Émile, je m'en confesserai. Vous vous lamentez parce que vous n'avez pas de lait ni de sucre à mettre dans votre café. Avez-vous pensé aux Chinois qui n'ont rien à mettre dans leurs bols ? Eux, ils sont vraiment traités comme des chiens. Pas vous ! Avez-vous pensé aux deux prêtres chinois, seuls à distribuer les sacrements aux catholiques de Szepingkai ? Avez-vous pensé aux sœurs de l'Immaculée-Conception, à la merci des soldats dans les postes que vous avez quittés, et à qui on vole le peu qui reste ? Avez-vous pensé à leurs compagnes qui soignent les typhiques en risquant la contagion ? Avez-vous pensé aux vingt ou trente Chinoises de la communauté du Saint-Rosaire, traquées parce qu'elles enseignent clandestinement le catéchisme ? Avez-vous pensé aux Antoniennes qui gèlent à côté en se morfondant pour vous rendre la vie agréable ? Je les visite presque chaque jour. Les gerçures de leurs mains saignent.

— Leurs mains saignent ! Ce n'est pas possible, monseigneur !

— Oui, Gaudiose. Elles lavent vos sous-vêtements et vous trouvez naturel de profiter de ce service. Demain, elles feront ce travail pour les Belges. Ces filles-là en connaissent un bout sur la misère. Quand elles cuisinent pour vous, elles n'en gardent pas assez pour manger à leur faim. Je parle à leur place, car elles ne se plaignent pas.

— À chacun ses malheurs, vous ne pensez pas ?

— Je suis gêné d'entendre des paroles pareilles de la bouche d'un missionnaire qui a besoin d'un cure-dent après avoir mangé ! Pour en revenir au but, j'exige que vous trouviez les moyens de vous distraire. Si la mauvaise humeur et la dépression s'installent ici, ni les retraites, ni les heures d'adoration, ni les cent et quelque messes qui sont chantées ici chaque matin ne préviendront les dommages. Occupez entièrement votre temps, sinon vous perdrez confiance en Dieu et en vous-même. Là-dessus, je vous souhaite une bonne et sainte année. Et le paradis à la fin de vos jours. Debout, et rendons grâce à Dieu !

La vaisselle fut lavée en silence.

Gustave, à qui l'évêque venait de reprocher l'habitude de filer en douce vers sa chambre, partagea sans conviction les loisirs de ses confrères. Il méditerait plus tard, pendant la sieste des autres. Germain lui céda l'une des pages d'un vieux *Progrès du Saguenay* égaré depuis six mois dans le courrier. Reçu la veille, le journal acheva son existence abandonné, déployé au milieu d'une table où les internés cherchaient en vain à trouver la journée agréable.

Gustave quitta le réfectoire. Comme toutes les portes, celle de la chambre de l'évêque était ouverte. Il le vit absorbé dans un jeu de patience. Sans avoir levé la tête, Louis Lapierre l'invita à entrer.

— Comment saviez-vous que c'était moi ?

— Après ce que je t'ai dit, il était normal que tu sois le dernier à quitter la salle à manger.

— Pourquoi m'avez-vous attaqué ?

— À travers toi, c'est aux autres que je m'adressais. Tu es fort, tu pouvais donc le subir sans trop souffrir.

— Était-il juste de me reprocher la réflexion ou le recueillement ?

— Nous passons beaucoup de temps en prière. Cela ne doit pas nous faire oublier que nous vivons en société. Les besoins collectifs doivent prendre le pas sur les penchants individuels. Si tu le comprends et l'acceptes, les autres suivront. Il faut avant tout entretenir le moral des hommes, sinon, à la première occasion, le couvercle va sauter.

— Vous le croyez vraiment ? Ne sommes-nous pas entre adultes, capables de nous conduire comme tels ?

— Non, justement. En vivant à l'écart comme tu le fais depuis ton arrivée ici, tu n'as pas observé que des guerres territoriales se dessinent déjà ici. Je devrais sans doute me taire et les tempérer en n'en disant pas un mot... Ferme la porte un instant.

— Les soldats vont apparaître...

— Le temps qu'ils viennent et j'en aurai assez dit.

Gustave voyait l'évêque sous un autre jour, brusquement vieilli, fatigué et inquiet. Surtout triste et déçu.

— La mission de Szepingkai est ma vie, ma raison d'être. La cour est un chantier en perpétuelle activité. Les postes et les institutions que nous y avons établies sont ma fierté. Je suis moins satisfait des hommes dont l'ambition s'exprime jusqu'ici.

L'ambition ? Dans cet univers où il n'y avait rien à désirer, rien à envier, Gustave cherchait vainement des sources de rivalité. L'évêque l'éclaira. Emmurés au séminaire, des curés exerçaient leur autorité sur leur ancien vicaire. Ceux qui avaient dirigé soit les écoles, soit le séminaire, ou assuré quelque part un plus ou moins long intérim, disputaient à l'évêque ses prérogatives et ses privilèges.

— J'ai soixante-deux ans, et la malaria ne me laisse pas de répit. Je veux bien lutter contre le monde entier pour la survie de la mission mandchoue, mais je ne tolérerai pas la reproduction de l'esprit de guerre entre les murs du séminaire. Comment imposer la paix et l'obéissance aux cent vingt-trois personnes rassemblées ici ? Je l'ignore et je cherche. Ouvre la porte maintenant.

Gustave retrouva Germain au dortoir, penché au-dessus d'une table de toilette où s'étalaient, pêle-mêle, des feuilles couvertes d'une fine écriture.

— Tu étais dans la chambre de monseigneur? Il t'a sans doute dit quelque chose d'important.

— S'il avait voulu que tu l'entendes, il t'aurait lui-même parlé, non?

— Bon, ça va. Je n'insiste pas. Tu gardes ça pour toi. J'ai une idée, je peux t'en parler?

Les reproches de l'évêque et son invitation à découvrir des sources de distraction avaient stimulé Germain qui, fidèle à sa marotte, faisait le décompte des talents réunis dans la maison. Deux ténors, un baryton, un baryton léger et nombre de voix inclassables. S'ils avaient quitté leur mission sans bagages, la plupart des internés se seraient fait tuer plutôt que d'abandonner leurs instruments de musique. Germain en avait dressé la liste.

— Jette un coup d'œil sur cette liste, tu verras à quel point nous sommes riches. Il y a, en comptant les instruments des Belges et les nôtres, de huit à dix violons, deux cornets, une clarinette, une petite caisse, une grosse caisse. Si je cherche un peu, je trouverai bien une ou deux flûtes à bec et une trompette. Je vais demander à monseigneur la permission de former un orchestre.

— Dis-donc, Germain, tu n'avais pas renoncé à la musique?

— J'y reviens pour des raisons majeures. Pour plaire à mon évêque!

Le chef de la détention, qui posait parfois son masque de rigueur, céda aux pressions de Louis Lapierre et ordonna, pour retrouver les objets volés ou perdus, une fouille minutieuse des dortoirs, incluant celui des soldats. Alphonse Dubé récupéra ainsi son veston. Et son honneur. Il n'avait pas rêvé. Le soldat coupable quitta le séminaire.

Entre deux saluts au drapeau, les internés s'initièrent, selon leurs goûts, aux complexités du bridge ou à la simplicité du bingo. Ils investirent quelques-uns des yens de leur allocation mensuelle dans l'organisation de kermesses dont les enjeux les plus prisés consistaient en saucissons livrés, on ne sut jamais par qui, dans les cuisines du séminaire.

Les optimistes, sûrs de retrouver leur poste, rivalisèrent d'assiduité aux cours de japonais, d'anglais, de lecture ou d'écriture chinoises donnés par les plus compétents de leurs confrères. Gustave cessa de plaider la paresse ou le manque de temps et se remit au chinois.

Le 18 février, le chef convoqua les pensionnaires dans la cour.

— Nous célébrons aujourd'hui la chute de Singapour, survenue il y a trois jours, et le torpillage de l'*Empress of Asia*. Deux mille soldats canadiens, prétendit-il d'un air amusé, ont été tués ou noyés.

Les internés se regardèrent, anéantis. Deux fois, quatre fois, le chef cria «*Banzaï*». Du premier rang, devant les soldats armés, les voix d'Alain Lecomte et d'Alexandre Gauvreau s'élevèrent, puis la cour vibra telle une cathédrale. Ils priaient en chantant pour les blessés, les morts et leurs familles pendant que, pour couvrir l'hymne, le chef et les soldats hurlaient leur joie.

De jour en jour, l'inquiétude suscitée par les victoires nipponnes s'amplifia. Louis Lapierre renouvela ses instances pour que les missionnaires multiplient les activités et ne spéculent plus sur les rumeurs d'échange de prisonniers qui refirent surface en mars 1942. Il imposa des siestes courtes et obligea les moins de cinquante ans à aménager des terrains de jeux dans la cour.

— Vous avez deux semaines pour organiser ce travail qui vous remettra en forme et vous permettra de participer aux sports d'équipe. La balle molle, la balle au mur, le tennis et la course à pied sont désormais obligatoires, au même titre que la messe, les vêpres, les oraisons et les retraites.

— Et ceux qui n'aiment pas les sports? osa une voix.

— Ils feront le tour de la cour en marchant ou en courant! Je n'ai pas terminé. Pour vous refaire l'imagination, vous avez le choix soit de vous inscrire à un concours de chant sur le thème de la concentration, soit de monter des pièces de théâtre, ou encore de vous joindre à l'orchestre que Germain Ouimet va former. Vous pourrez donc participer à une fête qui aura lieu à la bibliothèque toutes les trois semaines, avec la permission du chef et ma bénédiction.

— Il nous prend pour des enfants, murmura quelqu'un.

Les plus imaginatifs écrivirent sketchs et monologues, d'autres adaptèrent, de mémoire, des pièces du théâtre populaire. Les Belges, également incités par leur évêque à tirer profit de l'internement, déployèrent leurs talents dans l'interprétation des meilleures pièces des deux répertoires folkloriques nationaux.

Le bombardement de Tokyo, survenu peu avant le premier spectacle, acheva d'inspirer les plus talentueux dont les œuvres furent déposées devant un jury. Les textes primés ne s'élevaient pas vraiment au-dessus des contingences matérielles.

Quand y a quat'mois on est arrivés
Dans ce beau et confortable camp,
On s'est vite à la vie habitués,
Et aux repas constituants.
L'on joue au bridge, on voit une fête,
On écoute l'orchestre, les chants,
On trouve qu'la vie n'est pas si bête,
Que rester au camp est consolant.

Gustave avait espéré que, l'ayant une fois élu confident, l'évêque reprendrait la conversation. Il ne l'avait jamais fait.

Mais après le spectacle, Louis Lapierre s'approcha.

— Je ne sais pas ce que tu deviendras, Gustave. Si un jour tu dois diriger des hommes, souviens-toi qu'il est inutile de s'opposer à eux brutalement ou de nourrir les conflits en s'y introduisant en adversaire. La patience produit de plus heureux résultats.

Entre quatre murs

Au début du mois de juillet 1942, le séminaire de Szepingkai fut réquisitionné pour loger les soldats de l'armée japonaise. Le remue-ménage annoncé impliquait le départ des cinquante et un missionnaires belges. Leur internement se poursuivrait ailleurs en Mandchourie. Quant à leurs confrères du Canada, ils se déplaceraient avec leurs matelas, leurs vêtements et leurs petits autels, vers l'humble résidence de l'évêque où vivaient jusque-là quelques sœurs de l'Immaculée-Conception.

Au cours de la soirée précédant la séparation, il ne restait qu'à souligner le plus joyeusement possible la fermeture de la «tour de Babel»; la fin de la plus fameuse école de théologie, de langues orientales, de musique, de chant et de théâtre de Mandchourie.

Rassemblé à vingt et une heures, le 14 juillet, sur le terrain de balle molle, l'orchestre canado-belge exécuta les meilleures pièces de son répertoire. Parmi les internés, qui arrivaient au terme d'une cohabitation de plus de six mois, aucun ne savait s'il était triste ou heureux. Était-on divisés pour aller vers pire que cette rassurante promiscuité qui semblait maintenant si appréciable? «Quand on est si bien ensemble, modula Lecomte sur un air de sa composition, pourquoi donc se séparer?»

Dans la chaleur et l'humidité de l'aube, le matin suivant, des adieux rassemblèrent les deux groupes dans le réfectoire où les trois prélats, Lapierre, Jantsens et Masse, se voulurent rassurants, prédisant pour bientôt la fin d'une guerre qui réduisait à l'inertie tant d'hommes d'action. Les accolades et les promesses de relations suivies qui s'établiraient à l'issue du conflit laissèrent à l'averse tout le loisir de pénétrer les malles et de mouiller, sous les couvertures, les flûtes, les guitares, les banjos, les violons et le yukulele qu'emportaient les partants.

À la tombée du jour, il pleuvait encore. Déjà nostalgiques, les nouveaux pensionnaires de l'évêché redemandèrent un peu d'alcool, puisqu'il en coulait depuis qu'on distillait le jus des fruits et des légumes en voie de se gâter. Euphoriques, les acteurs redonnèrent quelques-uns de leurs meilleurs sketchs, et les plus inspirés exprimèrent leurs espoirs dans des déclamations et des monologues. Alexandre Gauvreau lança un vibrant *Dans l'bon vieux temps*... Ainsi fut inauguré le nouveau logement des missionnaires de Szepingkai.

Éclairé par la lumière blafarde des cierges qui accentuait sa pâleur, Émilien Masse mourut au camp d'internement de Szepingkai, le 29 août 1943, après un combat de deux semaines contre la mort. Il était une heure le matin. Les médecins chinois et japonais qui avaient été appelés à son chevet s'étaient contredits à coup de médicaments contre la grippe, le typhus et les fièvres récurrentes, sans découvrir que la septicémie l'emportait.

Louis Lapierre le prépara à mourir, entouré des missionnaires de la préfecture de Lintung. Agenouillés dans le corridor ils récitaient à mi-voix les prières des agonisants.

— Émilien, acceptez-vous la volonté de Dieu ?

— Je l'accepte par amour pour Lui.

L'évêque s'éloigna du lit. Germain Ouimet qui veillait le malade depuis plusieurs jours se pencha pour lui offrir un peu d'eau.

— Vous savez, dit le mourant, seul à croire qu'il survivrait, je reste optimiste. Je n'ai plus qu'à me confier à la Providence et à dormir.

Quelques heures plus tard, la cour s'emplit du bruit des marteaux frappant sur les clous d'un pauvre cercueil de planches qu'on porta devant l'habitation des Antoniennes qui le doublèrent d'un linceul de soie noire. Elles en avaient gros sur le cœur.

Sœur Marie-du-Carmel voulut atténuer leur peine et calmer la colère de sœur Jeanne.

— Je viens de parler avec Mgr Lapierre. Les gardiens qui n'ont pas voulu nous autoriser à être aux côtés de notre pasteur pendant son agonie nous accordent la permission de prier, ce soir, sur sa tombe.

— Les Japonais ne craignent donc pas que notre visite provoque la chute de l'empire ?

— Sœur Jeanne ! Mgr Masse est mort en pardonnant. Nous devrions, à tout le moins, nous inspirer de sa sagesse et vivre sans haine.

— Je m'excuse, ma mère. Je n'ai jamais eu le pardon facile. Le préfet était notre père. Nous avions promis de l'accompagner dans son ministère. Il n'est pas juste que nous ayons été tenues à l'écart.

— Calmez-vous, Jeanne. Écoutez-moi, maintenant. Nous avons, je vous l'ai dit, obtenu la permission de le voir. Nous aurons peut-être aussi celle d'assister à ses funérailles à la cathédrale. Nous devons prier, cette nuit et demain, pour que le docteur Hosaka, qui l'a soigné à moitié, produise un rapport clair sur le mal qui a emporté notre pasteur.

— Il est mort des fièvres ou de la paratyphoïde; ça ne devrait pas être si compliqué à écrire sur un rapport, répliqua Jeanne.

— Le problème, c'est que le médecin a déjà cru qu'il était atteint du typhus. S'il le confirmait, nous serions menacés par l'épidémie, et il serait interdit de l'inhumer dans la cathédrale et même dans le cimetière des païens.

Le docteur Hosaka confirma qu'Émilien Masse avait succombé à une septicémie compliquée d'une endocardite aiguë. Doutant néanmoins de son propre diagnostic, il exigea que les pensionnaires du troisième étage et ceux qui l'avaient soigné soient vaccinés contre la peste.

Au matin du 30, sous la cathédrale, dans les profondeurs de ce qu'on appelait pompeusement la crypte, les compagnons d'Émilien Masse, missionnaires à Linsi, à Kailou, à Tung Leao et autres lieux, creusèrent une fosse profonde. Le lendemain, les doigts de Germain enfoncèrent les touches de l'orgue d'Ernest Jasmin, dont les soufflets de tôle argentée soutinrent le chœur des prêtres pleurant le premier mort de leur interminable réclusion.

— Asseyez-vous, madame Prévost, ce ne sera pas long, Mgr Larochelle est occupé.

— Non merci, avait-elle répondu au jeune séminariste qui l'avait conduite au salon des visiteurs du séminaire.

Ayant posé son sac et ses gants sur une chaise, Lorenza se tourna vers une armoire vitrée où s'étalaient quelques dizaines d'objets hétéroclites, témoignages des coutumes et du talent des Chinois. Des chaussures blanches brodées d'or et de perles pour le mariage d'une femme aux petits pieds, un arbuste sec et rabougri planté sur un rocher de jade et de corail, et d'obsédantes figurines d'ivoire. Les yeux jaunes d'un obèse ventru la toisaient en grimaçant. Bel accueil!

Elle craignit que son inquiétude et sa colère, ses vieilles compagnes depuis l'entrée de la Chine dans son existence, ne soient aiguisées quand, s'il daignait la rejoindre dans cette pièce, le supérieur se réfugierait derrière les faux-fuyants. Elle faillit partir et reprendre la route de Saint-Eustache avec le chauffeur de M. Plessis-Bélair, qui l'attendait dans la cour pavée en astiquant les parures d'une Ford rutilante. Elle consentit à Edgard Larochelle une autre petite chance de se racheter et, faisant quelques pas vers la fenêtre, elle le chercha du regard dans les jardins.

Par la fenêtre ouverte sur le ruisseau du Marigot, elle distingua le court de tennis entouré de lilas fleuris, sur lequel deux équipes de séminaristes en soutane disputaient un match enlevé. Elle sourit au contraste des espadrilles blanches et des robes noires. Au bord de l'eau, de l'autre côté du court, Edgard Larochelle marchait en lisant son bréviaire. Est-ce que, imitant le chanoine Avila Roch avant lui, il ne prenait pas plaisir à s'y montrer pour dissuader les amoureux de débarquer sur la presqu'île dont ils fréquentaient autrefois le sous-bois ?

Revenant vers le centre de la pièce, elle s'assit sur le bord d'une chaise, face à un paravent vitré où, sculpté dans l'ambre et l'ivoire, un tigre cherchait vainement à s'échapper. Sinistre !

Edgard Larochelle entra enfin.

— Je suis surpris de vous voir, dit-il en lui serrant la main. Vous excuserez mon retard, mais il y a des devoirs à ne pas négliger, même quand une amie nous attend. Quel bel été nous aurons !

L'été ne faisait plus à Lorenza ni chaud ni froid. Elle le lui dit, juste avant d'aborder, sans transition, l'objet de sa visite.

— Attendez-vous qu'on me l'étrangle, monseigneur ?

— Madame Prévost ! De quoi parlez-vous ? Qu'on étrangle qui ?

— Gustave, voyons ! J'oubliais que vous n'avez pas l'habitude des nouvelles fraîches ! Vous devez pourtant savoir que des missionnaires ont été assassinés aux Philippines, il y a deux ans.

— Je suis au courant, madame.

— Et vous l'avez su combien de temps avant qu'on l'apprenne par les journaux ?

— Les journaux ont été informés de ce martyre en même temps que la Société, madame, et cela parce que les prêtres des Philippines ont pu faire passer de courtes lettres. Les détails viendront sans doute plus tard. Pour le moment, je vous conseille de ne pas vous énerver.

— Ne pas m'énerver ? Comment voulez-vous que je ne m'énerve pas ? Qui nous dit que les missionnaires de Szepingkai ne sont pas déjà morts et que nous ne le saurons qu'une fois la guerre terminée ? Mgr Masse était mort depuis près de un an quand vous l'avez annoncé. Même chose pour le frère Marie-Liguori et pour le père Léo Lamy. Et vous voulez que je ne m'énerve pas ?

— Les pères dont vous parlez sont morts de maladie, madame. Je suis convaincu que leurs compagnons ne sont pas morts, c'est-à-dire que Gustave va bien, s'entendit-il répondre sans trop y croire, et redoutant de plus en plus cette femme qui devinait ses dérobades.

À la vérité, en cette fin de juin 1944, Edgard Larochelle n'était sûr de rien. Sinon que les internés de Szepingkai étaient en bonne condition physique lors du déclenchement de la guerre du Pacifique, que les trois Franco-Américains du groupe et quelques autres avaient, après de nombreuses annonces de rapatriement général, été transportés au Japon où ils attendaient toujours d'être renvoyés au Canada. Une note transmise par un de ceux-là et un avis laconique du ministère des Affaires extérieures, avaient confirmé ces faits.

Quant à ce qu'il était convenu d'appeler le massacre de Davao et qui effrayait tant Lorenza, une consigne du ministère des Affaires extérieures recommandait au supérieur de ne pas divulguer les détails du supplice.

— Dites-moi, monseigneur, ont-ils souffert? demanda-t-elle en ignorant délibérément que, deux minutes plus tôt, il avait prétendu ne rien savoir.

— Il est facile de supposer que les pères Omer Leblanc et Jean-Léo Poirier ont souffert. On a retrouvé leurs corps flottant sur la rivière Mindanao. Ils portaient les marques d'un long et terrible supplice.

— Si vous êtes sans nouvelles des missionnaires, pourquoi pensez-vous que les Japonais n'ont pas fait subir le même sort à mon garçon. Les Japonais de Mandchourie sont-ils meilleurs que ceux des Philippines?

Il voulait qu'elle parte, que cesse cette inquisition qui l'obligeait à lui parler comme à un membre de son conseil général ou à un journaliste. D'homme à homme.

— Madame Prévost, je vous garantis qu'à l'heure qu'il est, la Croix-Rouge internationale est à l'affût de ce qui se passe au camp de Szepingkai. Des questions d'ordre diplomatique bloquent les communications directes. Ce n'est pas de notre faute si le Canada n'a pas voulu reconnaître l'autorité du Japon sur la Mandchourie. En conséquence, ce pays refuse à la Croix-Rouge le droit de visiter nos missionnaires. Cependant, des représentants du Vatican sont allés à Szepingkai à quelques reprises, et ont pu confirmer qu'ils ne manquaient de rien et qu'ils étaient en bonne santé. Nous ne compterons pas d'autres martyrs dans nos rangs, madame, soyez rassurée.

— Est-ce vraiment ce que vous souhaitez, monseigneur? Vous ne vous souvenez pas d'avoir dit au journaliste de *La Patrie*, à propos des petits pères de vingt-sept et trente-deux ans, que vous aviez chanté le *Magnificat* parce que le Seigneur avait jugé la Société digne de compter deux nouveaux martyrs?

— Je m'en souviens très bien. Cela ne veut pas dire que nous souhaitions d'autres tragédies de ce genre, madame.

Entre les murs de l'évêché, la détention préventive des missionnaires fut moins dure qu'ils ne l'avaient escompté. Moins nombreux, leurs gardiens étaient aussi moins vigilants, ce dont plusieurs profitèrent bientôt. Au printemps 1944, las des sempiternelles leçons de langue et de théologie, deux ou trois expéditionnaires brisèrent les scellés appliqués trois ans plus tôt sur la trappe du grenier où ils s'introduisirent à la recherche d'un appareil radio qui, prétendaient certains, y avait été caché. La voix chevrotante de l'appareil dissimulé dans la chambre de Philippe Lamothe et de Laurent Beaudoin ramena le groupe à la réalité en faisant écho aux premières victoires des alliés. Ils apprirent, presque sans décalage, les premières bonnes nouvelles depuis 1939 : l'occupation de Rome le 4 juin 1944, suivie deux jours plus tard du débarquement de troupes canadiennes, britanniques et américaines sur les côtes françaises.

À la fin du même mois, alors qu'on venait d'assister à la deuxième représentation d'une œuvre d'Eugène Labiche, *J'invite le colonel!*, les maîtres de la radio, dont le rôle consistait à se relayer toutes les cinq minutes et à apprendre par cœur les bulletins de guerre, évoquèrent pour la première fois la détermination du général Douglas MacArthur. D'après Pékin, l'offensive de ses troupes dans le Pacifique plaçait les Japonais sur la défensive. Heureuse pour le reste du monde, l'entrée en scène des Américains, désireux de débarrasser la Chine de l'envahisseur nippon, troublerait l'espèce de quiétude qui régnait en Mandchourie où l'on avait fini par se croire oubliés.

La démonstration de cette hypothèse s'ébaucha au cours des semaines suivantes quand les militaires imposèrent l'obscurcissement systématique de la ville et le creusage d'abris souterrains. Dans les jardins du séminaire où ils n'habitaient plus, des missionnaires déterrèrent à la hâte les plans de tomates et, pendant que la pelle des uns s'enfonçait dans le sol desséché, les mains des autres s'allièrent à celles des Antoniennes pour préparer les conserves.

Cent autres tâches anodines meublèrent leur quotidien. La continuelle avance des alliés, en Europe, leur fut décrite dans la pénombre de la cave où ils s'arrachaient les yeux pour ôter les germes de quarante mille livres de pommes de terre. Fort de ses connaissances en chimie, Édouard Gilbert cherchait à transformer cette manne, plus encombrante qu'utile, autre générosité de Louis Lapierre.

— Notre évêque fait des achats bizarres. Je ne voudrais pas lui prêter d'intentions, mais pourtant, j'ai parfois l'impression qu'il cherche à nous tenir occupés.

— C'est en tout cas le résultat qu'il obtient, dit Gustave qui n'avait jamais tant travaillé de sa vie.

— Il y a deux ans, poursuivit Édouard Gilbert, j'ai distillé tout près de dix mille livres de vieilles patates. L'alcool a servi à soigner nos rhumatismes. Ensuite, j'ai voulu en faire du fromage. À cause des vers et parce que les meules marchaient presque, vous avez levé le nez dessus !

Ce seul souvenir emplit les narines de Gustave des effluves de l'innommable horreur qu'en présumant de ses capacités scientifiques réelles, Gilbert avait appelée «sa découverte».

— La disette est triste, mais manger du fromage qui grouille de vie est carrément sinistre. Pour ma part, je ne suis pas assez évolué pour apprécier des vitamines aussi fraîches.

— Une tonne de raisin ! Ça été une autre des grandes joies que nous a données notre évêque, poursuivit Gilbert en lançant devant lui une pomme de terre gâtée qui, avant d'atteindre le mur qui lui faisait face, frôla la tête de quelques-uns de ses ouvriers. Quand le raisin s'est mis à moisir, j'ai demandé à Gustave de l'étendre sur des claies dans la cave du séminaire. Il a réussi un bon petit vin de messe, bien sucré.

— Tu pourrais dire qu'il n'était pas piqué des vers !

— Eh bien maintenant, mon cher Gustave, tu vas te dépasser. Je m'occupe des patates avant qu'elles pourrissent et tu prends soin des paniers de poires qui viennent tout juste d'être livrés. À toi d'en faire un bon poiré. Le raisin rouge s'en vient, tu vas le changer en bordeaux. Si l'eau était claire, je te demanderais peut-être d'en faire du vin, mais il n'y en a qu'un pour réussir ce miracle, et il semble qu'Il nous ait oubliés.

Les deux nouvellistes apparurent dans l'encadrement de la porte.

— Écoutez-ça les gars, on n'a rien entendu de meilleur depuis l'élection de Pie XII : une bombe a sauté hier, le 20 juillet 1944, pendant qu'Adolf Hitler était en réunion avec des membres de son état-major. Il y a eu plusieurs morts et Adolf Hitler a peut-être succombé. Pour le moment, les communications avec Berlin sont coupées.

Même si, comme ils l'apprirent plus tard, l'invincible Allemand avait échappé à l'attentat, ils se réjouirent de savoir qu'on pouvait l'atteindre et le menacer.

Plus préoccupés par leur sécurité personnelle que par leurs devoirs de surveillance, les gardiens de l'évêché concédèrent une plus grande liberté aux pensionnaires qui, sans vouloir manquer à la charité, prièrent fiévreusement pour la déroute du Japon. Les rares chambres où trônait un poêle s'animèrent, et le goût de cuisiner, à une heure où dormaient les Antoniennes, vint à certains. C'est ainsi que furent organisés des soupers aux crêpes, au pain doré et à la confiture, arrosés de curaçao et de la «volga» signée Gilbert. Ils animèrent le troisième étage où l'on pensait qu'il y avait bien assez du jour pour se réunir en prière.

La faiblesse du Japon, sinon sa chute prochaine, fut confirmée le 29 juillet par le bombardement des principaux points stratégiques qu'il contrôlait en Mandchourie : Moukden, Dairen et Anchan. Quoiqu'on ait commencé à craindre sérieusement que Szepingkai ne soit un jour la cible des obus, l'optimisme continua de se nourrir aux manchettes internationales. Paris, Bruxelles et Liège furent libérées, mais pas les hommes qu'ébranla la livraison de centaines de livres de pommes de terre. Anticipant une libération imminente, ils l'interprétèrent comme le pire des augures. Ce jour-là, Gustave n'attendit pas d'être invité pour rejoindre Louis Lapierre. Il fonça droit vers son bureau.

— Écoutez-moi, monseigneur, dit-il en entrant précipitamment. Il n'est question que de libération et vous achetez autant que si nous étions emprisonnés ici pour l'éternité. Les hommes vont devenir fous.

— À partir du moment où elle n'est pas terminée, la guerre se poursuit. Par conséquent, j'achète ce qu'on nous offre. Je nous endette. Comptons-nous chanceux de trouver des fournisseurs, même s'ils n'ont pas grand-chose à proposer.

— Vous pensez donc vraiment que nous passerons un autre hiver enfermés ici?

— Je ne suis pas prophète, Gustave. Je dois tout prévoir, y compris le siège de Szepingkai. Et dans ce cas, nous trouverons la sécurité dans nos caves et dans nos trous. Pas en courant la ville pour trouver un navet et une carotte. Je me trompe en pensant que tu es venu me parler d'autre chose?

L'évêque avait raison. Gustave ne tenait pas vraiment à discuter de vivres. Sa visite à l'évêque était un prétexte pour aborder un sujet tabou qui hantait les missionnaires depuis leur enfermement à Szepingkai. Pas une année, pas un mois n'avaient passé sans qu'une rumeur de rapatriement ou d'échange de prisonniers entre le Japon et le Canada vienne nourrir les chimères. Ces ouï-dire, sournoisement entretenus par le chef de camp ou plus officiellement annoncés par les autorités japonaises de la ville, partageaient les internés en deux clans.

D'un côté étaient les braves qui affichaient leur volonté de demeurer coûte que coûte en Mandchourie. De l'autre, les faibles. Du moins était-ce ainsi que les irréductibles percevaient leurs confrères anxieux de revoir leur pays. Plusieurs cédaient à la pression du groupe et taisaient leur désir. Ils avaient prudemment accueilli les invitations suivantes tout en cultivant, peint en clair sur leur visage et dans leur attitude, le désir d'être ailleurs, y compris à Cuba où une mission venait d'être inaugurée en remplacement de celles, inaccessibles, de Mandchourie et des Philippines.

La rumeur qui courait maintenant parlait d'un départ massif : une soixantaine de missionnaires. Hommes et femmes. C'est de cela que Gustave voulait entendre parler.

— Plusieurs ont droit à des vacances et leur désir de retourner au Canada est légitime. D'autres sont malades et ils espèrent rentrer pour s'y faire soigner. Plusieurs en ont simplement assez et, objectivement, monseigneur, je comprends qu'ils puissent penser que, même en restant ici, ils seront dans l'impossibilité de restaurer leurs missions.

— Ils en sont persuadés, Gustave. Pour ma part, je crois que c'est seulement si nous partions tous qu'il n'y aurait rien à espérer. Même si les noyaux de chrétiens ont été réduits par la propagande communiste et nationaliste chinoise, ou étouffés par l'action japonaise, il restera toujours assez de croyants pour justifier notre présence ici. Je te le demande, voudrais-tu partir ou rester ?

— Si c'était possible, je voudrais retourner dans l'un des postes de la préfecture de Lintung.

— Je te garderais peut-être ici, à Szepingkai. Au séminaire qui rouvrirait sans doute ses portes. Depuis le décès d'Émilien Masse et le retour au Canada de plusieurs des pionniers de cette préfecture, la reprise des activités est improbable, du côté de Lintung.

— Quels que soient les risques, je suis disposé à m'y rendre pour que survive votre œuvre, qui est aussi celle de Mgr Masse. Je m'y suis engagé devant Dieu.

Les demandes, cent fois réitérées, de l'évêque de Szepingkai, du nonce apostolique en Mandchourie et de la Société des Missions-Étrangères pour une intervention directe de la Croix-Rouge portèrent fruit à l'automne de 1944. La première preuve de l'influence de l'organisme parut dans l'autorisation donnée aux internés d'écrire à leur famille. Ils reçurent donc, le 2 décembre, des dizaines de feuilles de papier et les instructions relatives à la rédaction de deux lettres mensuelles d'un maximum de cent mots chacune, sans référence à la guerre ni à l'activité militaire.

Trois jours plus tard, les missionnaires se formèrent en haie pour la visite et l'inspection de l'évêché par le délégué de l'organisme, le Suisse Harry Angst. Entouré d'une ceinture d'officiers japonais, il s'entretint d'abord avec les responsables et les gardiens du camp, puis il entra dans la bibliothèque où Louis Lapierre l'attendait en compagnie de ses hommes.

— Pouvons-nous parler seul à seul, monsieur Angst?

— Impossible. Je n'en ai pas le droit. Vous devez vous adresser à moi devant ces officiers. Il y a deux interprètes parmi eux. Il a été convenu qu'ils entendraient et traduiraient nos paroles à leurs supérieurs.

— Est-ce la coutume, monsieur Angst?

— Non, monseigneur. Ce n'est pas la coutume. J'essaie depuis plusieurs années de vous venir en aide. Des complications d'ordre politique et diplomatique m'ont empêché d'être efficace. Vous devez savoir que ma présence ici est le résultat du bon vouloir de Tokyo qui n'a ni l'obligation ni le désir d'améliorer vos conditions de détention. D'où la présence de cette escorte.

— Que pouvons-nous espérer de vous?

— Pour l'instant, rien. Je peux cependant vous garantir que je poursuivrai mes pourparlers avec les Japonnais.

— Puis-je vous poser quelques questions?

— Posez-les. Je verrai si je peux y répondre.

— Serons-nous expulsés de Mandchourie?

— Je ne le crois pas. Même si vous avez dû produire une liste d'une soixantaine de missionnaires susceptibles de partir, elle n'a pas été retenue. Je peux confirmer que votre nom et ceux de vos hommes n'apparaissent sur aucune des listes de prisonniers sujets à être échangés.

— Pouvons-nous prévoir du secours?

— Rien ne vous interdit d'espérer. C'est ce à quoi je m'applique moi-même, pour vous. Avez-vous des réclamations particulières?

— Je vous ai écrit une lettre. Je vous la remets?

— Je ne peux ni m'entretenir avec vous ni lire une lettre dont le contenu ne serait pas connu des délégués qui m'accompagnent. Lisez-la moi.

Louis Lapierre ouvrit l'enveloppe qu'il tenait à la main. Les missionnaires reculèrent vers le mur glacé de la pièce. Les officiers s'approchèrent des deux hommes qui se faisaient face. Angst demanda une chaise et un pupitre pour écrire. Un porte-mine doré brilla entre ses doigts. L'évêque toussota, ajusta des lunettes qui ne l'aidaient en rien et lut en s'imposant des pauses au cours desquelles les traducteurs exécutèrent leur tâche.

Il résuma trois années d'internement, d'isolement et de privations, en mettant l'accent sur les conséquences des pénuries de charbon, de médicaments et d'aliments sains sur la santé de chacun. Il souligna l'urgence d'obtenir la protection et le support de l'organisme humanitaire et, en finale, il rendit hommage aux responsables de la surveillance.

— Voilà, c'est terminé. Voulez-vous ce texte, maintenant que je l'ai lu ?

— Non, monsieur, j'ai tout noté. Comptez sur moi. Je vous remercie. Je vous salue et je vous souhaite bon courage.

La visite avait duré moins d'une heure.

En ne promettant rien, le représentant de la Croix-Rouge avait été sage. Il fut plus facile de ne plus y penser. La guerre elle-même perdait de sa saveur. On savait, par les nouvellistes, que l'Allemagne étouffait, que la Belgique était presque entièrement libre et que, pour renaître de ses cendres, la France se fiait maintenant à l'instinct d'un général dont personne, en Mandchourie, n'avait encore entendu parler.

Parfois décalées de plusieurs jours, morcelées, fragmentaires et sans effet prévisible sur leur sort, ces nouvelles semblaient émaner d'une autre planète. Dans cet univers immobile, on tremblait parfois à la lecture du journal officiel chinois, surnommé le *Daily Lie*, qui évoquait de plus en plus fréquemment les dissensions à l'intérieur de l'armée nationale chinoise. On connaissait, même dans cet évêché coupé du monde, l'importance qu'il fallait accorder aux communistes dont l'idéologie pénétrait les plus petits bourgs. C'est là, dans l'ombre, que les Chinois de Mao Tsê-tung préparaient la renaissance de la république.

L'année 1945 débuta tristement. On avait épuisé les meilleures ressources et les espoirs. Il y avait à manger un peu de farine noire, trop de légumes ratatinés et des viandes salées qu'on partagea volontiers avec les gardiens désormais associés aux humbles agapes et aux quelques fêtes qu'on s'imposait, parfois sans conviction. Ces derniers vivaient à l'évêché comme à l'auberge. Leurs collègues leur enviaient le théâtre et l'orchestre, et fréquemment des militaires en visite à Szepingkai sollicitaient une invitation.

Le soir des Rois, le maire de la ville commanda aux Antoniennes un dîner qui fut servi au réfectoire. N'ayant rien perdu de l'art d'apprêter les restes, elles reçurent comme une faveur l'occasion de se dépenser un peu plus, et l'évêque les autorisa à recourir au crédit et au marché noir.

L'esprit baignant dans les vapeurs de saké, l'invité principal, le nouveau médecin japonais, dont le nom signifiait «Éternelle fontaine», exprima de l'estime à l'endroit du Canada qu'il confondait avec l'Amérique. Grimpant sur une chaise, il entonna un insolite *Old Kentucky Home*. Ironiques, songeant à l'état dans lequel le Japon se trouvait à l'heure de cette amicale réunion d'ennemis jurés, les missionnaires unirent leurs voix pour chanter *Jonas dans la baleine*.

À la fin de la rencontre, le maire surprit ses hôtes en leur remettant un cadeau en argent, expédié par le gouvernement du Canada.

— Sur le marché noir actuel où on nous vole allègrement, fit remarquer le prélat, vous pourrez, au mieux, vous procurer l'équivalent d'une livre de mauvais sucre ou deux œufs pourris.

On frôlait le désespoir quand, le 21 janvier, un chariot croulant sous sa charge entra dans la cour. Soixante et une caisses de vivres et de douceurs expédiées l'année précédente par la Croix-Rouge, via Vladivostok et Tokyo, s'empilèrent dans le réfectoire. Il fut interdit d'y toucher. Suivirent, une semaine plus tard, soixante-deux autres caisses identiques, d'un poids de cinquante livres chacune. Après avoir fait l'inventaire de deux d'entre elles, on dut se contenter de saliver puisque le lendemain, sous les yeux désespérés des internés, les caisses furent rembarquées pour une destination inconnue.

Germain transcrivit la liste des provisions qui constituaient le plus désirable trésor du monde.

— Nous avons reçu cent vingt-trois caisses. Pour obtenir un chiffre rond, j'en enlève sept. Il en reste cent seize. Je divise par deux, j'obtiens deux caisses par homme. Je suppose qu'on va se partager les sept qui restent.

— À condition qu'elles nous soient rapportées.

— Elles le seront! Je t'agace, Gustave?

— Pas encore, continue.

— Les caisses qui contiennent huit boîtes chacune, reviennent donc ici. Je n'ai jamais vu autant de choses tenir en aussi peu d'espace. Tu as vu ça? Chaque boîte contient 1 livre de sucre, 15 onces de beurre, 8 onces de fromage, 7 paquets de cigarettes Camel, Winchester et Chesterfield, 12 onces de corned-beef, 1 1/2 livre de jambon, 8 onces de pâté de foie gras, 8 onces de saumon, 2 paquets de gomme à mâcher, 8 onces de chocolat, 1 livre de lait en poudre, 8 onces de café soluble, 6 onces de confitures de fraises, de raisins et d'ananas, 1 livre de pruneaux, 12 tablettes de vitamine C et deux morceaux de savon.

— Espérons qu'il mousse parce que, depuis trois ans, j'ai l'impression de me laver à la pierre ponce. Et puis?

— Et puis rien. En étirant chaque boîte sur un mois, nous aurons de quoi nous gâter jusqu'à la fin de la guerre.

— Qui te dit que la guerre finira dans huit mois?

— Une idée, comme ça...

— Franchement, Germain, je serais étonné que les provisions durent aussi longtemps, parce que les gars échangent déjà ce qu'ils recevront. S'ils le reçoivent. Le père Bérichon essaie de mettre la main sur les vitamines C en sacrifiant les cigarettes. Moi je céderais les tablettes de gomme à mâcher pour du chocolat. La demande est moins forte pour le corned-beef. Sais-tu si les sœurs ont reçu quelque chose?

— Je ne me le suis pas demandé.

Les quarante-cinq sœurs de l'Immaculée-Conception n'avaient rien reçu. Les sept Antoniennes non plus. À moins, supposait l'évêque sans le crier trop fort, que les caisses «de trop», celles qu'il fallait soustraire avant de pouvoir diviser le reste en deux, n'aient été destinées aux Antoniennes. Il était trop tôt, pendant qu'on négociait le retour des victuailles, pour s'arrêter à ce détail.

Et quand elles réapparurent, la veille du carême, il était trop tard. Les Japonais avaient procédé aux mêmes calculs que Germain : cent seize caisses leur furent livrées.

Des odeurs de café embaumèrent l'évêché et même ceux qui, toute leur vie avaient méprisé la cigarette, «pompèrent» avec délectation. Pendant carême-prenant, ces richesses furent chantées sur l'air du tra-la-la-la, puis entassées sous les lits, avec une prière pour résister à la tentation qui ne manquerait pas d'assaillir les missionnaires.

Ils péchèrent plutôt par égoïsme. À l'heure où ils se régalaient, leurs voisines se morfondaient en cherchant une façon de leur annoncer avec ménagement que le menu des prochaines semaines serait une variation autour de sept cents livres de haricots et de carottes, et la chair d'une vieille truie.

Elles avaient eu vent des étrennes venues adoucir le sort de leurs compagnons et, pendant qu'ils ajustaient les rimettes d'un spectacle où seraient liés les mots savon, saumon, ham, jam, emplettes et cigarettes, elles remercièrent Dieu qui, dans sa grande bonté, favorisait leurs protégés.

Nul ne sut de quel esprit généreux jaillit, impromptue, l'idée de partager. Était-ce le thème de la retraite justement orientée sur la générosité et la charité? Toujours est-il que le soir des festivités de la mi-carême, après que Paul-Émile Asselin eut chanté *Le Crapaud*, qu'Alexandre Gauvreau eut été applaudi dans Ç*a fait peur aux oiseaux* et Pierre Carrière, supérieur des Clercs de Saint-Viateur, dans une création intitulée *Les caisses de la Croix-Rouge*, quelqu'un songea à faire amende honorable.

Tous bougonnèrent et plaidèrent l'abnégation convenue, naturelle et hautement appréciée des sœurs. Les ayant entendus, l'évêque trancha, exigeant des hommes qu'ils retirent le huitième du contenu des caisses pour l'offrir aux religieuses.

— Nous devons garder les cigarettes. Les sœurs n'ont pas le droit de fumer. Je ne les vois pas mâcher de la gomme non plus !

— Elles n'ont pas besoin de sucre. Si nous le leur donnons, il va nous revenir en petits biscuits de sœurs. Nous avons besoin de chocolat pour reprendre des forces. Même chose pour les vitamines.

Mgr Lapierre intervint dans le brouhaha.

— Messieurs ! Cinquante-deux religieuses à l'évêché et dans la ville partagent notre sort. La Croix-Rouge les a oubliées. Nous aussi. Vous avez reçu deux caisses contenant huit boîtes chacune. Je vous demande de retirer une boîte par caisse, de garder pour vous la gomme et les cigarettes, et de me remettre ce qui, en toute charité, revient aux sœurs. Si vous n'êtes pas satisfaits, je confisque tout !

Le lendemain, 9 mars, sœur Marie-du-Carmel réunit ses filles dans la cuisine où, sur la table, gisaient les provisions dont on venait de leur faire cadeau. Parmi celles-ci, une trentaine de boîtes de saumon en conserve, du corned-beef et du jambon, peu appréciés, en ces jours de faste, de l'autre côté de la cour.

— La procure a procédé au partage d'un don généreusement consenti par nos pères. Il vous revient deux boîtes de la Croix-Rouge auxquelles il manque un certain nombre de choses qui nous sont interdites, mais qui plaisent aux pères. Si vous trouvez du saumon et du jambon dans les vôtres, je vous demande de les sacrifier pour le bien commun. Nous inscrirons le premier au menu du Vendredi saint et le second au menu de Pâques.

Sœur Jeanne se laissa tomber, en larmes, sur une chaise.

— Je ne vous comprends pas, mon amie. Nous recevons un présent inestimable et vous pleurez ?

— Je ne pleure pas de peine, ma mère. Je suis en colère.

— Vous cultivez la colère, ma fille. Vous irez trois jours en méditation, cela vous apaisera. Mais je suis curieuse. Pourquoi le geste de nos pères vous met-il dans cet état ?

— Parce que nous ne sommes rien à leurs yeux. Ils ont d'abord réparti entre eux la totalité de l'envoi, sans penser que nous étions également des missionnaires. Vous savez bien que nous leur aurions spontanément laissé le meilleur des provisions.

— Est-ce le dépit ou la jalousie qui vous inspirent, sœur Jeanne ?

— Ni l'un ni l'autre, ma mère. Je suis humiliée parce que leur geste est inspiré par la charité plus que par l'esprit de justice.

— Qui vous permet de juger nos pères, ma sœur ? N'avons-nous pas fait le serment d'adoucir leur existence et de nous sacrifier pour cela ?

— Je ne les juge pas, ma mère. Je souffre de n'être rien pour eux.

Au début du mois de mai 1945, les résidants de l'évêché se branchèrent sur les manchettes en langue française diffusées via Kunming, par *The Voice of America*. Ils eurent enfin la confirmation d'événements tels que les suicides d'Adolf Hitler et de sa maîtresse, la fin des hostilités en Europe, la signature de l'armistice et la reddition de l'Allemagne.

Leur joie ne fit pas celle des gardiens dont la nervosité s'accentua. Ils négligèrent leurs devoirs de surveillance et de discipline. Ils pleurèrent, dans l'ivresse, le bombardement d'une partie de Tokyo. Dès lors, les corridors de l'évêché s'emplirent d'effluves de *shaokiau* maintenu bouillant dans leur dortoir.

C'est ce laisser-aller qui permit aux internés de conclure à la déroute prochaine du Japon. Louis Lapierre les priva du plaisir de rêver.

— Je ne dois pas, dit-il à Gustave, vous laisser nourrir de trop nombreuses illusions. Le retour à la réalité serait pire.

— Nous ne serons donc pas transportés ailleurs ?

— Où veux-tu qu'on nous envoie ? En Amérique ? Le temps n'est pas propice aux croisières ! Les torpilleurs naviguent sur les côtes japonaises. Aller à Moukden ? Cette métropole sera plus menacée que Szepingkai. Fuir vers la campagne ? Nous n'y comptons plus aucun appui sûr. Ici, les Japonais veillent sur nous. Si les alliés s'emparent de la ville, nous serons encore protégés. Par contre, je n'attends rien de bon des armées russes et chinoises.

— Nous attendrons donc, sans bouger ?

— Nous n'avons pas d'autre option. Nous survivrons et nous protégerons la cathédrale en la fermant, si nous ne voulons pas qu'elle soit envahie.

— Ne devrions-nous pas, au contraire, l'ouvrir aux chrétiens ?

— Nous les recevrons, discrètement ici. Il n'est pas souhaitable d'attirer l'attention sur nous.

Les rumeurs s'amplifièrent. L'évêque fit barricader la cathédrale et, craignant la contamination ou la destruction de l'aqueduc municipal, il fit creuser un puits dans la cour de l'évêché et dans celle de la cathédrale, et supervisa le réaménagement des caves des deux immeubles. Lampes, banquettes, couvertures, poêle et vivres furent descendus dans ces nouveaux abris.

Treize coups de sirène consécutifs percèrent la nuit du 8 au 9 août et firent se précipiter les internés dans les caves où ils appréhendèrent un assaut qui n'eut pas lieu. On attendait un bombardement des installations japonaises par les Américains, mais dans la matinée du 9, on apprit que les Russes étaient également à la tâche. Ayant officiellement déclaré la guerre au Japon, ils déployaient leur armada aérienne et frappaient, de concert avec les Américains, à quelques kilomètres de Szepingkai. Informés des dégâts causés par les bombardements des villes voisines et craignant d'être emprisonnés sous les débris d'une cathédrale écroulée, certains profitèrent des heures d'accalmie pour creuser de nouveaux abris, pendant que d'autres retirèrent les vitres des fenêtres qu'ils remplacèrent par des mètres de coton noir. Les Antoniennes enfournèrent, pour la survie commune, de grandes quantités de biscuits et de galettes, et dans la partie des sous-sols qui leur était réservée, elles décorèrent un autel de fortune.

Les deux derniers gardiens japonais s'esquivèrent à l'aube du 13 août 1945. Seul restait l'interprète chinois que Gustave trouva, à l'aube, dans le réfectoire où il méditait sur ses chances de survivre à la haine qui, si les Japonais perdaient la partie, se tournerait contre les «collaborateurs» de son espèce. Il l'écouta décrire l'animation de la ville et la fuite précipitée des «maîtres» de la Mandchourie. L'homme avait des parents dans la région de Kailou, autant dire qu'il était seul et que s'il ne s'éclipsait pas rapidement, ses compatriotes lui feraient payer cher sa traîtrise.

Le destin du Chinois posait un cas de conscience que Gustave ne pouvait résoudre seul. Revenu dans la chambre commune, il réveilla Germain.

— D'après lui, les militaires, japonais ou chinois, officiers ou simples soldats, sont terrorisés. Ils ont la conviction d'être déjà abandonnés par le Japon. Les non-gradés désertent. Les civils ont trois jours pour partir avec leur famille, quelques biens, les provisions qu'ils peuvent transporter. Aucun ne sait où aller. Les habitations des Japonais qui ont quitté la ville au cours des dernières heures ont été pillées, et celles qui ne l'ont pas été le seront bientôt. Selon lui, ajouta Gustave, plusieurs ont mis le feu à leur maison pour qu'elle ne profite pas aux pillards. C'est l'origine des petits feux que nous avons observés du troisième étage, la nuit dernière.

— Je ne vois pas où ils peuvent aller, dit Germain. Ils rencontreront des ennemis sur toutes les routes. Je m'inquiète pour les femmes et les enfants. Ils n'auront jamais la force de suivre des hommes entraînés depuis des années à marcher.

— Ils se dirigeraient actuellement vers la Corée, avec ou sans enfants. Les familles japonaises établies en Mandchourie et qui s'y sont fait des amis chinois leur confient leurs bébés et leurs très jeunes enfants. Parmi les aînés, seuls les plus résistants accompagnent les parents, précisa Gustave.

— Pendant qu'on me soignait à l'hôpital japonais, renchérit Alain Lecomte, l'atmosphère était déjà à couper au couteau. Chacun croyait déjà connaître les ennemis qui se manifestent aujourd'hui, et se préparait à échapper à la grande vengeance.

Le Chinois entra dans le dortoir et demanda aux hommes de le suivre dans la cour et d'en garder les portes. Dans tout l'évêché, il n'y avait qu'une arme, la sienne, qu'il ne semblait pas disposé à utiliser. Il leur suggéra de se munir de planches ou de bâtons et de monter la garde, à tour de rôle, à raison de trois hommes par poste.

Il retint Gustave pour qu'il intervienne auprès de l'évêque. Il voulait un sauf-conduit, un document, quoi que ce soit qui puisse lui permettre de sortir de la ville en prétendant être un employé de la mission, délégué par affaires à Fushun ou à Moukden. Gustave promit de parler à Louis Lapierre en sa faveur.

— Il a peur d'être tué, monseigneur.

— Il n'est pas le premier à demander ma protection. Je ne peux rien pour lui.

— Une lettre ne vous coûterait rien, monseigneur. Cet homme a été bon pour nous. Moyennant quelques petits cadeaux, il nous a permis de manger.

— Je le sais, Gustave. Cependant notre sécurité exige que nous restions neutres. Quel prix paierions-nous, plus tard, pour l'avoir protégé ?

— Je pense moins aux conséquences qu'à sauver la vie d'un homme, monseigneur.

— Je me serais bien passé de sa requête. Je pourrais m'en laver les mains, mais cet homme m'oblige à me souvenir que Ponce Pilate est mon frère.

— Donnez-lui le billet qu'il demande. Il n'a sa place nulle part en Chine où on le traitera en traître, et nulle part au Japon où les étrangers sont des parias.

— Va lui dire que je réfléchis. Tu vois, Gustave, devant ce problème, j'en arrive à penser qu'il m'a été plus facile de vivre enfermé pendant quatre ans que de faire ce petit geste.

Encore au poste le matin du 15 août, le gardien chinois transmit les ordres des autorités japonaises. Les messes de l'Assomption, annonça-t-il, seraient chantées à la chapelle et les portes de la cathédrale resteraient closes, même si les chrétiens souhaitaient y être accueillis de nouveau. De plus, l'audition d'une émission spéciale au cours de laquelle l'empereur du Japon s'adresserait aux armées et à la population de Mandchourie était imposée aux détenus.

On ne cachait plus la radio qui, depuis plusieurs jours, occupait le centre d'une table, dans un angle du réfectoire où la réception était à peu près convenable. En plein orage, un peu avant midi, ils se rassemblèrent autour de l'appareil. L'ouverture sur l'hymne national parut interminable aux internés qui entendirent enfin l'invraisemblable proclamation de Hiro-Hito invitant ses sujets à interrompre les hostilités et à se soumettre aussitôt aux conditions de paix imposées par la victoire des alliés. Fusils et canons se taisaient, et les huit cent mille soldats postés en Mandchourie rendraient leurs armes avant le 18 août.

Le gardien s'éclipsa, sans un regard pour les missionnaires. L'évêque se pencha vers Gustave qui le regardait partir.

— Je lui ai remis la lettre qu'il demandait. Prions pour lui.

Les modalités de reddition accordaient aux civils japonais treize jours pour partir. Ce furent des moments d'atrocités dont, confinés à l'évêché, ils n'entendirent que la rumeur. De la rue montait le bruit des coups de feu et des bagarres. Les cris et les hurlements de Japonais, assaillis ou massacrés pour n'avoir pas fui assez vite, déchirèrent leurs jours et leurs nuits. Le 20 août, des lamentations persistaient. Au dîner, Gustave demanda à parler.

— Je ne peux plus dormir et je ne suis pas le seul; et c'est moins à cause du bruit qu'à cause de ma conscience.

— De quoi parles-tu? demanda l'évêque.

— Je parle des Japonais que l'on tue à travers la ville. Je parle des collaborateurs chinois et des Coréens qu'on pourchasse. Nos bâtiments sont vides de soldats. Vides d'étudiants. Vides d'orphelins. Pourquoi ne permettrions-nous pas aux femmes et aux enfants pourchassés de s'y réfugier en attendant qu'on les secoure?

— J'y ai pensé, répondit l'évêque. Leur cause est mauvaise et les valeurs humanitaires, bien éloignées des préoccupations des hommes qui gouvernent la ville.

— Voulez-vous dire que nous ne ferons rien pour eux?

— Non, Gustave. Nous allons aider ces Japonais et tenter d'aménager un refuge pour les oubliés de cette guerre. Vous pourriez peut-être, puisque vous ne dormez pas la nuit, élaborer un projet que nous présenterons aux autorités, en temps et lieu.

Le 23 août, après avoir, en signe de victoire, survolé la ville maintenant administrée par des Chinois, les alliés russes et américains entrèrent à Szepingkai.

Pendant que les officiels préparaient le retour de la Mandchourie dans la grande famille chinoise, les derniers soldats japonais qui s'y trouvaient encore décampèrent. Simultanément, le séminaire devenu provisoirement le Refuge de la Miséricorde, accueillit quelques dizaines de Japonaises qui, avec leurs enfants, vivraient de façon transitoire sous la protection des prêtres.

On aurait voulu croire à la ferveur libératrice des Russes qui mettaient tant de zèle à chasser l'usurpateur nippon et à détruire les traces de son passage en Mandchourie. On savait pourtant que leur stratégie visait à diviser l'armée chinoise et à raviver l'opposition des troupes des deux grands généraux : les nationalistes de Tchang Kaï-chek contre les communistes de Mao Tsê-tung.

En attendant l'arrivée de représentants du gouvernement chinois, les Russes encouragèrent les pires désordres. Des soldats armés gardaient l'entrée des usines et des manufactures, pendant que d'autres en démantelaient les installations et vidaient les entrepôts. Des trains chargés de vivres et de biens que les Chinois n'avaient pas eux-mêmes pillés furent détournés vers la Russie. Fusils, mitrailleuses, grenades, mines et canons furent expédiés vers le Yunnan où de deux à trois cent mille volontaires se préparaient à suivre Mao Tsê-tung dont l'armée, prête à conquérir la Chine, trouva dans ces circonstances ses premières armes.

Peu après que la radio libre eut annoncé l'existence à Szepingkai du camp des missionnaires canadiens, les Américains offrirent à Louis Lapierre de ramener en Amérique ceux des prêtres et des religieuses qui le désiraient. Le 7 septembre, il rassembla ses hommes.

— Messieurs, des officiers américains sont à Moukden où ils préparent le rapatriement des Américains et des quelques civils canadiens qui y étaient gardés. L'un des responsables de l'opération sera ici demain matin. Je dois produire la liste des membres de la mission. Quinze places seront réservées pour quinze missionnaires qui sont disposés à s'embarquer pour le Canada. La mission catholique compte, en tout, à Szepingkai et dans les postes où vivent quelques religieuses de l'Immaculée-Conception, cent dix personnes. Toutes les religieuses aux-quelles j'ai déjà parlé ont décidé de rester. Parmi vous, six auraient dû prendre leur congé avant le début de l'internement. Il reste neuf places.

— Procéderez-vous par tirage au sort, demanda une voix ?

— Non. À moins qu'ils ne s'y opposent, continua Louis Lapierre, voici les noms de ceux qui sont en Mandchourie depuis 1932 et qui ont droit à des vacances : Édouard Gilbert, Antonio Laberge, Bernard Desroches, Alain Lecomte, Paul-Émile Asselin et Michel Bédard. Ceux qui ont été sérieusement malades devraient les accompagner. Je vous demande de les supporter dans leur décision. Le départ est prévu pour demain. Que ceux qui veulent en profiter pour faire passer du courrier se dépêchent.

À la récréation de l'après-midi, Philippe Lamothe, Armand Asselin, Robert Hétu, Germain Pelletier et Lucien Beaulieu décidèrent de partir. Quatre frères de la Congrégation des Clercs de Saint-Viateur se joindraient au groupe.

Le soir, trois militaires américains, transportés à Sze-pingkai à bord d'un bombardier B-24, ce fameux «Liberator» dont le feu avait eu raison de l'indestructible Berlin, soupèrent et dormirent à l'évêché. Le lendemain, chargés de courrier et de présents, les quinze Canadiens quittèrent leurs compagnons. Cinquante-deux jours plus tard, le train les déposait à la gare Windsor.

Dans la foule venue accueillir ces missionnaires qui ne pouvaient prétendre ni à l'auréole des héros ni à celle des victimes, se trouvaient Lorenza et Zéphyr qui espéraient un miracle.

Pendant qu'ils roulaient prudemment vers Saint-Eustache, Lorenza lut à haute voix une lettre de Gustave. En dix pages écrites à la mine sur du papier de la Croix-Rouge, il décrivait les années d'internement et disait son plaisir de repartir, bientôt peut-être, un baluchon sur le dos, vers Kailou où il serait heureux.

La révolution intérieure

Aucun missionnaire ne fut assez naïf pour croire que les Russes contribuaient pleinement à l'instauration de la paix en Mandchourie. Tout en armant les communistes qui l'envahiraient à leur tour, ils collaborèrent avec les alliés au déploiement, le 12 janvier 1946, de l'armée de Tchang Kaï-chek, qui en prit progressivement le contrôle. Simultanément, les quelques troupes communistes qui avaient pénétré dans la région se retiraient à l'arrière-scène en attendant d'être prêtes à disputer le pouvoir aux nationalistes chinois. On savait les hommes de Mao partout : ils avaient exploré la province, tracé des plans, ébauché des projets d'attaque et augmenté le nombre de leurs partisans.

Les éléments d'une guerre civile, où chaque faction à tour de rôle demanderait des comptes à la population, étaient en place. Les nationalistes enclenchèrent la vengeance en la dirigeant contre les notables chinois soupçonnés d'avoir contribué au maintien de l'hégémonie japonaise en Mandchourie.

Szepingkai fut de nouveau troublée par le bruit des mitrailleuses et des fusils, des cris et des lamentations de vrais et de faux voleurs, de vrais et de faux collaborateurs, exécutés massivement. À la pauvreté et à la misère qui affectaient déjà Szepingkai, s'associèrent, pour ajouter au désespoir, la peste et le choléra. Cette conjoncture multiplia les responsabilités de la mission. On avait offert un refuge aux Japonaises et à leurs enfants, on en ouvrit d'autres pour les malades et les indigents.

Les Clercs de Saint-Viateur furent autorisés à reprendre l'enseignement, mais exclusivement pour donner des cours d'anglais. Et, parce que les missionnaires nourrissaient les écoliers, les Chinois tolérèrent un minimum de formation religieuse dans les écoles primaires.

Les missionnaires avaient, dès septembre 1945, été autorisés à retourner dans les postes abandonnés depuis plus de quatre ans. Le travail reprit lentement. On repartit de plus loin que zéro, l'urgence étant de reconstruire et d'oublier qu'ils avaient frayé avec le pouvoir, et que l'appui des propriétaires terriens que l'on dénonçait aujourd'hui avait permis aux missions de Szepingkai et de Lintung de fructifier. Peut-être paieraient-ils un jour le prix de cette «erreur».

Avant de reprendre la route de Kailou, Gustave dut attendre que les communistes qui s'y étaient installés, en soient délogés. Entre-temps, il collabora à la rénovation du séminaire, il assista au retour de Moukden des étudiants du grand séminaire, et à l'ordination des quatre premiers prêtres chinois formés à Szepingkai.

Il fut l'un des derniers à regagner son poste. En novembre 1945, il partit en compagnie de Lucien Lafond. La ville qu'ils retrouvèrent était morte aux chrétiens. Ils y furent aussi impuissants à travailler qu'ils l'avaient été, à Taingtze, à la veille du déclenchement de la guerre du Pacifique. Gustave dut admettre que l'ère des records d'administration des sacrements était révolue. Il n'écrirait plus aux supérieurs pour démontrer que l'œuvre progressait en chiffrant baptêmes, confirmations et mariages. Les chrétiens ne rencontraient plus Dieu qu'en secret.

Bouleversé, Gustave s'enferma dans le silence, la lecture et la méditation. L'attitude distante que Louis Lapierre lui avait autrefois reprochée minait maintenant Lucien, son seul compagnon.

— Gustave...

— Quoi?

— Je ne te reconnais plus. Tu ne parles plus. Si je t'adresse la parole, j'ai l'impression de te déranger. Bonté divine! Il va falloir que tu te secoues.

— De quoi parlerions-nous, Lucien? Nous avons cent fois ressassé nos problèmes et ceux du pays. Je ne peux tout simplement plus aborder ces sujets.

Les effluves de corps en décomposition enveloppèrent Kailou, décimée par une épidémie. En juin, longeant l'extérieur nord du mur d'enceinte, Gustave vit les restes d'enfants enveloppés de nattes, jetés sur les talus, livrés aux chiens. Les ravages étaient tels que désormais, seuls les adultes pouvaient prétendre à une sépulture convenable.

Les rumeurs qui se chevauchaient étaient trop folles pour qu'on y crût. Se pouvait-il qu'après avoir été donné aux nationalistes, le pouvoir ait été repris par les communistes? La république fleurie vivait l'enfer de l'instabilité. Au printemps 1946, on apprit sans savoir s'il était prudent d'y croire, que les nationalistes vaincraient et que les frontières s'ouvriraient. L'emprise des rouges sur la région de Lintung était trop tangible pour que les deux missionnaires cèdent à l'espoir.

De Szepingkai, qu'il n'avait pas pu quitter, le préfet suppléant de Lintung demanda à Gustave de le remplacer et de relater, sous la forme d'un rapport officiel, les activités des derniers mois dans cette région. Il en résuma l'essentiel pour conclure : «Il y aurait trop à dire et pour le dire véridiquement, ma plume devrait devenir le fouet de Jésus chassant les vendeurs du Temple et marquer ces pages en un vocabulaire cinglant de malédictions, comme Dieu en inspirait aux prophètes contre les impies de leur époque, impies ressuscités en ces jours dans ce qui sera bientôt, sans doute, la république de Chine.»

Sachant que Lorenza lirait peut-être ces lignes, il évita de parler de la mort, ravageuse, qui continuait d'arracher au poste ses protecteurs. À quoi bon avouer qu'il tremblait à Kailou où les règlements de compte, les *suan tchang*, se répétaient dix fois par jour? Leurs mises en scène étaient extraordinaires et bruyantes. Hommes, femmes et enfants d'habitude pacifiques, patients et tolérants, accouraient sur les places pour accuser et mentir, et pour décider, dans une atmosphère de sanglante kermesse, du sort des uns et des autres.

Les plus menacés ignoraient de quel crime on les inculperait, mais ils se savaient visés par le grand nettoyage. Un matin d'automne, M. Tchen vit un délateur anonyme hisser devant sa maison une guenille souillée et déchirée. C'était le drapeau officiel de la Chine. Traîné à l'extérieur, aussitôt encerclé par des dizaines d'adultes et d'enfants assemblés pour assister à sa déchéance, il fut incapable, même s'il avait vendu sur-le-champ tous ses biens, de verser l'extravagante rançon réclamée par la foule.

Puisque la première étape du châtiment consistait à faire de lui un gueux, la foule se rua dans sa maison pour s'emparer de ce qui s'y trouvait. Ce ne fut pas assez. Les bourreaux voulurent l'entendre implorer sa grâce. On lia ses mains et ses pieds et, pour qu'il voie distinctement ceux qui le maltraitaient, on le jeta par terre, dos contre le sol. Pour qu'il sente mieux l'humiliation de sa position, on l'attacha ensuite à une mule qui le traîna sur une longue distance, puis on l'exécuta devant une foule ravie, en attente d'un autre supplice.

Gustave connut la peur et il eut hâte de quitter ce monde hostile. Les rouges battirent en retraite et les armées nationalistes entrèrent dans Kailou, le 25 octobre 1946, jour de son anniversaire. Peu après, voulant déposer lui-même son rapport, il confia le poste à Lucien Lafond et se joignit au premier convoi qui se dirigeait vers Szepingkai où il arriva à la fin de la première semaine de novembre.

L'expérience des missionnaires de Kailou n'était en rien comparable à celle qu'avaient vécue leurs confrères au cours des deux sièges dont Szepingkai avait été le théâtre. Contenue jusqu'en janvier, l'opposition des communistes et des nationalistes chinois s'était, dès le départ des Russes, brutalement révélée. Du grenier du séminaire, leur poste de guet habituel, les missionnaires avaient vu se rapprocher les éclats de bombes, d'obus et de mines tirés par les rouges qui, le 17 janvier, neutralisaient les nationalistes et s'emparaient de la ville.

Le matin, vers deux heures, des soldats communistes firent éclater à coups de grenades les portes de la cour à travers laquelle ils s'ouvrirent un chemin. Protégée par les bâtiments de la mission contre les tireurs embusqués, cette voie allait être leur sentier de guerre pour les semaines à venir.

Forçant la porte et brisant les vitres du rez-de-chaussée du séminaire, les soldats y pénétrèrent en bande, tirant du lit un Germain Ouimet qui crut sa dernière heure venue. Malgré ses appels à la neutralité de la mission catholique, ils le forcèrent, bien qu'il fût nu-pieds et en pyjama, à les guider à travers l'édifice. Précédé et suivi par une dizaine d'hommes, sentant dans son dos la pointe d'un fusil, il les mena dans les couloirs le long desquels chaque porte fut défoncée. Les communistes étaient chez eux.

Laissant plusieurs soldats derrière, ils se dirigèrent vers l'évêché conduits par Germain qui s'en était remis à Dieu.

— Je me sentais petit, petit, raconta-t-il plus tard en faisant à Gustave le récit des événements qui avaient prolongé l'état de guerre à Szepingkai. Tu ne peux t'imaginer à quel point. Cette nuit-là, je marchais en récitant mon acte de contrition et en offrant ce sacrifice pour le bonheur de ma famille... et pour la mission, bien sûr.

— Et Dieu n'a pas voulu de toi, conclut Gustave en lui touchant le bras.

— Non, et pourtant, je crois bien être mort un peu. À un moment, ils m'ont ordonné de me tourner contre un mur, dans la rue. Je pensais qu'ils allaient me tuer. Ils n'ont pas tiré.

Parvenus à l'évêché, où les soldats entendaient être reçus en vainqueurs, ils firent triompher la peur en lançant d'autres grenades. Une première explosion nettoya la chambre de l'homme à tout faire et celle où dormaient quelques missionnaires. Une autre fit éclater les vitres du parloir et réduisit les meubles en miettes.

Dès le lendemain, tous les membres de la mission furent expulsés des caves où ils se terraient depuis l'entrée des communistes, vidant le séminaire qui redevenait garnison pour près de cent trente soldats, et prison pour autant de brigands, de bandits et d'«ennemis» du peuple chinois. Des terrains de jeux et des jardins de la cour ne restait qu'une large tranchée du fond de laquelle les pointes de dizaines de mitrailleuses visaient le ciel et les rues voisines.

La riposte des nationalistes toujours plus nombreux aux environs de la ville n'allait pas tarder. L'évêché ouvrit ses portes à une trentaine de familles, chrétiennes et non chrétiennes, dont les habitations et les cours se trouvaient au centre du futur champ de bataille. Cette foule, mêlée aux missionnaires, dormit et vécut dans les couloirs et dans les caves.

L'assaut décisif contre les communistes eut lieu le 18 avril 1946. Des volées de bombes incendiaires embrasèrent la paille et le combustible entassés dans la cour. Après l'explosion d'un obus dans la chambre de Louis Lapierre, le drapeau de la Croix-Rouge fut hissé au-dessus de l'évêché. Pendant les trente et un jours de combat qui suivirent, on eût pu croire que ses habitants avaient été supprimés. Ils réapparurent le 19 mai, quand s'éteignit le bruit de la mitraille et que les communistes, craignant d'être exterminés par un bombardement, s'esquivèrent, laissant la ville aux nationalistes qui l'occupèrent sans effort.

Les enfants sortirent et, avec les missionnaires, ils firent le compte des obus et des bombes qui avaient frappé le cœur de la mission. Germain fit voir à Gustave des feuillets couverts de chiffres et de statistiques.

— Tu te meurs d'envie de me lire ces petits papiers? Vas-y, mon cher, ne te prive surtout pas.

— Si tu insistes... commença Germain en lui adressant un regard inquiet. Cent quarante obus ont éclaté dans la cour du séminaire, cinquante autres ont frappé la cathédrale et l'évêché. Nous avons dénombré une centaine de mines le long du sentier où les soldats circulaient.

— Elles sont encore là? demanda Gustave.

— Non. Après les parades, l'une des premières tâches des nationalistes a été de déminer.

— Les nationalistes ont paradé? Dans les circonstances, il fallait du courage pour assister à un défilé, surtout lorsqu'on sait que les communistes n'étaient pas loin des portes de la ville et qu'ils y gardent des «antennes».

Après un rapide inventaire des restes de l'apocalypse, Louis Lapierre, Germain et quelques autres s'étaient glissés parmi la foule pour assister au retour des hommes de Tchang Kaï-chek et au remplacement par le drapeau national du linge blanc cloué à la façade de la mairie. Germain s'était livré à un examen détaillé des véhicules, des armes et des vêtements des soldats.

— L'escorte du général était américaine. C'est normal, sans les États-Unis, la Chine n'en serait pas sortie victorieuse. Les camions et les mines étaient américaines ; les grenades, anglaises. Tu me croiras si tu veux, les chandails des hommes provenaient du Canada, ainsi que les mitrailleuses, de belles Bren flambant neuves.

— Qu'est-ce que tu as pensé de cette «présence» canadienne ? demanda Gustave en souriant à la pensée que ses compagnons auraient pu être tués par des munitions fabriquées dans leur pays.

— Rien de spécial ! Le Canada a fourni à la Chine de quoi tenir ses soldats au chaud et joyeusement bien armés. Nous ne devrions pas y regarder de trop près.

— C'est ainsi que tu vois le rôle du Canada dans cette guerre, Germain ?

— Comment veux-tu que je la voie ? Je suis content. Tu ne vas pas prétendre que tu approuves les communistes ! Tu sais qu'ils sont contre notre religion. Contre toutes les religions.

— Je sais. Je sais également que la participation du Canada à ce conflit se retournera contre nous lorsque Mao aura accédé au pouvoir.

— Tu rêves, Gustave. Grâce aux alliés, les nationalistes sont venus à bout des révolutionnaires. Cette défaite et la puissance des Américains devraient suffire à convaincre les communistes qu'ils n'ont plus rien à espérer en Mandchourie.

— J'en doute, Germain. En dehors de Szepingkai qui a bien failli disparaître, les maoïstes sont partout. Ils sont armés, et suffisamment persuasifs pour faire passer un message qui tient essentiellement à ceci : «Adhérez aujourd'hui au mouvement, la société dans laquelle nous vivrons demain sera juste et égalitaire.»

— Je ne comprends pas que de simples paysans habitués à vivre en paix puissent admettre que la justice et l'égalité doivent passer par le vol, le viol et le meurtre.

— Cela ne s'explique que par la peur. Dans la région de Lintung, les cellules communistes se multiplient rapidement et les paysans qui n'assistent pas aux réunions de propagande et qui ne se rallient pas au mouvement sont aussitôt reconnus comme traîtres. La tiédeur est très suspecte. Ceux qui ne pillent pas sont suspects, tout comme ceux qui s'abstiennent d'assister aux exécutions publiques dont sont victimes leurs amis d'hier. Mao s'est donné cinq ans pour dominer la Chine entière et il y parviendra, j'en suis convaincu.

— Si tu avais raison, il n'y aurait plus de place en Chine pour les missionnaires...

— Tout dépend de la façon dont nous concevons notre rôle. Si nous persévérons à vouloir convertir et rassembler les chrétiens sous un clocher, nous n'aurons qu'à partir. Par contre, en demeurant ici pour soutenir le peuple dans ses épreuves, nous pourrions peut-être rester. Ce que j'ignore, cependant, c'est par quel moyen il serait possible de démontrer aux communistes que nous ne sommes pas les émissaires de leurs ennemis. C'est pour cela que je m'interroge sur les conséquences de la présence canadienne dans cette guerre civile.

— As-tu parlé comme cela devant Mgr Lapierre?

— Non. Et je ne suis pas certain qu'il approuve ma manière de voir les choses. Est-ce qu'il n'a pas obtenu une entrevue avec Tchang Kaï-chek immédiatement après le retour des nationalistes?

— Oui. Il l'a rencontré et a obtenu son appui pour le maintien des missions en Mandchourie.

— Bientôt, tu mesureras toi-même la valeur de cet appui. Quand les rouges reviendront, c'est à eux qu'il faudra nous adresser pour poursuivre nos activités. Si nous persistons à jouer double jeu, nous n'aurons plus qu'à faire nos valises.

Pendant la guerre, Lorenza avait renoncé à s'expliquer la folie des hommes, et elle tenait pour vains tous les discours qui exigeaient un fusil pour être entendus. À la fin du conflit mondial, quand la Chine s'enflamma de l'intérieur, elle eut l'impression qu'on lui volait la part de paix qui lui revenait de droit. Qui d'autre qu'elle, dans tout Saint-Eustache, lisait avec passion les articles de presse décrivant une révolution lointaine, exotique et sanglante qui, au mieux, faisait dire qu'on était bien heureux de vivre au Canada?

Edgard Larochelle s'annonça pour le dîner du deuxième dimanche du mois de décembre 1946. «J'ai de bonnes nouvelles à vous annoncer», avait-il dit. Pour ne pas trop réfléchir sur le but de la visite, Lorenza se compliqua la tâche. Encore une fois elle mit les petits plats dans les grands et dressa la table des grands jours. Un peu avant de s'engager dans l'entrée, le supérieur de la Société éteignit le moteur de la vieille Ford qui glissa en silence sur l'asphalte glacée.

Lorenza le devina avant qu'il ne frappe et le fit pénétrer dans la cuisine où la table de fête était mise pour trois personnes. Elle s'excusa de ne l'avoir jamais reçu dans la salle à manger où le soleil ne brillait pas.

— Vos grands enfants ne mangent pas avec nous, madame Prévost?

— Ils font leur vie, monseigneur.

Zéphyr entra, secouant la neige de ses bottes. Lorenza se précipita avec un torchon.

— Tu pourrais faire attention! Le plancher est frais ciré.

— Nos enfants, ajouta Zéphyr en l'ignorant, sont à hue et à dia, le plus loin possible de ce qui pourrait ressembler à une terre.

— Je me souviens d'une époque, dit Lorenza, où une certaine personne prétendait que Gustave n'était pas un bon ouvrier pour la terre et que ses frères étaient plus talentueux.

Malgré cela, ils n'ont pas voulu mener la même vie de misère que leur père. Comme vous le savez, Lucille est à Québec chez les sœurs de l'Immaculée-Conception. Les autres n'ont pas non plus l'intention d'épouser des cultivateurs.

— La terre n'a plus d'avenir, monseigneur. Les filles veulent être des «dames». Les garçons, des «messieurs». Je peux comprendre.

— Nous entrons dans des temps nouveaux, conclut le supérieur qui donna l'impression de lever son verre à la santé d'un monde à l'envers. La guerre a permis aux femmes de travailler et elles ne veulent pas abandonner les emplois qui les rendent indépendantes des hommes. Même chez nous, il y a du changement.

— Voyons, monseigneur, les séminaires sont remplis à craquer de jeunes qui veulent être prêtres !

— Ils veulent être prêtres ou éducateurs et vivre agréablement, ce qui complique le recrutement des missionnaires qui, justement, doivent être indifférents au confort. Le sort des hommes qui travaillent en mission a excité le courage des générations précédentes. Aujourd'hui, les jeunes ont peur. Ils craignent de ne pas être à la hauteur des pionniers qui les ont précédés. Il faut beaucoup plus que l'envie de voir du monde pour devenir missionnaire.

Lorenza se mordit les lèvres, empila bruyamment les bols à soupe, ramassa les cuillères et se leva. Elle revint avec une pièce de bœuf, et un couteau et une fourchette à manche de corne qu'elle posa devant son mari.

— Il faut être fou, si vous me permettez cette opinion, lança-t-elle avant de retourner vers la cuisinière pour garnir de légumes les assiettes.

— Lorenza ! Tu m'avais promis de ne plus te fâcher devant monseigneur !

— Laissez-la parler, monsieur Prévost, ça lui fait du bien...

— Ce qui me ferait du bien, ce serait de savoir ce qu'il advient de mon fils !

— Je réponds tous les jours à des questions qui concernent nos missionnaires. D'un côté, les familles. De l'autre, les évêques qui s'intéressent à leurs activités, à l'opportunité de les maintenir en Chine, à leur véritable rôle...

— Moi aussi, quand j'entends raconter qu'ils sont emprisonnés, je m'interroge !

— Lorenza, sois polie, monseigneur n'est pas venu nous voir pour se faire chicaner.

— Je suis très polie, Zéphyr ! Il dit que les évêques se posent ces questions-là. C'est simple, je me pose exactement les mêmes. Donc, je pense et je parle comme un évêque, dit-elle en le regardant droit dans les yeux.

— C'est peut-être de famille, madame...

— Comment ça, c'est de famille. Il n'y a pas de monseigneur dans notre famille.

— Justement, madame, je suis venu vous annoncer que Gustave a été désigné, le 29 novembre dernier, pour succéder à Mgr Émilien Masse à la tête de la préfecture apostolique de Lintung. Il n'est pas évêque, mais seulement sur la route qui lui permettra de le devenir, un jour. Il a droit au titre de monseigneur, vous savez.

— Un monseigneur ! Notre garçon est un monseigneur ! As-tu entendu, Lorenza ?

— Elle a bien entendu, monsieur Prévost. Après le décès de Mgr Masse, nous avons jugé prudent de ne procéder à aucune nomination en Mandchourie, et le père Alphonse Dubé a assuré l'intérim de la préfecture apostolique de Lintung où il n'est pas retourné à la fin de la guerre. Puisque Rome insistait pour combler le poste laissé vacant, nous avons soumis la candidature de votre fils dans une lettre élogieuse où nous avons souligné son jeune âge, la qualité de sa foi et sa constance. Je vous avouerai qu'il n'est ni meilleur ni plus courageux que d'autres, mais à trente-trois ans, il présente des dispositions remarquables. Vous êtes contente, madame Prévost?

— Je ne sais pas si je suis contente. Avec ce titre, vous le soudez à la Chine. Vous lui donnez des responsabilités qu'il ne voudra pas négliger. Un poste qu'il ne voudra pas abandonner. Nous ne le reverrons plus. Que pense-t-il de cette nomination?

— La nouvelle ne lui est peut-être pas encore parvenue. Au rythme où vont les choses, il se peut que je la lui apprenne en arrivant à Szepingkai.

— Vous allez en Chine, monseigneur? On annonce d'autres massacres. Les Chinois vont s'entre-tuer...

— Je ne connais pas les desseins de Dieu. Par contre, je connais ceux des évêques du Québec qui veulent savoir si nous devons rapatrier nos hommes ou les laisser là-bas. Je profite pour m'y rendre du calme qui règne en Chine où les nationalistes semblent avoir pris le dessus sur les communistes.

Avant de refermer la porte sur son invité, Lorenza lui remit un paquet de lettres destinées à Gustave.

— Donnez-les-lui, s'il vous plaît. Et n'oubliez pas de lui dire que nous prions pour qu'il soit heureux.

Gustave n'était resté qu'une semaine à Szepingkai. À peine de retour à Kailou, il apprit sa nomination. Il crut d'abord à une erreur. Le télégramme de félicitations de Louis Lapierre, suivi des messages personnels de ses confrères, dissipèrent ses doutes et en soulevèrent d'autres. Quel sens pouvait-il sérieusement donner à un titre et à une fonction qui n'en avaient aucun dans le milieu où il vivait? Trouverait-il, seul avec Lucien Lafond, la force de restaurer une mission désintégrée? Qui oserait venir se joindre aux deux «oubliés» de Kailou? Et si de nombreux missionnaires lui étaient prêtés, où donc Gustave Prévost puiserait-il la sagesse des vrais leaders?

Il s'en ouvrit à Édouard Gilbert qui dissipait les souvenirs de l'internement en jouant les propagandistes pour la Société des Missions-Étrangères : «Je rêvais et souhaitais, écrivit-il, le prompt retour en Chine de mes confrères en vacances au Canada pour céder ma place et me mettre en second, au séminaire de Linsi ou ailleurs. Je ne prévoyais ni n'ambitionnais autre chose, sachant bien que je pouvais briller au second rang en m'éclipsant du premier. Je trouvais qu'un poste de la taille de Kailou était déjà trop, car je manque de l'esprit d'initiative. Est-ce que vous ne l'avez pas cent fois remarqué pendant notre internement? Je vais vous avouer que je manquais aussi d'esprit de foi et de confiance. Ces jours-ci, je l'expérimente à chaque minute.»

Pour la deuxième fois en moins d'un mois, il se rendit à Szepingkai pour y recevoir officiellement charge de la préfecture apostolique de Lintung. La cérémonie eut lieu le 5 janvier 1947. Si l'ère des soirées bruyantes agrémentées de chants populaires était révolue, celle des discours-fleuve continuait de fleurir, et Gustave, qui craignait la réserve de ses confrères, accueillit avec soulagement leurs témoignages d'estime et d'amitié.

Raides comme des lampes, les mitres de Louis Lapierre et de Gustave reposaient sur une table, encadrant un gâteau couvert d'une épaisse et brillante meringue blanche. Miracle qu'il y ait eu des œufs! L'évêque, dont la voix avait vibré en demandant à Gustave de répéter son serment de fidélité au pape, remit à la vedette du jour la croix pectorale offerte par sa famille lors de sa propre consécration, en 1932. Ce jour-là, attirés par la publicité faite dans le quotidien *Le Devoir* autour du «premier évêque canadien en Chine», des centaines d'invités et de curieux avaient envahi la cathédrale Saint-Jacques. Tous voulaient voir l'apôtre des missions étrangères, l'homme qui, renonçant à de belles cures, à de confortables honoraires et à la fréquentation des élites, s'était, sept ans plus tôt, enterré dans une Chine mythique et secrète. La réception avait été belle; le repas, somptueux; les conversations, mondaines. Le nouvel évêque s'y serait morfondu s'il n'en avait profité pour dépister d'autres bienfaiteurs.

— Gustave, nous ne pouvons t'offrir rien de plus que notre appui. Des tâches nouvelles te sont confiées dans l'obscurité, dans un cycle de guerres. Ce contexte est approprié, je crois, à ton humilité et à ta simplicité. C'est un père qui te parle, tu devras secouer ta mélancolie, te redresser, te mettre au service de l'Église pour la rebâtir ici où elle est presque anéantie. Cette croix d'or brillera sur ta poitrine. Ne la laisse pas ternir ta modestie. Rappelle-toi que la croix n'est pas un ornement. Elle éclairera ton vêtement pour te désigner comme un chef chargé de responsabilités.

Oubliant pour une fois l'art de chiffrer, Germain ranima d'anciens souvenirs de collège et de séminaire pour faire l'éloge d'un ami secret, discret, parfois distant, qui ne devait pas changer.

— Personne ne peut mieux que lui nous écouter et nous conseiller en exprimant d'abord de la compréhension. Sa patience s'épuise dès que l'essentiel a été dit et il disparaît sur la pointe des pieds. Je t'ai connu ainsi, cher Gustave, et j'ai longtemps pris pour de l'agacement le fait que tu t'éloignes parfois au milieu de nos entretiens intimes. Au contraire des autres, qui savaient prolonger les conversations jusqu'à ce qu'elles s'éteignent d'elles-mêmes, tu nous abandonnais à nos interrogations. Avec les années, j'ai compris que ton attitude nous obligeait à mûrir les questions soulevées devant toi. Je n'oserais pas contredire notre évêque. Pourtant, je voudrais ajouter que je ne souhaite pas que, dans son nouveau rôle, Gustave soit différent de ce qu'il est aujourd'hui. Ses qualités et ses défauts nous rassurent. Il sera toujours un homme de cœur et... peut-être jamais l'homme des actions spectaculaires.

Se tournant vers la table où les mitres montaient la garde devant un reste de gâteau, Germain prit un paquet, plus petit qu'une main d'homme, et une carte de vœux des Antoniennes. Il les tendit à Gustave.

— N'ouvre pas maintenant, ordonna Germain. Lis-nous d'abord ce que nos sœurs ont écrit.

Sur la carte, sept colombes, dessinées à l'encre verte, retenaient un faisceau de rubans en arabesque autour d'un message d'éternel dévouement.

— C'est un peu gênant. Puisque je dois être courageux, autant commencer tout de suite. Donc, je lis : «À notre cher monseigneur Gustave Prévost. Les Antoniennes espèrent qu'avec lui et malgré toutes les épreuves qu'il aura à subir, les missions de la préfecture de Lintung continueront de fonctionner. Nous n'avons aujourd'hui qu'un désir : l'accompagner et le supporter dans son œuvre et, si c'est ce que Dieu attend d'elles, mourir avec lui.» Voilà, conclut-il en rougissant. Je peux ouvrir le paquet?

Dans une boîte de bois laqué noir était peinte la devise qu'il s'était donnée, «*Tu es spes mea*», «Tu es mon espérance». Il y trouva une montre-bracelet.

— J'ai été le premier à me moquer de toi quand tu as acheté ta belle montre japonaise, en 1938, continua Germain qui était resté debout. Celle-ci est moins belle. Tu ne craindras pas de te la faire voler, et elle te permettra peut-être de mesurer à quel point le temps que tu nous consacres est bref.

— Merci, Germain. Merci à vous tous. Je ne peux que vous reprocher d'avoir durement touché ce que vous appelez mon humilité. Je me suis senti gonflé d'orgueil, presque vaniteux. Il me reste peu à ajouter. En devenant préfet apostolique de Lintung, c'est à Rome que dans l'avenir je devrai rendre compte de mes actes. En m'inspirant de l'exemple de Mgr Lapierre, je demeurerai pourtant un membre fidèle de la Société des Missions-Étrangères. J'ai adopté la devise de mon prédécesseur,

Mgr Émilien Masse. Si Dieu le veut et quel que soit l'avenir, on me verra tout tenter pour compléter sa mission et remplir la mienne.

Le lendemain matin, après la messe et le déjeuner, Louis Lapierre l'entraîna à l'écart.

— Je dois maintenant te parler d'administrateur à administrateur. Suis-moi jusqu'à mon bureau. Tu connais déjà notre situation financière. Je n'y reviendrai pas. Tu trouveras, dans les cahiers que je veux te faire voir, l'essentiel de ce que tu dois savoir, et en particulier ceci : nos problèmes les plus sérieux nous viendront sans doute du Canada.

L'évêque lui tendit une lettre d'Edgard Larochelle qui annonçait son arrivée imminente et son intention de réévaluer l'opportunité de maintenir des missionnaires en Mandchourie.

— À moins qu'on ne le retienne à Pékin, le supérieur sera ici dans un mois. Il sera forcé de constater notre impuissance à rendre à nos missions la vitalité qui les caractérisait. Le mandat qu'il a reçu des évêques est simple : si les missionnaires ne peuvent exécuter leur travail sans risquer leur vie, qu'ils soient rapatriés.

— Comment réagirez-vous ?

— Je ne peux pas m'opposer aux décisions de la Société. Cependant, à moins que le pape ne me demande d'abandonner le poste qu'il m'a confié, je suis le seul maître de mon destin. Je ne partirai donc pas, même si on me prive de missionnaires pour m'aider. Je travaille ici depuis plus de vingt ans. J'y suis chez moi et je mourrai chez moi.

— Savez-vous si, pour les mêmes raisons que les vôtres, c'est-à-dire parce que je relève du Vatican et que je ne veux pas quitter la Mandchourie, je puis adopter votre attitude ?

— Je pense que oui.

— Alors, je resterai. Les chrétiens de Szepingkai et de Lintung doivent savoir que nous partageons leur sort. Dans la guerre ou dans la paix.

— Retourneras-tu à Kailou? Ce serait risqué, il me semble. Les nouvelles de cette région sont pires chaque jour.

— J'ai parlé aux Antoniennes dont je suis maintenant responsable. Si nous ne restons pas, elles restent. J'ai demandé l'hospitalité, pour elles et pour moi, à Évariste Parent qui repart pour Lishu. Nous l'accompagnerons demain. Cette ville est moins menacée que Szepingkai. Les sœurs y seront en sécurité. Et, pour ne rien vous cacher, je ne veux pas rester ici.

— Tu as peur?

Gustave ne répondit pas immédiatement. L'écho sourd des bombes éclatant non loin de la ville alourdit son silence.

— Je l'admets sans honte, oui, j'ai peur, et je ne souhaite pas partager l'expérience qui vous attend. Les communistes nous rejoindront peut-être à Lishu où les batailles seront sans doute moins violentes qu'ici. Advienne que pourra, je pars avec nos amies.

— Dieu te bénisse, Gustave.

La Mandchourie se morcelait lentement et, quoiqu'elle fût officiellement contrôlée par les nationalistes, chacun savait que, malgré les premières défaites, la victoire appartiendrait aux communistes. Dans les villages, qu'ils infiltraient, des milliers de soldats en guenilles s'enrôlaient, par conviction ou par peur, dans le but de protéger leur famille ou pour s'assurer une pitance quotidienne. Courbés et hagards, ils suivaient les chariots où s'entassaient armes, munitions et bagages. On pouvait, dans les grandes villes, ignorer ce phénomène évident. Mais quiconque voyageait à travers les déserts et les dunes comprenait que tout espoir de réunification des bourgs sous le drapeau officiel chinois était futile.

La voie ferrée, protégée sur toute sa longueur par les soldats de l'armée de Tchang Kaï-chek, restait la seule sûre pour les voyageurs. Gustave, Évariste et les Antoniennes s'y engagèrent en espérant survivre jusqu'à Lishu.

Edgard Larochelle quitta Montréal le 19 janvier 1947, en sachant déjà qu'il répondrait à la demande de l'épiscopat québécois, quitte, pour cela, à piétiner l'autorité de Louis Lapierre qui n'avait pas eu tort de le craindre. Après des arrêts à Shanghai et à Pékin, il arriva à Szepingkai à la fin du mois suivant, accompagné de trois vétérans de Mandchourie, Fernand Schetagne, Alain Lecomte et Germain Pelletier. Le cercle formé autour de la ville par les communistes, les *palous*, se resserrait à mesure que les villages de la périphérie étaient arrachés aux nationalistes qui, presque partout, reculaient sans trop se défendre.

Le supérieur consultait les missionnaires quand, aux premiers jours de mars, les soldats blessés affluèrent dans les hôpitaux et que les autorités militaires réclamèrent pour les soigner la collaboration des sœurs de l'Immaculée-Conception, de leurs consœurs chinoises et des prêtres. Il n'était plus permis de douter que la ville soit bientôt la cible des communistes. Il imposa une consigne : à la première alerte, les missionnaires se rendraient à Pékin pour s'y placer sous la protection de la nonciature apostolique romaine. Hors de Mandchourie ils obéiraient, non plus à Louis Lapierre, mais à Fernand Schetagne, promu supérieur régional.

Edgard Larochelle profita d'une accalmie pour repartir vers le Canada au début du mois d'avril. Il ramenait au pays quelques prêtres épuisés, malades ou déprimés qui n'auraient pas osé décevoir leur évêque en demandant leur congé. Il laissait derrière lui une mission bouleversée par l'altération des liens qui unissaient les missionnaires à leur évêque, et traumatisée par les rumeurs d'enlèvement et d'exécution des prêtres catholiques piégés dans les enclaves communistes.

Laurent Beaudoin et Paul Ly avaient disparu. Damase Bouchard avait été déclaré ennemi du régime, au terme d'un procès bâclé sur la place publique de Pamienchen. Il serait exécuté à la moindre tentative de fuite. Enlevé à Kailou avec cinq prêtres chinois, Lucien Lafond avait été accusé d'avoir, par le biais de la confession, espionné les Chinois, et d'être, avec Gustave, l'un des piliers d'une armée vaticane, la Légion de Marie. On citait, pour preuve de leur duplicité, le fonctionnement interne de l'association, calqué sur celui des légions romaines, et le but de ses membres qui s'engageaient à «servir dans la guerre que l'Église ne cesse de livrer au monde, au démon et aux puissances du mal...» Si les rumeurs s'appuyaient sur un fond de vérité, Lafond avait été insulté sur la place publique de Kailou, pendu par les pieds, battu et brûlé au fer rouge.

L'un des compagnons de Lafond avait dû s'intégrer dans un groupe de soldats communistes. Un autre, Paul Ho, avait probablement été tué à cause de ses liens avec les nationalistes, et pour la diffusion d'informations nuisibles à la nouvelle doctrine.

Persuadés que les troupes communistes les vaincraient et les massacreraient au premier assaut, les officiers de l'armée de Tchang Kaï-chek furent sur le point de quitter la ville avec leurs troupes, mais un ordre ramena les soldats à leurs postes de défense : «Au moment où s'engage une bataille dont dépend peut-être le salut du pays, il importe d'employer tous les efforts à refouler l'ennemi. Nous devrons mourir sur place plutôt que de reculer et les circonstances sont telles qu'aucune défaillance ne sera tolérée.»

Les militaires construisirent, en vitesse, des forts et des redoutes. Des centaines de soldats armés de mitraillettes montèrent la garde sur le mur d'enceinte où trois cents canons furent installés. Les rues furent bloquées par un réseau de forts, de tranchées, de barrages et de barbelés qui paralysèrent la circulation à l'intérieur de la ville.

Les communistes étaient à cinq ou six kilomètres seulement lorsque, enfin alarmé, l'évêque ébaucha les premiers projets de départ, soit par chemin de fer, soit par avion, vers Moukden. Malheureusement, la voie ferrée sauta le 29 mai, et le 12 juin suivant, malgré la présence de sept mille soldats armés autour de l'aéroport, il fut entièrement détruit par une série d'explosions. Simultanément, des soldats d'un bataillon nationaliste tuaient leurs propres officiers pour ensuite ouvrir la voie à sept cents soldats communistes. Szepingkai était investie.

Le lendemain, on força les résidants des quartiers proches des fortifications à se réfugier au centre de la ville. La vraie bataille, le corps à corps des hommes armés de baïonnettes, de fusils, de grenades et de mitraillettes, pouvaient débuter.

Munies de maigres provisions, plus de deux cents personnes dont quelques familles, une quarantaine de religieuses de la mission, les huit missionnaires restants et Louis Lapierre, s'enfermèrent dans ce qui subsistait de l'évêché. Les communistes, qui peu de mois auparavant avaient établi leur camp dans les cours du séminaire, de l'évêché et de la cathédrale, y revinrent en force, faisant du site l'une des cibles les plus visées de la ville. Comme on l'appréhendait, l'évêché fut presque entièrement détruit le 21 juin : le pilonnage dura trente minutes et le bâtiment s'effondra sur la tête des prisonniers réfugiés dans les sous-sols.

Huit jours plus tard, le silence tomba sur la ville. Germain Ouimet sortit en éclaireur, pour apprendre que le quadrilatère allait être rasé au cours d'un bombardement intensif destiné à empêcher les rouges d'y revenir. Comment fuir ? L'occasion leur en fut donnée par hasard. Ils entendirent d'abord un bruit de sabots, puis la voix d'un homme qui leur criait de quitter immédiatement les ruines.

Louis Lapierre s'avança.

— Allez-vous nous tuer ?

— N'ayez pas peur. Je suis chrétien. Nous venons tout juste d'apprendre que vous êtes cachés ici. Dans une heure, nous aurons terminé le minage du quadrilatère et ce qui reste va sauter. Si vous ne voulez pas mourir ici, prenez les enfants dans vos bras, dites aux femmes de courir et suivez-moi. Je vous attends.

— Nous devons nous rendre à l'école des Clercs de Saint-Viateur. Nous croyons qu'elle n'a pas été atteinte.

— Je connais l'école, elle est presque intacte et personne n'y a été touché. Y a-t-il des blessés parmi vous?

— Non, sauf qu'il sera difficile de faire courir ces gens. Ils sont tous épuisés et plusieurs sont malades.

— Ils devront courir.

Guidés par l'officier, ils avancèrent sous la pluie tiède et bienfaisante, se dirigeant vers la porte de l'est, longeant les murs, se couchant dix fois dans les trous creusés par les bombes. On refusa l'entrée de l'école aux Chinois qui furent contraints de revenir en arrière pour se joindre à leurs compatriotes réfugiés dans les abris du centre.

Après s'être terrés à Lishu, Gustave et ses missionnaires risquèrent leur vie pour revenir à Szepingkai et retrouver leurs compagnons. C'est lui qui, pour une fois, livra les statistiques récoltées en cours de route : cinquante mille soldats communistes, vingt mille soldats nationalistes et près de trente mille résidants de Szepingkai avaient perdu la vie pendant le siège de la ville. Une fois encore, les nationalistes sortaient vainqueurs d'une avalanche de combats dont le bruit sembla s'éteindre complètement durant les jours qui suivirent.

— Nous n'avons pas le droit de nous illusionner, trancha Fernand Schetagne après que les missionnaires eurent exprimé l'intention de rester sur place. Je dois vous conduire à Pékin. Nous avons assez démontré que nous ne voulons pas lâcher, il est temps de penser à nos vies. Nous partirons dès que l'état de la voie ferrée le permettra.

Louis Lapierre n'eut pas d'argument à opposer à la raison de Schetagne et à la détresse de ses derniers équipiers, mais il voulut voir les débris de sa mission.

Rien n'y subsistait du passé. Suspendus aux arbres fleuris, éparpillés dans le jardin où les fraises mûrissaient doucement, des corps et des membres d'hommes s'offraient aux regards. Le groupe fit halte à la cathédrale détruite. En une prière désespérée qui les émut, l'évêque remercia Dieu de les avoir épargnés et pria pour que soient libérés les missionnaires détenus dans les postes éloignés.

— Regardez-bien cette mission, ce pays, vous ne les reverrez jamais, leur dit-il en se détournant de l'œuvre anéantie.

La destruction de l'univers élaboré par Louis Lapierre s'accéléra à Pékin. La nonciature apostolique, invitée par Louis Lapierre et Fernand Schetagne à émettre un avis, confirma le bien-fondé de l'abandon des missions de Szepingkai et de Lintung. Elle autorisa toutefois Louis Lapierre et Gustave Prévost à réintégrer, s'ils le pouvaient, la Mandchourie. Le préfet de Lintung fut reçu par le nonce en entretien privé.

— Je vous permets de rentrer en Mandchourie, monsieur Prévost. Je vous accompagnerai sans doute à Moukden si vous vous y rendez au début du mois de septembre. Je dois cependant vous dire ceci. Selon moi, Mgr Lapierre devrait prendre du repos au Canada.

— C'est ce que nous pensons également. Mais il n'envisage absolument pas cette possibilité.

— Vous devriez essayer de le raisonner. Cet homme est miné par la malaria et brisé par la révolution qui l'oblige à s'éloigner du peuple qu'il a fait sien.

— Je suis le plus mal placé pour intervenir. Il est suffisamment blessé et susceptible pour penser qu'en lui demandant de partir en vacances alors que je reste moi-même, je cherche à m'emparer de sa place. Non seulement je n'interviendrai pas, mais j'ai l'intention de l'accompagner, même si j'estime qu'il ne devrait pas partir.

Gustave abandonna ses manières aimables à l'égard de Fernand Schetagne pour savoir quels missionnaires seraient disposés à revenir à Szepingkai malgré le risque d'y être surpris par d'autres combats. Germain souhaitait suivre les deux hommes, mais il attendait une autorisation en règle.

— Je dois obéir à Fernand Schetagne, ses ordres sont ceux de Mgr Larochelle. Pour le moment, tout ce qu'il m'accorde c'est de rester à Pékin.

— Tu ne seras d'aucune utilité dans cette ville. En quelques semaines, nous avons visité toutes les églises, tous les temples, tous les monuments. Au mieux, tu continueras d'y vivre en touriste.

— Ta situation est différente, Gustave. Tu peux partir sans en être empêché mais, seul avec Mgr Lapierre, comment feras-tu ? Nous ne l'avons jamais vu dans un état pareil. Il est agressif et méfiant. Un peu plus, et il nous accuserait de le trahir.

— Il retrouvera peut-être son humeur habituelle à Moukden. Mais soyons francs, comment veux-tu qu'il oublie que c'est une décision de la Société qui nous force à déserter ?

— Nous ne désertons pas, nous avons dû partir à cause d'une situation qui ne nous permettait plus de travailler.

— Vous pourriez revenir et reconstruire la mission. L'avance des rouges a été stoppée. Temporairement sans doute, mais il voudrait que nous soyons là-bas, pendant que la paix y règne encore.

— Donne-moi quelques jours, je vais essayer de convaincre Schetagne de m'autoriser à partir avec vous deux.

Fernand Schetagne ne se laissa pas ébranler. Libre à Gustave de défier les règles du bon sens ; il n'entraînerait personne dans une démarche aussi folle.

— Il y a des jours où je regrette que tu sois devenu préfet. Autrement, tu serais forcé d'obéir à une consigne dictée par la prudence. Tu peux me croire, je ne permettrai à nul autre de vous rejoindre, où que vous soyez en Mandchourie, tant que la situation n'y sera pas stabilisée.

— J'ai déjà compris ça. Malheureusement pour toi, ma place est là-bas et je n'ai plus de comptes à rendre à la Société des Missions-Étrangères. Le nonce est mon chef, et au-dessus de lui, le pape. Je te demande seulement de me laisser Germain Ouimet et Évariste Parent qui acceptaient de nous accompagner.

— Tu es fatigué, Germain aussi. Parent joue les braves, mais il est terrorisé. Si, pour cinq petites minutes, j'étais le pape, je te dirais ceci : Monseigneur Prévost, préfet apostolique de Lintung en Mandchourie, devra prendre sans retard un congé à Saint-Eustache, sur le bord de l'eau.

— Je comprends. Mais tu n'es pas le pape et je vais partir, en colère. Parce que vous avez abdiqué trop tôt.

— Pars ! Je te donne ma bénédiction. Néanmoins, en supposant que Lintung soit libérée, tu ne pourras pas exercer, seul, un ministère aussi absorbant. En admettant l'impossible, c'est-à-dire que la Société t'envoie des prêtres frais et dispos, quelle sorte de chef seras-tu ?

— Pour le moment, grâce à vous, je ne serai le chef de personne et si je devais retourner au Canada, ce ne serait pas avant l'an prochain pour mes vacances. D'ici-là, tu pourras toujours m'écrire, quelque part en Manchourie.

Le ton changea.

— Gustave... J'ai une question à te poser. Mgr Lapierre m'en veut personnellement, penses-tu qu'il me pardonnera ce rôle ingrat ?

— Sans doute, plus tard, beaucoup plus tard.

L'insubordination

Du lit où Zéphyr dormait encore, Lorenza était suspendue aux pas de Lucille. Levée à l'aube, sa fille s'était enfermée dans le salon pour prier devant un crucifix de bois noir. En chantonnant, elle avait repassé ses jupes, jupons et dessous lavés et suspendus la veille, après que Zéphyr se fut endormi. Les fêtes passées, prête à retourner au couvent, elle bouclait maintenant sa valise.

Lucille ne correspondait pas à l'image que Lorenza entretenait des religieuses. Le voile, l'ample et longue robe grise cachaient les formes d'une fille jeune, forte et belle qui, il n'y avait pas si longtemps, canotait les dimanches sur la rivière, jouait au tennis, faisait tourner les têtes et rêvait de mariage. Comme pour Gustave, des étrangers croyant avoir décelé une vocation, même incertaine, avaient plaidé en faveur d'un essai, et Lucille avait quitté fiancé et famille pour suivre les traces de son frère. Un seul idéal l'animait désormais : partir en mission et se donner dans une totale abnégation.

Lorenza se leva lentement. Une seconde, le bras de Zéphyr la chercha sur les draps. Elle vit les varices sillonnant ses jambes lourdes et usées, toucha la peau trop douce de ses cuisses et ferma les yeux en s'habillant, pour ne pas voir la vieille femme qu'elle était devenue.

La valise, le sac et les bottes de Lucille étaient posés près de la porte. Sur son manteau plié, une écharpe grise et terne. Ordonnée, propre, la cuisine où il traînait des relents de tristesse parut trop vaste à Lorenza. Elle s'arrêta entre le couloir et la table, sans savoir ce qu'elle cherchait.

— Votre tablier est ici, maman. Venez vous asseoir, je vais vous servir.

— Je ne veux pas m'asseoir. Tu m'as déjà suffisamment servie. Repose-toi. J'aurai tout le temps de ne rien faire quand tu seras partie. Donne-moi mon tablier.

Lucille l'entraîna plutôt vers une chaise.

— Pendant la prochaine petite heure, le tablier est à moi. Au menu du déjeuner de ce matin, madame Prévost, du pain doré, du sirop d'érable et du bon café. Ça vous va?

Pour toute réponse, Lucille dut se contenter d'un signe de tête indifférent.

— Dis-moi la vérité, Lucille. Es-tu partie parce je t'ai retenue à la maison et que la vie de ménagère t'a paru trop lourde?

— Je ne crois pas, mais je suis certaine d'une chose; dans le mariage, seuls les enfants m'auraient intéressée. L'amour pour l'amour, prendre soin d'un homme, cela ne m'a pas tentée. C'est la foi et l'expérience de Gustave qui m'ont inspirée.

— Tu repars pour la maison mère. Dans un an ou deux, tu suivras les sœurs de l'Immaculée-Conception. Pour aller où? Le sais-tu au moins?

— En Chine, rejoindre Gustave, ou au Japon où nos missions se reforment. Le Japon est accueillant et la Société des Missions-Étrangères se prépare à y envoyer quelques prêtres.

— Je ne comprends pas ce qu'ils peuvent espérer d'un pays qui les a tant maltraités... Et toi, après ce que ton frère a vécu, comment peux-tu croire que tu y seras en sécurité?

— Je ne pense pas à moi. Pourquoi me posez-vous toutes ces questions? Vous avez accepté le départ de Gustave, vous ne l'avez pas contrarié, vous l'avez compris.

— Tu te trompes, je ne l'ai jamais compris et je ne comprends toujours pas qu'il soit resté là-bas pendant que la plupart des autres missionnaires revenaient. Depuis combien de mois sommes-nous sans nouvelles?

— Je ne sais pas...

— Je vais te le dire, moi. Depuis septembre 1947. Il nous demandait de prier pour lui parce qu'il quittait Pékin pour la Mandchourie. Compte toi-même, nous sommes en janvier. Les missionnaires sont presque tous revenus, sauf monsieur et quelques fous comme lui!

— Voyons, maman. Je crois que vous avez tort de voir les choses de cette manière. Nos compagnes qui sont rentrées de Shanghai il y a quelques semaines ont décrit l'atmosphère qui régnait en Chine avant le départ de Mgr Lapierre et de Gustave vers la Mandchourie. Ce n'était pas aussi dramatique que vous le pensez.

— Tu es ici depuis huit jours et tu ne m'en as rien dit!

— Elles n'ont pas précisément parlé de Gustave et, surtout, je ne pensais pas vous faire manquer grand-chose en ne vous rapportant pas tout ce qui se dit à droite et à gauche.

Lucille garda pour elle les commentaires moins qu'élogieux rapportés par ses compagnes. Pour les communautés religieuses établies à Shanghai et à Pékin, les membres de la Société des Missions-Étrangères n'étaient qu'une bande de froussards. On comprenait d'autant moins leur attitude qu'ils avaient laissé derrière eux des confrères prisonniers ou sans soutien, dans des postes isolés.

Le séjour de Gustave en Mandchourie fut bref. Après quelques semaines à Moukden, il prit, avec des séminaristes, la direction de Fushun où il fut accueilli par les missionnaires américains de Maryknoll. Au milieu du mois de mars 1948, après la chute de Moukden, de Fushun et de Szepingkai d'où Louis Lapierre ne pouvait plus sortir, il rejoignit le groupe de Fernand Schetagne, alors établi à Shanghai.

Le taxi dans lequel il était monté avec Germain Ouimet naviguait le long des rues étroites, surplombées de gratte-ciel coiffés d'un brouillard qui se dissipait lentement. Pendant qu'ailleurs en Chine on s'enfonçait dans le Moyen-Âge, le cœur de la ville battait au rythme nerveux des cités américaines et japonaises. La foule encombrait les voies où les tramways avançaient au ralenti, paralysés par cette marée d'étudiants en costume courant vers les collèges, d'ouvriers et de fonctionnaires se hâtant vers les intersections. Les portes des immeubles s'ouvraient sur des grappes compactes d'hommes et de femmes qui voyaient rarement le soleil. Germain demanda au chauffeur de se presser.

Bien avant qu'ils n'atteignent le bureau du représentant du ministère des Affaires extérieures, d'autres Canadiens, principalement des marchands d'origine chinoise, s'étaient rassemblés en file devant l'édifice. Ils voulaient, eux aussi, accélérer un départ jusque-là retardé par l'espoir d'une victoire nationaliste en Chine, mais la perte de la Mandchourie ne permettait plus d'illusion. La grande marche ne prendrait fin que sur la reddition de Shanghai et de Pékin.

— Quand nous en aurons terminé avec les inscriptions, dit Germain, nous irons nous asseoir dans les jardins de l'université de l'Aurore. Tu verras les arbres en fleurs. C'est si beau et si paisible.

Ils entrèrent enfin dans une antichambre meublée de quelques chaises, d'un large comptoir et de casiers. Germain posa sur ses genoux la grande enveloppe froissée où il avait rangé les formulaires remplis pour son départ. Il s'apprêtait à les montrer un par un à Gustave qui fit la moue.

— Tu veux me lire cette paperasse?

— Je voulais seulement que tu saches combien de fois je me suis trouvé sur le point de partir. Du 26 janvier jusqu'au 1er février, je suis venu ici tous les jours. On m'a finalement promis un billet pour le 17 février, je devais m'embarquer sur le *General Meigs*. Annulé. Remplacé par un vol, le lendemain, à destination de San Francisco. Annulé, cette fois, parce que je t'attendais. Tu devais arriver au début du mois. Pas de Gustave. Aujourd'hui, pour monseigneur, on reprend les démarches à la case zéro!

Gustave se pencha juste assez pour que Germain lui rende son regard.

— Tu rougis? Tu fais bien. Tu ne vas pas me reprocher d'être en retard. Tu sais que je n'arrive pas du village d'à côté!

Germain, qui de semaine en semaine avait expédié à Gustave des lettres exprimant sa déception d'être retenu à Shanghai, n'oubliait pas que son ami l'avait traité de rond-de-cuir.

— Évidemment, que je le sais. Je n'ai malheureusement rien de bien tragique à te raconter, et nos petites aventures, nos embarras, te paraîtraient insignifiants comparés avec ce que tu viens de voir en Mandchourie.

— Tu m'enlèves les mots de la bouche, quoique je doive bien admettre qu'encore une fois, je suis passé à côté du danger, ce qui n'a pas été le cas pour les autres...

En résidence surveillée à Tutsuan, Laurent Beaudoin résistait tant bien que mal aux peurs et à l'angoisse cultivées depuis sa condamnation à mort. En prime, son dénonciateur avait été récompensé par la torture et une balle en plein front. Pour l'avoir fréquenté, dix-sept des leaders de la communauté auraient dû tuer Beaudoin à coups de bâton, le 18 septembre

1947. Le condamné, ignorant que la sentence qui pesait sur lui avait été suspendue, vivait chaque journée comme si elle était la dernière.

Arrêtés pour avoir couvert la fuite de deux séminaristes chinois qui venaient d'être réquisitionnés par un détachement communiste, Antonio Bonin et Sylvestre Wang croupissaient depuis six mois dans une prison de Paichengtse. Pour avoir affiché une haine viscérale des marxistes, Bonin subissait un traitement destiné à «libérer son vieux cerveau des idées impérialistes qui l'encombraient». Il assurait sa subsistance et celle de Wang en vendant des lacets tissés sur un métier qu'il avait construit pièce par pièce, pour se distraire.

Prisonniers dans le même village, Alphonse Caouette et Paul-Émile Lachapelle gagnaient leur pitance en jouant les infirmiers au dispensaire où ils soignaient Lucien Lafond qui les y avait rejoints après avoir survécu à tous les supplices. Avec un groupe formé de plus de cinq cents prisonniers dont la moitié étaient morts en chemin, le pauvre homme avait traversé la Mongolie extérieure vers la Sibérie. Au terme de cette promenade de quarante-trois jours, on avait conclu à une méprise et renvoyé Lafond, à demi-mort, à Paichengtse.

Les sœurs Louosa Ly et Agnès Chang avaient été exécutées à Taingtze au mois de juillet 1947. La mort de Paul Ho, fusillé on ne savait où, avait été confirmée.

Arrêté le 13 mars après la destruction des murs de Szepingkai, Louis Lapierre et les trois Clercs de Saint-Viateur qui, depuis octobre, s'étaient retranchés dans l'école furent transportés à la prison d'une autre ville. Huit jours plus tard, après de nombreux interrogatoires, ils furent ramenés sur les lieux de leur arrestation, avec interdiction de quitter Szepingkai. Trois sœurs de l'Immaculée-Conception les rejoignirent dans cette retraite.

Depuis l'annonce du retour de Gustave, Lorenza tournait en rond. Incapable d'entreprendre les plus petits travaux, elle avait renoncé au grand ménage du printemps, sauf pour la chambre rafraîchie exprès pour son fils. Elle y entrait au moins dix fois par jour, pour juger de l'effet de la grande toile blanche encadrée par deux pans d'un épais coton vert sombre. Il aimerait, elle en était certaine, l'imprimé qui reproduisait à l'infini un papillon bleu frôlant la corolle d'une fleur exotique.

Assise au pied du lit, attentive à ne pas froisser les couvertures, elle imaginait son fils qui placerait sa valise sur le coffre, près de la haute armoire vitrée où étaient exposés les souvenirs de Chine et les lettres conservées avec soin dans leurs enveloppes dont les timbres avaient été découpés et remis à une œuvre charitable. Il s'assoirait devant la table couverte du même tissu que les rideaux et sourirait à une sainte Anne enfermée dans une bulle de verre où il neigeait doucement si on la retournait. Elle le couvrirait de tant d'amour et d'attentions qu'il ne repartirait plus.

Elle ne vit pas Zéphyr qui, du couloir, observait cette femme aussi absorbée par le retour de son enfant que par une autre maternité. Il approcha sans oser dépasser la porte.

— Si tu veux voir atterrir l'avion, ma belle, il faut partir.

En sanglotant, elle vint se blottir contre sa poitrine.

— J'ai tellement peur...

— Peur ? Pourquoi ? Tu n'es pas heureuse ?

— Je ne sais pas de quoi, mais j'ai peur. Il ne nous reconnaîtra peut-être pas. Nous avons tellement vieilli pendant ces dix ans. Tellement changé.

— Viens donc, Lorenza.

Durant le trajet qui les conduisit de Saint-Eustache à Dorval, elle garda le silence. Jamais Zéphyr ne l'avait sentie si fragile.

Ils se perdirent dans la Côte-de-Liesse, visitèrent malgré eux une partie de Dorval pour, malgré ces détours, arriver à l'aérogare avec une heure d'avance. Lorenza qui y entrait pour la deuxième fois de sa vie trouva presque beau l'immeuble encore neuf, orné de granit noir, gris et rouge. Alors que Zéphyr, leur fille Jacqueline et leur fils Gérard exploraient les lieux encore déserts, elle s'installa près d'une large fenêtre donnant sur les trois pistes, tracées en plein champ. Elle refusa de les accompagner à l'observatoire.

Edgard Larochelle et quelques membres du conseil entrèrent, suivis du clan Ouimet. Il fallait les voir, tendus et recueillis comme à la veille d'une cérémonie, se saluer en murmurant, échanger regards et poignées de mains. Une voix annonça en anglais l'atterrissage de l'avion en provenance de Vancouver. Suivi des familles, le supérieur se dirigea vers la porte. Lorenza abandonna son poste de guet, et s'y précipita elle aussi.

— Monseigneur, Gustave est-il vraiment à bord? C'est fou, je ne peux pas y croire...

— Il y est, madame, il y est. Je lui ai parlé avant-hier et nous venons tout juste de recevoir un télégramme confirmant leur présence sur ce vol.

Après plusieurs secousses l'appareil s'immobilisa à quelques mètres du groupe. Des employés ajustèrent une passerelle sur laquelle s'engagea Gustave dont les yeux s'emplirent de larmes à la vue de ses parents agenouillés, tête inclinée, pour qu'il les bénisse. Il les releva, les enserra en les embrassant.

Il ne vit d'abord qu'eux, puis il reconnut son frère.

— Où sont les autres?

— Au travail, répondit Lorenza. Tu les verras dimanche midi. Ce sera une grande fête, du genre de celles que tu aimais, avant ton départ. Tu n'embrasses pas Jacqueline?

Jacqueline pleurait, blessée de ce que son héros ne la reconnaisse pas.

— Ne sois pas triste, comment voulais-tu que je devine que tu deviendrais une aussi belle jeune fille ?

— Tu as bien dû recevoir des photos de moi. Je t'en ai envoyé au moins dix !

— Là où j'étais, le facteur ne s'arrêtait pas souvent, tu sais. Et pendant toutes ces années, je n'ai pas vu une seule photo de toi.

Déjà suivi de Germain, Edgard Larochelle s'approcha des Prévost et prit Gustave par le bras.

— Il faut partir, messieurs. Vous nous accompagnez au séminaire où une petite cérémonie a été organisée à votre in-tention. Vous retrouverez vos familles demain. J'ai tout arrangé pour qu'on vous conduise. Vous y resterez le temps qu'il faudra. Embrassez-vous, nous partons tout de suite.

Lorenza s'interposa.

— Quand même, monseigneur ! Donnez-lui le temps d'arriver ! La maison l'attend. Tout est prêt pour lui.

— Je vous promets qu'il sera à Saint-Eustache demain. D'ici là, nous avons de petites choses à régler. Vous l'attendrez bien un jour de plus...

Intimidée, mal assurée, Lorenza tendit la main à son fils.

— Nous ne sommes pas des étrangers, maman.

Il lui prit la taille et l'accompagna jusqu'à la voiture qui reprit la direction des Laurentides en suivant longtemps celle dans laquelle Gustave était monté.

— Ils auraient pu nous le laisser au moins jusqu'au pont Viau, soupira Lorenza dont ce fut le seul commentaire.

Près du séminaire de Pont-Viau, l'érablière protégeait la pointe de la presqu'île du Marigot. Bordée d'arbustes, la route de gravier qui longeait la rivière des Prairies était maintenant couverte de bitume. Trop nette, trop droite au goût de Gustave qui, sans le dire, regretta la disparition des taillis où, autrefois, il s'isolait pour lire.

La voiture du supérieur s'engagea dans l'entrée. Le large escalier et ses abords se couvrirent aussitôt d'une masse de séminaristes et de professeurs applaudissant le retour des deux missionnaires. L'éclair des flashes les surprit, pâles et maigres, tentés d'échapper à l'explosion d'une joie bruyante qu'ils ne savaient comment partager. Oui, ils allaient bien. Oui, ils étaient heureux d'être revenus. Non, ils ne regrettaient pas leur séjour en Chine. Oui, ils y retourneraient dès que possible.

Ils entrèrent, pêle-mêle. Dans le hall et le couloir couverts de tuiles, le bruit des voix s'amplifia. Gustave et Germain répétaient les mêmes réponses, entendaient les étudiants dire combien leur courage les inspirait. Une dizaine de minutes plus tard, le supérieur renvoya les séminaristes à leurs classes et entraîna les deux hommes vers son bureau.

— Je ne vous retiendrai pas longtemps. Avant de vous conduire à vos chambres, je dois vous demander de restreindre le nombre des personnes à qui vous livrerez vos opinions sur la Chine et sur les communistes.

— Je ne vois pas ce qu'il y a à cacher, dit Gustave. Les journaux de Vancouver parlent abondamment de la situation chinoise, et j'imagine qu'à Montréal nous ne surprendrions personne en livrant le fond de notre pensée.

— Tu as raison, sauf que les journalistes que vous rencontrerez dans les jours qui viennent voudront entendre parler de votre expérience personnelle, et que les détails de celle-ci doivent rester secrets. C'est en tout cas ce qu'on estime au ministère des Affaires extérieures qui nous recommande la plus grande discrétion. Les remarques hostiles que nous avons pu faire dans le passé au sujet des autorités communistes en Chine leur parviennent presque inévitablement et assez rapidement. Cela compromet les négociations entreprises pour l'évacuation des civils et des religieux retenus dans les zones communistes chinoises.

Quelques semaines plus tôt, Louis Lapierre avait sollicité l'intervention du consulat français de Moukden, pour l'obtention de sauf-conduits pour lui et pour les missionnaires du diocèse. À Tien Tsin, le consul britannique tentait, depuis des mois, d'obtenir l'évacuation des Canadiennes de la communauté du Précieux-Sang, prisonnières dans cette ville. Prétextant la mauvaise presse et le harcèlement des communistes qui vivaient au Canada, les Chinois demeuraient sourds à la requête du diplomate.

— De quoi parlerons-nous ? demanda Gustave. Nous aurons l'air stupide si, après ce que nous venons de vivre, nous abordons des sujets banals, comme les automnes à Fushun, aussi agréables que ceux du lac Simon... Ou encore, qu'à Mongtze, les plaisirs de la chasse au chevreuil sont comparables à ceux que procurent les environs de Mont-Laurier.

— Vous suivrez le conseil du Ministère. Ainsi, quand les journalistes sauront que vous êtes rentrés, vous imiterez Paul Gravel ou Évariste Parent dont les causeries à CKAC portent sur le nouvel an chinois ou sur la vie quotidienne dans les villages mandchous. Ils ne parlent pas de nos confrères prisonniers. Les histoires de pendaisons par les pouces, vous les oubliez. C'est clair ?

— Si je ne peux rien dire qui s'approche de la réalité, je préfère que vous taisiez mon retour. Qu'en penses-tu, Germain ?

— Je n'ai qu'une envie, me reposer avec mes parents et prendre mes distances par rapport à ce que je viens de vivre.

— Malheureusement, messieurs, il a été beaucoup question de vous au Québec, et du préfet de Lintung en particulier. Votre présence ici sera donc annoncée, mais vous ne rencontrerez aucun journaliste avant d'être tout à fait reposés.

Il vit la maison neuve, tournée vers le village et juchée sur un solage de ciment trop haut pour elle. Sur la terre dont il s'était le premier détourné, de petites demeures avaient été construites. Une rue traversait le jardin qu'enfant il longeait pour rejoindre son père à la laiterie. Rasés la grange et l'appentis. Démolie l'étable. Vendues les vaches, l'ancienne pouliche et le roulant. Une petite révolution avait marqué l'univers des siens.

Il frappa et attendit. Gaie comme une fiancée, l'index sur sa bouche, Lorenza lui fit comprendre que Zéphyr se reposait. Il la suivit, sur la pointe des pieds, jusqu'à sa chambre dont elle ouvrit la porte comme s'il s'agissait d'un rideau de scène. Il ne trouva pas les mots qui auraient comblé Lorenza, à l'affût d'un signe de plaisir et de contentement. La gorge nouée, elle tira le banc glissé sous la table de travail et s'assit.

— Qu'est-ce qui ne va pas, madame Prévost ? chuchota-t-il en se penchant vers le visage de sa mère.

— Chut, monseigneur, je n'ai pas envie de parler.

— Je vous ai donc fait de la peine, ma petite mère ?

— Non. Ou plutôt oui. Tu ne l'as pas fait exprès. J'espérais que cette chambre te plaise, mais il semble que je l'aie décorée en oubliant que les détails de cette sorte te laissent indifférent.

— C'est très joli, maman, et j'apprécie beaucoup ce geste, sauf que je suis surpris par tous ces tissus, cette armoire, ce confort. Au cours des dernières années, j'ai appris à vivre dans des maisons de terre et à me passer du superflu. Madame Prévost daignera-t-elle pardonner à son sauvage de fils ? demanda-t-il en lui baisant la main.

Ils s'apprivoisèrent lentement. Elle respecta ses visites au presbytère du village, ses silences et les longues heures de solitude qu'il lui imposait en refermant sur lui la porte de sa chambre. Elle comprit que s'il lui faisait l'aumône de quelques minutes de conversation quotidienne, il n'y prendrait jamais goût. Il n'était avec elle qu'à moitié.

Une semaine après son retour, il rejoignit Lorenza qui rinçait la vaisselle du déjeuner. Il l'embrassa sur la joue.

— Venez vous asseoir, maman, j'ai envie de vous parler.

— En voilà du nouveau !

— Admettons. J'ai décidé d'acheter la vieille Dodge de M. Plessis-Bélair. Elle ne vaut pas cher, mais elle devrait rouler jusqu'à la fin de l'année.

— Que veut dire ce «jusqu'à la fin de l'année» ? Il me semble qu'une auto neuve ou en meilleur état aurait plus d'avenir.

— Je n'ai pas besoin d'une auto qui a de l'avenir, maman. Je repartirai certainement avant l'été prochain.

— Je sais que tu ne penses qu'à ça. Je te demande une faveur, Gustave, ne m'en parle pas maintenant. Attends, je le saurai bien assez vite.

Il n'en reparla pas. Il disparut de plus en plus souvent au volant de la voiture qui ne lui avait presque rien coûté, pour chanter des messes et donner des conférences à saveur exotique dans les paroisses de l'île de Montréal et des environs. Ses absences se firent plus longues, et Lorenza dut constater que Gustave ne les visitait désormais qu'en milieu de semaine. Dans le tourbillon de ses activités de propagandiste, il anima à son tour quelques causeries radiophoniques. Ces dimanches-là, quand débutait l'émission *Les quatre points cardinaux*, plus rien ne bougeait chez les Prévost. Lorenza, Zéphyr et Jacqueline, hypnotisés par les voix du présentateur et de Gustave, l'écoutaient raconter une Chine dont il ne parlait pas en privé.

À la mi-juin, il passa outre aux consignes de prudence et décrivit le courage des missionnaires pendant les attaques de Szepingkai. Il insista sur le rôle de Louis Lapierre, et sur le fait qu'il était disposé à le rejoindre au plus tôt.

— Quel que soit le danger? demanda le présentateur.

— Le seul danger qui existe, monsieur, c'est celui dans lequel on se trouve. Pas celui auquel on a échappé, ni celui que l'on fuit.

— Et vous avez l'impression d'avoir fui, monseigneur Prévost?

— D'une certaine façon, oui. Je suis revenu pour me reposer, pour revoir les miens et parce qu'il nous était impossible de travailler là-bas. Mgr Lapierre et les quelques hommes qui sont avec lui me fournissent la preuve que je peux y être utile.

— Ne risqueriez-vous pas d'être expulsé par les communistes? Vous nous avez vous-même affirmé que leur marche est irréversible.

— Shanghai n'est pas prise. De là, nous pouvons correspondre avec les chrétiens, leur faire savoir qu'en Chine, l'Église n'est pas morte. Ma décision est prise, je partirai au printemps prochain. J'ai d'ailleurs une autre raison de vouloir m'y rendre au plus tôt. Mgr Lapierre veut rentrer au Canada pour s'y faire soigner. Il faut que l'un de nous témoigne de la présence de la Société des Missions-Étrangères, et veille sur le diocèse que Rome nous a confié.

Tôt, le matin du 7 février 1949, Paul-Émile Léger, recteur du Collège pontifical canadien à Rome, déposait Gustave devant la place Saint-Pierre qu'il traversa à grands pas en fixant la basilique qu'il voyait pour la première fois. Alors qu'il était à mi-chemin entre la rue et le temple, une pluie fine commença à tomber. Il ralentit, attentif à ne pas glisser sur les dalles lisses où se croisaient en se saluant plusieurs prêtres, commis du Vatican. Il bifurqua vers la droite pour se rendre à la salle des audiences. La terreur l'envahit soudain. Que venait-il faire ici, lui qui n'y connaissait personne ? Quelle audace l'avait conduit à solliciter une entrevue avec le Saint-Père ? Et pourquoi celui-ci avait-il accepté de recevoir ce préfet anonyme et sans gloire ? Chaque pas qui le rapprochait du luxueux salon où il attendrait le pape pesa lourdement.

Et s'ils avaient eu raison, tous, de vouloir le détourner d'un projet téméraire. Lorenza en lui signifiant qu'elle renonçait à discuter avec un fou suicidaire ; ses confrères en exprimant leur désapprobation ; et Edgard Larochelle en l'expédiant à Moncton pour étudier le projet d'un séminaire pour la formation de missionnaires acadiens.

De retour des Maritimes, le 22 décembre précédent, il avait aussitôt rendu compte de ses démarches à Edgard Larochelle.

— Vous confierez cette affaire à quelqu'un d'autre, avait-il dit après lui avoir présenté le dossier. Tout est en ordre, mais vous devez savoir que je ne m'en occupe plus.

— Puis-je te demander quelle mouche te pique ? Avec ton expérience auprès des séminaristes, tu serais excellent pour diriger un séminaire.

— La question n'est pas là. Vous savez que je dois retourner en Chine. Je pars et j'ai pris mes dispositions pour que cela se fasse le plus tôt possible.

Le supérieur avait fait valoir qu'en dépit d'une proclamation garantissant la liberté de religion sur les territoires communistes, la plupart des prêtres catholiques et les représentants des églises chrétiennes sortaient de Chine.

— Tu y seras emprisonné. Et, d'ailleurs, avait-il ajouté en repoussant vers Gustave le dossier du séminaire acadien, je m'y opposerai, au nom de la raison. J'entends d'ici le représentant du ministère des Affaires extérieures me demander si nous sommes tombés sur la tête...

— Dans cette affaire, monseigneur, je m'en remets au pape.

La discussion s'était poursuivie longtemps. Le supérieur avait parlé d'excès de zèle et affirmé que les missionnaires ayant vécu en Chine et les membres du conseil général s'inquiétaient de ses véritables motifs. Incrédule, Gustave l'avait entendu évoquer, sans nuance, son attitude intransigeante, et décrire la crise réelle provoquée par son retour et celui de Louis Lapierre en Mandchourie.

— Tes lettres contestant le bien-fondé du retrait des missionnaires de Mandchourie et l'initiative de Fernand Schetagne d'ouvrir une mission au Yunnan ont alimenté un malaise, avait souligné le supérieur. Certains de tes correspondants ont pris plaisir à les montrer à Schetagne qui ne t'en a rien dit. Nous devons aujourd'hui reconnaître qu'il a eu raison de maintenir les hommes hors de la Mandchourie.

Tel un boxeur prêt à coucher son adversaire au plancher, Edgard Larochelle s'était redressé. Son fauteuil avait basculé vers l'avant et grincé bruyamment.

— Je voudrais ajouter ceci : plusieurs pensent que tu as nourri la mauvaise opinion qu'entretiennent contre nous les pères de Maryknoll et ceux des Missions Étrangères de Paris dont nous avons des échos jusqu'ici.

— Mon intention n'était pas de faire du tort à qui que ce soit. Je cherchais à démontrer, je l'ai dit, je l'ai écrit et je le maintiens, qu'il était scandaleux de ne pas donner de compagnons à Mgr Lapierre et de perdre la face devant les Chinois. Avant de quitter la Chine, j'ai admis que les événements justifiaient une prudence que j'avais d'abord dénoncée.

Reculant d'un pas, le supérieur s'était appuyé à la bibliothèque vitrée où se trouvaient des dizaines de larges enveloppes gonflées de lettres de Chine, du Japon, des Philippines et de Cuba. C'est là, avait pensé Gustave, que sont celles où l'on me traite de fou, d'illuminé et d'emporté. C'est à travers ces feuilles qu'on peut lire qu'après des années de silence, je me suis montré intolérant, passionné et agressif. S'apprêtait-il à les lui montrer ?

Tirant de sa poche un trousseau de clés, Edgard Larochelle s'était penché vers la partie inférieure du meuble dont les portes massives étaient réputées ne s'ouvrir que dans les grandes circonstances. Il en avait tiré une carafe et deux verres qu'il avait déposés sur une table basse.

— Allez, change de place. Viens t'asseoir ici. Je te sers un doigt de porto ?

Le ton, amical, avait permis à Gustave de décrire les démarches entreprises depuis plusieurs semaines auprès de Paul-Émile Léger, recteur du Collège pontifical canadien à Rome, pour qu'il l'accueille. C'est lui qui solliciterait pour le missionnaire une entrevue avec le pape.

Le supérieur ne comprenait toujours pas pourquoi Gustave s'entêtait. Personne, y inclus le pape, ne lui demandait d'aller tenter le diable.

— Vous connaissez mes raisons et je sais qu'elles sont toutes discutables. Je pars simplement pour me rapprocher de ceux qui souffrent et je ne me sens pas la force de profiter plus longtemps d'un confort qu'ils ne connaissent pas. C'est tout.

Cent conseils lui avaient été prodigués par Paul-Émile Léger.

— Dès que Sa Sainteté entrera dans la pièce, inclinez-vous. Si le pape ne s'adresse pas à vous immédiatement, laissez-vous conduire. Il donnera à votre entretien la direction qu'il voudra, mais il connaît depuis hier les raisons pour lesquelles vous désirez le rencontrer. Une dernière recommandation, évitez de vous parer de la croix et des couleurs des prélats, cela prêterait à confusion. À Rome, les évêques ne voient pas d'un bon œil l'emprunt de leurs précieux galons violets par les préfets apostoliques, auxquels il manque quelques grades.

Dans l'antichambre chargée de tentures, de dorures et de tableaux, peuplée d'évêques et de cardinaux beaux, flamboyants et hautains, dont les robes emplissaient la pièce d'une rumeur de soie froissée, Gustave se demanda ce qu'il faisait là. Pour la première fois, il eut l'impression de n'être qu'un entêté. Pie XII renverrait sans doute à Saint-Eustache ce préfet travesti en vicaire et encore assez prétentieux pour se croire utile à des millions de Chinois.

Il ne remarqua les suisses, de faction devant une large porte, qu'au moment où ils s'écartèrent devant Pie XII. Il était trop tard pour reculer...

Maigre et long, sans un regard pour ses familiers, guidé par un secrétaire, le pape marcha vers lui. Oubliant le souffle des voix étouffées, le protocole, l'élégance des lieux, Gustave s'inclina vers la main tendue, baisa l'anneau, et se redressa en témoignant de la soumission et du respect de son supérieur et de la Société des Missions-Étrangères du Québec. Surpris par sa propre voix, il se tut, ayant pourtant sur le bout des lèvres dix questions apprises par cœur. Il accompagna le pape et un secrétaire, vers un salon privé où ils s'assirent l'un en face de l'autre.

— Qu'aviez-vous à me demander, monseigneur Prévost?

— Je suis venu vous consulter pour que vous me disiez s'il est opportun que je retourne en Chine maintenant. Ce pays sera bientôt entièrement communiste et notre religion y sera, sinon prohibée, pour le moins fort malmenée, et ses prêtres, emprisonnés.

Il rougit et regretta aussitôt cette formulation pompeuse et sans chaleur. Le pape connaissait la Chine et les bouleversements dont elle était le théâtre. Moins informé sur la Mandchourie, il invita le préfet de Lintung à décrire la tourmente qui avait affligé cette province. Avec passion, Gustave fit revivre Tung Leao, Kailou, Linsi et Szepingkai, avant, pendant, après la guerre. Il parla des dix mille chrétiens menacés, et de Louis Lapierre qu'il désirait rejoindre.

Pie XII évoqua la guerre, son séjour en Allemagne où il avait été nonce apostolique, ses propres démêlés avec les autorités soviétiques, et parla du communisme. En ces jours de février 1949, les catholiques craignaient pour le sort du cardinal hongrois Joseph Mindszenty arrêté quelques mois plus tôt. Le pape souligna que cet événement et le procès au centre duquel était le prélat résultaient de son opposition constante aux communistes qui voulaient voir disparaître toutes traces de l'Église.

— Si vous désirez partir malgré les risques que cela suppose pour vous, c'est que vous êtes inspiré par le bon pasteur qui donna et qui donne encore sa vie pour ses brebis. Je vous recommande de recevoir comme une grâce spéciale votre volonté de retourner vers le danger.

— M'accordez-vous la faveur d'une dernière question? Si, par malheur, je devais être emprisonné à l'extérieur de ma préfecture, pourrais-je tenter d'éviter la captivité?

— L'Église doit être aux premières lignes dans la lutte pour la foi. Vous serez donc, comme l'est aujourd'hui en Hongrie notre cher cardinal Joseph Mindszenty, un témoin de Dieu. Vous êtes mes témoins. Représenter Jésus-Christ est un devoir et un honneur.

Quinze minutes avaient suffi pour que Gustave soit encouragé à partir. Il se retrouva sur la place Saint-Pierre, déserte. Il y pleuvait toujours. Emporté par son imagination, il vit Pie XI et Pie XII bénir les peuples de toutes langues et de toutes nations, et s'adresser à la foule rassemblée au pied de la basilique. En marchant vers la chapelle de la Confession de Saint-Pierre pour prier devant le tombeau du grand apôtre, il eut le sentiment de s'intégrer au défilé des milliers de missionnaires qui, depuis des siècles venaient y puiser l'inspiration suprême.

Dix jours après l'audience, il s'envolait pour Shanghai, à bord d'un avion qui fit escale en Égypte, aux Indes, en Birmanie, en Thaïlande et à Hong Kong. La veille de son départ, il avait expédié à sa famille une lettre impersonnelle décrivant son entrevue avec le pape. Une autre, adressée à Edgard Larochelle et indiquant les mesures à prendre s'il venait à disparaître, permit à son correspondant de comprendre que le préfet de Lintung avait l'impression de courir à sa perte.

«Mes papiers sont maintenant en règle et je puis aller en paix vers le pays où elle n'existe plus. De Shanghai ou de l'endroit où j'établirai mes pénates, je vous écrirai. Je ne suis pas assuré de pouvoir correspondre davantage avec vous. Aussi, je vous dirai, sur cette feuille, les recommandations que je vous aurais faites de vive voix si vous aviez été présent à mon départ.

«J'ai laissé en dépôt à la procure une croix pectorale et un anneau. Si je ne devais plus jamais m'en servir, ces deux objets seront propriété de la Société.

«J'ai une certaine somme d'argent en procure, à mon compte personnel. Si je suis rappelé à Dieu et que vous le sachiez, j'exprime le désir que cet argent serve à faire dire ou chanter des messes pour le repos de mon âme. Croyez bien, monseigneur, que malgré le ton de ces lignes, et même si ma vieille nature se révolte à la pensée de l'avenir, je suis content du sort que la Providence me réserve. Merci au bon Dieu de me donner l'occasion de lui offrir ce que j'ai et ce que je suis. C'est peu, je le sais, mais je ne réserve rien pour moi. Il semble que nos missions de Mandchourie aient besoin d'être cimentées par beaucoup de sacrifices et peut-être plusieurs vies...»

Prisonnier 170

En même temps que la crosse d'un fusil secouait la porte, une voix cria en chinois d'ouvrir immédiatement. C'était bien son tour. Gustave se leva lentement, regarda l'heure sur le cadran lumineux où, se chevauchant, les aiguilles se confondaient. Il était minuit. Exactement. Une minute encore et on enregistrerait son arrestation à la date du 4 octobre 1951. S'il ne se pressait pas, on enfoncerait, on le brutaliserait en l'accusant de provoquer volontairement la colère des policiers, et ainsi, d'agir contre le peuple chinois. Baluchon sous un bras, il tira le verrou, ouvrit et recula.

Six hommes entrèrent. Sans un mot, ils s'emparèrent du baluchon et perquisitionnèrent, emportant papiers et petits objets parmi lesquels le réveille-matin qui disparut au fond d'un sac de toile.

Menotté mains derrière le dos, il fut poussé jusque dans l'entrée de l'immeuble où James E. Walsh, ancien supérieur général des pères américains de Maryknoll interpella le chef du groupe.

— Où l'emmenez-vous?

— Cela n'intéresse que nous, lui répondit-on.

— S'il est à notre charge et non à celle du gouvernement communiste, où pouvons-nous lui faire parvenir ses repas et des couvertures?

— Vous savez que vous les questionnez pour rien, monseigneur. Taisez-vous, sinon ils vous arrêteront immédiatement, supplia Gustave en anglais.

— Autant être arrêté tout de suite, répondit-il.

Gustave ne put accorder plus d'attention au vieil évêque inquiet. Il fut entraîné vers l'extérieur, sans même savoir dans quelle prison il serait détenu. On le coucha, le visage contre le plancher brûlant d'une voiture. Les trois policiers assis sur la banquette posèrent leurs bottes sur son dos. Il ralentit sa respiration et se concentra sur la route empruntée par le véhicule. À la surface caillouteuse de la cour succéda l'asphalte lisse. Après quelques virages, le véhicule s'arrêta devant une grille de fer que Gustave entendit ouvrir, roula lentement sur une piste de terre battue et s'immobilisa. Enfin.

Il était encore en plein Shanghai, à moins de quatre kilomètres du Bureau central catholique. Ankylosé, le cou brisé, les mains enflées, il voulut se redresser. Il n'en eut pas le temps. On le tira dehors par les pieds et on le remit debout. Pressés de poursuivre leur chasse nocturne, les policiers le confièrent à une autre troupe de soldats armés qu'il suivit vers une maison dont, en deux années d'exploration de la ville, il n'avait pas soupçonné l'existence.

Il appréhendait cette arrestation depuis quatre mois.

Lorenza, que dans une lettre bizarre il avait comparée à la Vierge des Sept-Douleurs partageant les souffrances de son Fils, le croyait depuis longtemps enfermé entre quatre murs.

Le 19 juin 1951, le quotidien *La Presse* publiait un communiqué de l'agence Chine Nouvelle, indiquant qu'après une perquisition en règle, le gouvernement communiste chinois venait d'ordonner la fermeture du Bureau central catholique de Shanghai. Coiffé d'une photo de Gustave Prévost, le texte précisait que le personnel du Bureau, dernier centre d'information catholique en Chine, était gardé à vue en attendant de répondre à trois accusations principales : s'être opposé aux intérêts du peuple, avoir diffamé le gouvernement populaire et avoir entravé le mouvement de l'Église indépendante chinoise. La responsabilité principale de ces actes était imputée au nonce apostolique, Antonio Riberi, mais il n'était pas exclu qu'elle soit partagée par des hommes comme ce Canadien membre de la Société des Missions-Étrangères de Québec et du personnel du Bureau.

Craignant de voir Lorenza surgir au séminaire, Edgard Larochelle s'était littéralement précipité vers Saint-Eustache pour l'apaiser. D'entrée de jeu, il laissa planer la perspective d'un retour prochain du missionnaire.

— Ces crimes n'en sont pas, madame. Nous croyons que votre fils sera effectivement arrêté et qu'on se contentera de l'expulser.

Ce n'était pas ce qu'elle sentait. Elle le regarda et un sourire désabusé accentua la tristesse de son regard. Dix fois au cours de la matinée, les stations CKAC et CBF avaient répété qu'à titre de directeur adjoint d'une institution de propagande catholique, il serait peut-être condamné à mort.

— Vous devriez pourtant savoir que je ne suis pas si naïve, monseigneur. Je lis les journaux, j'écoute la radio. Je me tiens au courant. Parlez-moi franchement et n'essayez plus de m'endormir avec des fables.

Depuis qu'il la connaissait, cette femme lui renvoyait l'image de sa propre faiblesse, de son incapacité à présenter la vérité sous un jour objectif. Il se souvint d'un pieux mensonge, quelques mots spontanément tracés à l'encre noire à la fin d'un message qu'il venait tout juste d'adresser à Gustave. Deux phrases qui trahissaient l'esprit de Lorenza. «Ne vous inquiétez pas pour votre mère, avait-il écrit. Si vous veniez à mourir pour l'Église et la foi, elle recevra avec des pleurs de joie votre chapelet ensanglanté.»

Était-ce sa faute à lui s'il voyait toutes les mères comme des saintes et des madones? Quand Dieu, la foi ou les missions étrangères étaient en cause, il leur prêtait un altruisme, une abnégation que Lorenza, plus disposée à se battre qu'à se lamenter, refusait. Aux parents inquiets, il avait l'habitude de livrer des demi-vérités en invoquant Dieu, et en magnifiant le sacrifice de leurs enfants. Il se le permettait également dans ses lettres aux missionnaires, quand aucun argument ne pouvait adoucir leurs épreuves. Edgard Larochelle savait que les séminaristes qui avaient idéalisé le don de leur vie n'entretenaient pas tous, devenus prêtres, l'illusion qu'il était nécessaire.

Autoritaire et ferme, cette femme exigeait qu'on lui parlât franchement. Son assurance s'effrita. Le supérieur était venu lui dire que tous priaient avec elle. Impassible et sévère, elle attendait plus et mieux que des vœux pieux. Avouerait-il franchement que toutes les nouvelles, directes et indirectes, étaient alarmantes; qu'il n'y avait plus de fuite possible, ni pour Gustave et ses confrères en résidence surveillée à Shanghai, ni pour Louis Lapierre et les rares missionnaires encore en Mandchourie?

— Êtes-vous vraiment assez forte pour entendre la vérité, madame Prévost?

Connaissait-il seulement une chose dont elle n'ait déjà l'intuition?

— Je suis plus forte que vous ne le croyez, monseigneur. Et vous-même, êtes-vous vraiment capable de me parler comme vous le feriez avec les membres de votre conseil?

Elle savait la réponse et le vit hésiter. Devant les membres du conseil, il pouvait révéler ou évoquer le pire sans qu'ils expriment de l'émotion.

— N'ayez pas peur, je vous promets de ne pas pleurer. Dites-moi ce qu'il n'a pas voulu m'écrire depuis son arrivée à Shanghai. Aidez-moi simplement à comprendre. J'ai tout mon temps pour vous écouter.

Elle se cala dans l'une des deux berçantes où ils avaient pris place, sous l'horloge de la cuisine. Le balancier comptait chaque seconde d'hésitation. En voyant le visiteur céder lentement, elle croisa les bras sur une poitrine large et s'adossa confortablement. La chaise bascula lentement vers l'arrière.

— J'attends, monseigneur.

Elle savait déjà que, le 22 février 1949, un soleil brûlant réchauffait l'avion bien qu'il atterrît sous les nuages et le brouillard qui enveloppait Shanghai depuis plusieurs jours. Une marée humaine avait traversé le fleuve Bleu pour se retrancher dans cette ville où l'on ne passait que pour la fuir au plus tôt. On retirait son argent des banques et on profitait de l'ultime chance de quitter une Chine perdue pour chercher refuge à Hong Kong. Les hommes s'y rendaient les premiers, en éclaireurs, espérant être bientôt suivis de leur femme et de leurs enfants. Les plus pauvres grossissaient la masse des indigents, vivaient et dormaient dans la rue.

Gustave avait rassuré Lorenza. Il était heureux d'avoir obéi au pape et retrouvé Shanghai où vibrait «l'âme d'une nation en évolution», avait-il écrit. Edgard Larochelle avait eu droit à une description plus précise. La ville était «une fournaise, prête pour l'explosion qui surviendrait dans peu de semaines».

Il avait permis à Lorenza de croire qu'il y coulait des jours faciles. En réalité, il avait été froidement reçu à la résidence des Missions Étrangères de Paris où il apparut comme une bouche inutile à nourrir, et où l'on tenta de le convaincre de monter à bord du premier avion en partance pour l'Amérique. Blessé, il avait gagné Nankin où Antonio Riberi lui conseilla de s'en tenir aux vœux de Pie XII et de rejoindre Louis Lapierre à Szepingkai.

« Il est difficile de s'improviser héros », avait-il confié à Edgard Larochelle après avoir constaté que la Mandchourie lui était inaccessible. À moins de vingt-cinq kilomètres de la ville, les routes du Nord étaient barrées par des milliers de communistes. En attendant la première ouverture pour s'y rendre, il devait trouver un emploi et faire en sorte d'être utile à la communauté chrétienne de Shanghai.

Le nonce apostolique le secourut en lui confiant un poste d'adjoint au directeur du Bureau central catholique, et en le chargeant de la réorganisation de l'enseignement primaire dans les séminaires. Une tâche considérable en temps de paix, mais utopique dans les circonstances, la plupart des séminaires étant fermés. Gustave entreprit néanmoins une réforme de papier. Vers la fin du mois de mai 1949, il écrivit à Lorenza une lettre terne où il se bornait à décrire un travail de compilateur qui aurait mieux convenu à Germain Ouimet qu'à lui-même.

— J'étais quand même fière de savoir qu'il était protégé par le nonce et qu'il travaillait dans un bureau plutôt que dans ces horribles villages où il avait tant souffert.

— Saviez-vous qu'au moment où il vous écrivait, Shanghai était sur le point d'être prise ?

— Je vous l'ai déjà dit, monseigneur, je me tiens au courant. C'était d'autant plus facile de savoir ce qui se passait que les journaux ne s'intéressaient qu'à Mao Tsê-tung. Continuez.

Le même courrier indiquait au supérieur du séminaire des Missions-Étrangères qu'au milieu du mois, Shanghai commença à craindre les bombardements qui visaient les environs et dont le fracas se répercutait jusqu'au cœur de la ville assurée de tomber. Familière à Gustave, cette atmosphère l'avait galvanisé : « L'occasion est bonne, suggéra-t-il alors à Edgard Larochelle, de stimuler, chez mes confrères et chez les séminaristes du Québec, l'esprit missionnaire qui a de tout temps imprégné les porteurs de la parole de vie en terre païenne. Je crois qu'il est nécessaire d'opérer un redressement d'opinion chez plusieurs. Pour cela, il faut leur infuser un authentique souffle missionnaire. Parlez-leur de Mgr Lapierre dont on m'annonce tous les mois que, miné par la malaria et beaucoup d'autres maux, dont une peine indicible, il n'atteindra peut-être pas sa soixante-dixième année. Dites-leur de se préparer à voler au secours de l'Église de Chine qui se meurt, comme lui.»

Progressivement le bruit des rafales de mitrailleuses se rapprocha, accompagné de l'odeur des combats, de poudre et de fumée qui se confondit avec celle des arbres fruitiers entourant le Bureau. Pendant que les soldats nationalistes blessés affluaient vers les hôpitaux, des milliers de retardataires, transitant encore par Shanghai, quittèrent la Chine à bord des derniers trains. Dans ce large entonnoir ne passèrent bientôt plus que les riches. Ou les chanceux.

Confondus par les nouvelles contradictoires diffusées à la radio officielle, Chinois et étrangers n'eurent de foi qu'en *The Voice of America*. C'est de New York et de San Francisco que Shanghai fut informée de la prise, sans résistance, d'une de ses banlieues les plus populeuses.

Le 25 mai, sans bruit ni désordre, les communistes prirent position, dans un ballet bien rodé où les danseurs se croisèrent et se succédèrent sans combattre, l'armée nationaliste s'éclipsant en cédant les clés de la ville aux soldats de la longue marche rouge. Le rideau de bambou fut descendu devant la scène. La reddition de Shanghai assurait à Mao toutes les victoires.

Gustave cessa momentanément d'écrire au Canada et, pour ne pas attirer l'attention, le Bureau central catholique annonça sa fermeture officielle. Pourtant, derrière les murs et les portes closes, la résistance s'organisa. Le Bureau devint le centre de l'opposition chrétienne en Chine et entreprit de dénoncer les théories marxistes. On se prépara, dans cette ruche, à répondre aux cent questions de ceux qui voulaient savoir comment réagir devant les chevaliers d'une inquisition qui les visait. Des écrits d'évêques et de prêtres chinois, des revues catholiques chinoises et des traductions d'œuvres étrangères y furent imprimés à des milliers d'exemplaires, puis stockés.

À la fin de l'été, tâcheron parmi une vingtaine d'autres, Gustave consacrait de dix à quinze heures par jour à l'imprimerie, ficelait des paquets de documents qui, en septembre, furent expédiés aux chrétiens, aux prêtres et aux évêques chinois encore libres.

Une brève accalmie, l'impression que les communistes étaient disposés à tolérer sa présence et celle de ses confrères sur le territoire chinois, l'incita à tenter, une fois encore, d'aller à Szepingkai. On le refoula vers le Bureau.

À cette époque, aucune lettre ne fut destinée à Lorenza. Elle n'eut de nouvelles que par les compagnons de son fils. Il continuait de réclamer un peu d'argent pour lui, pour des séminaristes chinois réfugiés à Manille et pour les prêtres chinois de la diaspora.

En 1950, l'argent ne venant pas assez vite à son goût, il ordonna que soient vendues sa vieille voiture, sa montre et sa machine à écrire. Ses réclamations s'étalèrent sur toute l'année : « Si, par là-bas, on tient absolument à vous bourrer les poches de cennes noires et de cennes blanches enveloppées dans des images de Sa Majesté, vous les laisserez faire, n'est-ce-pas ? » Quand on lui apprit qu'on avait obtenu « 1800 tomates, dont 500 cash » pour la voiture et « 100 tomates » pour le reste, il était trop tard. Les grilles cuivrées des guichets des banques américaines étaient closes. La belle récolte des messes et des dons qui s'élevait, lui avait-on écrit, à une somme équivalente « au numéro de téléphone de Pont-Viau, moins 263 » ne lui parviendrait jamais ! Qui les soutiendrait, lui et ses protégés ?

Vers la fin de l'année, inspirés par la doctrine du nouveau nationalisme, cinq cents catholiques chinois réclamèrent la rupture des relations entre leur Église et le Vatican ; entre eux et les impérialistes. Jetant les bases de la triple indépendance de l'Église chinoise, ces catholiques exigèrent qu'elle ébauche sa propre doctrine, s'administre et se finance elle-même. Honnie, la soi-disant générosité des communautés religieuses occidentales, livrant gratuitement leurs professeurs et leurs infirmières, construisant écoles, hôpitaux et temples pour répandre en Chine un esprit néfaste au bien du peuple. Fort d'une déclaration qu'il avait dictée, le gouvernement imposa aux trois millions de catholiques l'adhésion à une Église chinoise renouvelée selon ses préceptes.

Tel qu'il avait été prévu, l'année 1951 s'ouvrit sur la rupture officielle des relations entre les catholiques chinois et le Vatican, et sur la création du Mouvement patriotique catholique. Restait aux intrus à disparaître. Le pape enjoignit les évêques et les préfets de se désigner des successeurs d'origine chinoise qui prendraient le maquis. Dorénavant, le personnel du Bureau central catholique n'était plus en sécurité.

La tempête annoncée n'eut pas lieu immédiatement, mais ni Gustave ni ses compagnons ne furent dupes du répit qui leur était accordé. Le courrier étant systématiquement passé au crible par les communistes, Gustave se voulut hermétique et utilisa des pseudonymes ou les diminutifs Ti-Gus et Ti-Rouge. Trempant sa plume dans l'encre du pays natal, il puisa aux ressources de la langue populaire. C'est par un chef-d'œuvre du genre, qu'il décrivit à Germain Ouimet les dangers qui planaient au-dessus de sa tête : «Tu veux venir me r'joind? Better attendre queq'temps, pour que ça se r'plasse. Y a un r'mue-ménage du bo y'able qui va m'valoir un coup de pied queq'part ou bien un stage par derrière les baro.»

— Il s'attendait vraiment à être arrêté? demanda Lorenza.

— Il n'en a jamais douté.

Edgard Larochelle avait eu droit à des précisions : «Voici un muet qui, pour une heure, recouvre l'usage de la parole! Ne lui en veuillez pas de sa paralysie linguale; les docteurs disent que cela peut se guérir de différentes façons, soit en allant dans les grands hôpitaux ailleurs, soit en portant son cou dans les hôpitaux locaux pour un réajustement et un redressement. Si le bon Dieu me voulait, il me semble que je serais content, même si j'ai la chair de poule et si je sue à grosses gouttes.»

Le supérieur ne se berçait plus. Il tira quelques papiers du porte-documents posé près de la chaise.

— Vous cherchez quelque chose? demanda Lorenza en se penchant vers lui.

— Voici sa dernière lettre. Elle nous est parvenue via Hong Kong.

Lorenza prit la feuille dactylographiée et lut, à haute voix.

— «J'sus pas mieux qu'mort, pi j'sus pas fort. Ça y est; ou ben à l'hôpital ou ben l'pied queq'part. J'sais pas c'qui vont nous faire.»

— Voilà. Vous en savez maintenant autant que moi. Nous espérons, comme je vous le disais plus tôt, qu'il soit expulsé. En réalité, pour être franc, nous n'en savons rien. Que puis-je faire pour vous, maintenant?

— Ne vous occupez pas de moi, monseigneur. Priez pour lui, si vous le voulez et, surtout, défendez-le. Remuez ciel et terre, je ne vous en demande pas davantage.

Dans la pénombre d'une vaste pièce faiblement éclairée, les policiers déroulèrent le baluchon arraché à Gustave au moment de son arrestation. Un à un les objets tombèrent dans un panier. Ils tâtèrent longuement les ourlets de la couverture grise dont ils firent un tas. Le plus grand des hommes s'approcha. Sans brusquerie, évitant le regard de Gustave, il détacha ses menottes et le fouilla. Il montra d'un signe le veston que Gustave retira et lui tendit. Des poches, il tira une image de saint François de Sales et une médaille de sainte Anne de Beaupré, puis découvrit dans un mouchoir un chapelet aux grains d'ébène que Gustave y avait caché, croyant qu'il serait introuvable. Du doigt, il montra les gros souliers et réclama les lacets noirs effilochés que Gustave rompit en les dénouant. Il déboutonna sa chemise et pencha la tête. L'homme saisit le chapelet qu'il avait au cou et le lança parmi les autres objets.

Depuis combien de temps était-il debout dans cette pièce ? Dix minutes ? Une heure ? Ses oreilles bourdonnaient. On palpait encore son dos, ses fesses, ses jambes. Il retira ses chaussures. On en souleva la semelle intérieure, on les plia jusqu'à les casser avant de les lui rendre, béantes. Humilié, le cerveau vidé par la peur qu'il avait cru pouvoir maîtriser, il voulut concentrer son attention sur un sujet, n'importe lequel. Il fut incapable de se détacher des gestes lents et obsédants des policiers. Quand donc s'était-il trouvé devant autant d'hommes au visage impénétrable ? Au Vatican, se souvint-il, peu avant que Pie XII ne l'invite à témoigner de sa foi. Cette pensée ne lui procura aucun réconfort. De quoi un homme sans grandeur ni panache témoignerait-il donc ?

À l'impassibilité des soldats succéda la brutalité. Des menottes enserrèrent de nouveau ses poignets et ses chevilles, puis on le poussa hors du bureau en lui criant de retenir sa langue de chien et de ne révéler son identité à personne. Malgré l'entrave qui ralentissait sa marche, on l'obligea presque à courir vers le cachot où on le fit entrer si brutalement qu'il tomba sur le sol. Il demeura ainsi, recroquevillé, pendant d'interminables minutes. À genoux, il étendit du mieux qu'il put la couverture qu'on avait lancée sur lui et s'allongea parmi six autres corps dont il ne chercha pas à distinguer les visages. À l'aube, il put enfin voir les murs, le plancher de ciment, le grillage de la porte doublée de planches épaisses et grasses. Près du plafond, trop haute pour qu'il puisse l'atteindre, une étroite fente percée dans le mur laissait passer un filet de lumière. Une nuée de mouches y volaient, éclairées par le soleil. Ses compagnons dormaient encore.

La porte s'ouvrit sur deux gardiens.

— Prisonnier 170 ! cria l'un d'eux.

Sans comprendre qu'il s'adressait à lui, Gustave se retourna et le regarda. Irrité, le gardien répéta dix fois les mêmes mots, par saccades.

— Prisonnier 170, es-tu sourd ?

À qui s'adressait-il donc ? Un homme couché près de lui allongea un bras et murmura.

— Lève-toi, c'est pour toi.

S'appuyant sur ses mains encore attachées devant lui, Gustave se redressa lentement. La grille s'ouvrit. Le soldat plaça son arme en travers de la porte.

— Es-tu 170 ? Réponds si tu n'es pas muet !

— Oui, monsieur.

— Il n'y a pas de monsieur ici. Nous sommes des camarades. Es-tu 170 ?

— Oui, je suis 170.

— Avance ! Sors vite !

L'un des soldats piqua une mitraillette dans le dos du numéro 170 qui fut conduit à travers les couloirs parcourus la veille. Dans la cour, le soleil se cachait déjà derrière un halo vaporeux. Ils entrèrent dans une maison située à quelques pas de la prison.

Au centre d'une pièce qui avait dû être un salon, un accusateur et deux scribes étaient assis derrière une lourde table sculptée d'arabesques. Peut-être le propriétaire croupissait-il quelque part, dans sa propre demeure.

— Qui es-tu ?

Gustave hésita avant de répondre.

— 170.

— Je veux ton vrai nom !

— Gustave Prévost, préfet apostolique de Lintung.

— Tu dois m'appeler M. le juge. Pourquoi es-tu ici ?

— Parce qu'on m'y a conduit.

— Raconte ta vie, tes erreurs et tes crimes contre le peuple de Chine.

— Je ne suis coupable d'aucun crime contre le peuple.

— Raconte et tu verras que tu es un criminel. Tu as causé du tort au peuple chinois. Tu es un impérialiste, nous le savons. Avoue-le donc.

Ignorant la nature des aveux qu'on attendait de lui, le numéro 170 se tut.

— Sache que le gouvernement du peuple n'arrête aucun innocent. Sache aussi que le gouvernement du peuple ne se trompe jamais et tiens-en toujours compte. Et maintenant, assieds-toi et écris !

Confesser quoi ? En prévision de leur arrestation, les prêtres du Bureau avaient convenu de ne révéler ni les noms de leurs confrères ni ceux de leurs correspondants. Les informateurs avaient été nombreux et l'accusateur connaissait les moindres détails de leurs activités. Qu'avaient admis les autres, ceux qui avaient été arrêtés au cours des mois précédents ? Et comment justifier qu'il ait pu, depuis son arrivée à Shanghai, diriger la Légion de Marie à travers la Chine, tout en prétendant que Rome ne s'ingérait pas dans la vie des chrétiens ? Pressentant le danger d'en dire trop ou pas assez, de nuire à tous, même et surtout en se taisant, le numéro 170 n'ouvrit pas la bouche.

— Nomme tes correspondants de l'armée de Rome !

— En quelle langue voulez-vous que j'écrive, monsieur le juge ?

— En chinois, si tu le peux. En anglais ce sera aussi bien. Écris d'abord sur l'armée romaine, sur ta stupide légion, que vous appelez l'Armée de Marie. Que vouliez-vous faire d'une armée, sinon désorganiser le peuple? Qu'est-ce que le pape des chiens attendait des Chinois? Pourquoi t'a-t-il envoyé ici comme témoin, sale espion? N'avais-tu pas l'intention de détruire l'esprit égalitaire communiste? Ton but n'était-il pas d'implanter le capitalisme américain en Chine? Pourquoi dépensais-tu tant d'argent si tu n'avais pas d'objectif matérialiste?

Il se pencha vers l'écritoire.

— N'oublie pas, chien puant, que nous savons tout, et que tu seras puni pour chacun de tes mensonges.

Pendant une heure, Gustave rédigea, en anglais, un long texte décrivant la Légion de Marie, son origine, le mode de recrutement et d'intervention auprès des membres chinois. Un texte technique, presque le mot à mot des documents officiels.

— Sois content de ce qu'aucun de nous ne lise l'anglais. Nous te rappellerons quand nous saurons ce que tu as écrit. D'ici là, va te faire raser.

Le barbier officiait dans une cellule. On assit Gustave sur un banc autour duquel s'éparpillèrent les mèches rousses. Les soldats ricanèrent. Voilà, pensa-t-il sans pouvoir toucher son crâne endolori, ni voir ses yeux et ses traits où la peur était déjà imprimée, comment on transforme les hommes en numéros. Quel prisonnier, rendu à la liberté, pourrait témoigner de la présence dans cette prison de celui que les étudiants de l'université de l'Aurore appelaient l'évêque aux cheveux rouges?

De retour dans la cellule, on lui retira ses menottes. Il attendit, pour regarder ses compagnons de la dernière nuit, que la porte de bois fût refermée. Des six détenus comptés le matin, quatre s'y trouvaient encore. Aucun visage émacié, aucun corps amaigri. Ils étaient donc reclus depuis quelques jours seulement. Y avait-il des prêtres parmi ces Chinois et ces Occidentaux? Il fut sur le point de parler. Allemand ou Hollandais, un homme lui fit signe de se taire.

Il s'assit par terre, à côté du seau commun dont l'odeur répugnante emplissait la pièce. Malgré l'urgence, il hésita à s'en servir. Pourquoi tarder? Ne partagerait-il pas, longtemps peut-être, l'intimité de ses voisins? Ils se tournèrent vers le mur. Quand il voulut s'éloigner du seau, on lui fit signe de le ranger près de la porte et de s'asseoir près d'eux, sous le rai de lumière. Pensaient-ils vraiment que de l'étroite fenêtre pouvait souffler une brise parfumée?

Il devait être treize heures quand la porte s'ouvrit, et que parurent deux chariots. Un soldat ramassa le seau. Au même endroit, un autre déposa, un à un, cinq bols de riz couvert de légumes ramollis et dégoûtants. Gustave se précipita sur ce premier «festin» en imitant ses voisins qui l'attaquèrent avec leurs doigts. À peine commençait-il à manger que la porte s'ouvrit de nouveau. Le canon d'une arme précédait un gardien qui demanda le numéro 170.

La comparution débuta quelques minutes plus tard par l'analyse des notes qu'avait griffonnées Gustave. Brandissant un paquet de feuilles dactylographiées, le juge l'accusa de s'être moqué de lui et d'avoir voulu le tromper sur la vraie nature de ses activités.

— Il y a des choses que tu n'as pas encore déclarées! Cela prouve que tu es un sale chien d'espion.

— Je ne suis pas un espion.

— Tu es un espion et un menteur! Ne regarde pas sans cesse cette horloge. Ici, nous ne comptons pas les heures. Qui es-tu vraiment?

Il crut que le juge était à l'affût de renseignements sur ses parents, son enfance et ses études. Ces détails impatientèrent le juge qui ne voulait pas davantage entendre parler des années en Mandchourie ni des activités missionnaires. Des dizaines d'autres notes jonchaient la table. L'accusateur en tendit une au juge qui la scruta longuement.

— Dans tes lettres au Canada, tu as utilisé un langage codé. Nous croyons que tu cherchais à faire entrer de l'argent pour financer tes activités illégales. Nous avons compris que les «images de Sa Majesté» représentaient des dollars. Nous voulons savoir de quelle somme il s'agissait et ce que représentent les «tomates».

Trop épuisé pour sourire à cet interrogatoire de vaudeville, il décrivit les expressions courantes en usage chez lui, et tenta d'en illustrer le caractère anodin.

— Ce n'est pas aussi insignifiant que tu cherches à le faire croire, dit le juge en comparant cette lettre à d'autres où Gustave s'exprimait dans un français qui n'avait pas été un casse-tête pour les services d'espionnage.

La nuit avait succédé au jour quand l'interrogatoire s'orienta sur la mission que lui avait confiée Pie XII en 1949. À cette heure, debout sur des jambes enflées, le numéro 170 ne pensait qu'à s'asseoir et à dormir.

— Passons aux choses sérieuses, maintenant! Tu voudrais retrouver ta couverture, numéro 170? Tu t'ennuies de ton cachot? Tu vois, tu as fini par t'y trouver bien. Mais, tu vas languir encore un peu et nous expliquer pourquoi ton chef t'a envoyé en Chine en te demandant d'y être son témoin.

C'était donc ça! Lorsque Gustave était revenu à Shanghai, Antonio Riberi lui avait demandé d'écrire, mot à mot, le contenu de l'audience papale, un texte sobre qui fut traduit et distribué à travers le réseau du Bureau central catholique. L'intérêt du pape pour les missions catholiques chinoises y était confirmé, en même temps que le rôle des prêtres et des missionnaires. L'accusation d'espionnage était liée au rôle de témoin qui lui avait été confié. Soudain submergé par le sentiment d'avoir, par prétention, trahi Pie XII et compromis le Vatican, il s'enfonça dans un mutisme qui dura jusqu'à l'aube quand, lui-même épuisé, le juge le congédia.

— Remettez-lui les menottes! Qu'il aille réfléchir au cachot.

Il persista, pendant les trois semaines suivantes, à ne pas parler de l'entrevue de Rome. Pourtant, sachant qu'il finirait par céder, on l'interrogea, aussi bien à propos de la Croix-Rouge que du gouvernement du Canada; aussi bien sur les honoraires de messes que sur les dons des bienfaiteurs.

À la fin d'un interrogatoire de trois jours entiers où plusieurs juges et accusateurs s'étaient relayés pour en venir à bout, il consentit à décrire l'entrevue du 7 février 1949.

— Otez les menottes à cet homme stupide et donnez-lui un siège. Imbécile que tu es! Pourquoi avoir attendu si longtemps? J'ai le texte sous les yeux et toi seul en es l'auteur.

— Je croyais que ça ne concernait pas le gouvernement du peuple.

— Ton chef te dit de rester en Chine pour être témoin et tu dis que ça ne concerne pas le gouvernement? Nier que tu es un espion, c'est nier l'évidence, car tes propres écrits te condamnent. Il te reste à avouer les crimes que tu as commis pour obéir au chef de la meute dont tu fais partie.

Il fut attentif à ne rien ajouter à ce qui était déjà connu et à ne pas provoquer la colère du tribunal d'enquête qui réagissait en le menaçant, en le menottant, en lui refusant le seau d'aisance, en l'obligeant à redresser un dos courbé, à tendre ses jambes mortes, et qui le convoquait au milieu de la nuit. Dès lors, il ne s'endormit que pour pénétrer au cœur de cauchemars peuplés de soldats cyniques et violents, l'exécutant après d'interminables supplices. Il y mourait chaque fois, prêt à avouer tous les crimes du monde, y compris ceux dont on ne l'accusait pas.

Dans le silence et l'obscurité des nuits et des jours sans lumière, ses compagnons de cellule avaient appris sur chacun l'essentiel. De leur passé d'hommes libres exploré par les enquêteurs, ils ignoraient les détails. Peu importait qu'ils aient été bons ou mauvais, coupables ou innocents, seuls comptaient leur commune souffrance, le partage des mêmes peines et inquiétudes.

Ils envoyaient à Gustave son statut de prêtre et de Canadien, et au marchand hollandais, l'avis d'expulsion qui ne tarderait pas. Le vieux banquier chinois dont l'entreprise avait servi de filière à Tchang Kaï-chek connaissait d'avance l'issue du simulacre d'enquête qu'il subissait stoïquement. Les deux années au cours desquelles il avait été le banquier des rouges n'avaient pas effacé l'opprobre. Il mourrait. Il était assez vieux pour aller retrouver ses ancêtres, avait-il dit, et il réservait ses regrets pour sa femme, sa concubine et ses enfants réduits à la mendicité par son incarcération.

Le titulaire de la chaire d'économie politique à l'université jésuite de l'Aurore, mourrait pour son opinion favorable au maintien des liens de la Chine et de l'Occident. Celui-là, Gustave l'imaginait sans peine s'américanisant à Harvard où il avait étudié. Malgré son crâne rasé et ses jambes paralysées par le béribéri, il le voyait aussi à Shanghai, buvant du whisky dans les bars fréquentés par les hommes d'affaires étrangers. L'histoire des autres Chinois reflétait l'aveuglement d'une police, d'une armée, d'un État en guerre avec ceux dont l'engagement n'avait pas été spontané et qui avaient été dénoncés pour cela.

Les séances se poursuivirent. Haineuses et violentes. À la fin de l'enquête, des centaines et des centaines de feuilles s'accumulaient sur le bureau du juge qui s'y référait chaque fois qu'une réponse à une question connue n'était pas exactement la même que les dizaines d'autres réponses à la même question. Le procès qui suivit dura un peu plus de deux mois.

Gustave, qui toute sa vie s'était abreuvé de récits d'héroïque résistance, comprit alors que la volonté peut être trahie par un corps affaibli. Anémique, à son tour frappé par le béribéri, il admit sa culpabilité à onze accusations d'espionnage et de sabotage, et reconnut qu'à titre de directeur de la Légion de Marie en Chine, il avait dénoncé la religion nationale et l'idéologie marxiste. Il signa ce qu'on voulut.

Au début du mois de décembre 1951, les journaux officiels chinois publièrent une confession portant, en guise de preuve d'aveux libres du prisonnier 170, ses empreintes digitales. On l'avait photographié dans la cour de la prison, peu après lui avoir appris qu'il serait fusillé. Le flash avait brillé à l'instant où les soldats avaient braqué leurs armes sur lui. Pour l'article, on ne conserva que le visage d'un homme au crâne rasé, au regard pétrifié d'horreur. Le «légionnaire canadien» avait bien une tête de chien coupable, heureusement débusqué, et justement condamné.

L'agence Reuter qui, au mois d'octobre précédent, avait annoncé l'arrestation de Gustave, fit écho à sa condamnation pour activités d'espionnage. Publié dans les journaux montréalais le 8 décembre, le communiqué accompagnait un texte de la Société des Missions-Étrangères affirmant que le missionnaire de trente-huit ans n'était pas un espion. Par ailleurs, l'institution admettait tout du procès qu'il venait de subir et avouait qu'elle était sans nouvelles directes de lui depuis le mois de juin.

La presse québécoise se pencha sur la carrière de Gustave Prévost qu'elle salua comme un héros et un martyr qui s'était volontairement porté à la défense de la foi chrétienne en Chine, et qualifia d'absurdes, les accusations portées contre lui. L'occasion était propice à la comparaison des charges retenues contre lui avec celles qui pesaient sur plusieurs missionnaires de l'Immaculée-Conception à qui on imputait la mort de milliers d'orphelines chinoises dont les corps avaient été trouvés dans les cimetières adjacents à leurs couvents ou à leurs dispensaires.

Aux fêtes, le souvenir de Gustave Prévost s'était estompé. Seuls ses supérieurs, ses confrères et sa famille s'intéressaient encore à lui.

La Chine étant muette, ni le gouvernement canadien ni la Croix-Rouge n'apportèrent de réponses aux questions relatives à la sentence qu'il devrait purger. Une seule rumeur filtra. Ébauchée à Shanghai et acheminée à Montréal via Hong Kong par le jésuite Léo-Paul Bourassa, elle sema la consternation parmi les membres de la Société. «Je vous écris et je porte à mon doigt l'anneau épiscopal de Mgr Prévost. Il me l'a fait parvenir par quelqu'un. Selon une nouvelle, il serait malade et hospitalisé à Shanghai. Une autre assure qu'il n'a plus toute sa raison. Pour le moment du moins, des témoins dignes de foi et qui doivent savoir, nient cela complètement. Surtout, rien de cela à sa famille. Spécifiez-le bien à Mgr Edgard Larochelle.»

Lorenza, qui serait bien morte pour sauver son fils, n'attendait rien. Ni bonne ni mauvaise nouvelle. Il était vivant. Elle le savait et cela lui suffisait. Elle refusa d'échafauder la moindre hypothèse et, pour la première fois de sa vie, elle confia à ses enfants l'organisation des repas de Noël et du nouvel an.

De nouveau malade, Zéphyr absorbait toute son attention.

Le Chinois

Gustave n'avait été qu'un témoin indigne et lâche. Il voulut donc expier sa faiblesse en s'exposant une autre fois à la sévérité de la cour. Pour comparaître et démentir ses aveux, il harcela ses gardiens. Mensonge que de s'être reconnu espion à la solde du Canada et du Vatican. Mensonge encore que d'avoir admis que l'Église était constituée d'une nuée d'espions. Un mois après le procès, les gardiens transmirent finalement sa requête au tribunal. Il s'y présenta avec effronterie, exigeant qu'on retirât ses aveux. Le juge l'écouta, se moqua de son audace et de son soudain courage avant de le renvoyer à son cachot pour s'y repentir de ses crimes.

Il renonça à compter les jours, rythmés par les allers et retours de ses compagnons entre la cellule commune et la chambre des interrogatoires. L'insidieuse inquiétude provoquée par leurs absences imprévues et inexpliquées troublait leurs nuits et nourrissait leur solidarité muette.

Disparurent un à un les visages familiers, remplacés par d'autres dont les cris déchiraient parfois le matin, à l'heure où les cloches de l'université de l'Aurore annonçaient le début des cours. Aurait-il dû reconnaître, dans cette forme enveloppée d'un drap sale, tenue par les pieds et les épaules, l'Anglais jovial et gras dont le sourire s'était effacé en quelques jours ? Que deviendrait ce nouveau compagnon, d'avance condamné pour avoir été juge en chef de la Cour suprême chinoise ? Quelle sentence serait imposée à ce fonctionnaire, incarcéré pour avoir préféré la musique classique occidentale aux œuvres nationales chinoises ?

Et qu'adviendrait-il de Gustave Prévost ? À l'expiation de quelle peine devait-il se préparer ? Ses pensées s'organisèrent comme celles d'un homme en sursis, ce qu'il était vraiment. Tantôt pressé, tantôt anxieux d'être exécuté, il réclamait son châtiment. En attendant la mort, il apprit à se mépriser et à se détester. Une pensée, un mot, ravageaient son esprit obsédé. Coupable.

Coupable, devant les chrétiens chinois. Coupable, devant Pie XII. Coupable de témérité et de prétention, devant ses confrères qu'il avait jugés quand ils s'évertuaient simplement à survivre. Coupable, d'une vraie trahison envers l'évêque de Szepingkai que les Chinois pourchasseraient peut-être parce que Gustave Prévost avait admis que ses missionnaires travaillaient contre le bien du peuple chinois. Coupable, devant les siens qui l'avaient cru meilleur qu'eux-mêmes. Il se découvrit hérétique et fou, inapte à remettre d'aplomb un esprit qui sombrait dans le noir.

Il était incarcéré depuis plusieurs mois quand un autre prisonnier fut introduit dans la cellule. On le reçut avec la méfiance réservée aux espions, même s'il semblait à Gustave que celui-ci apportait une paix qu'il n'espérait plus, tant Dieu était muet devant son découragement, tant la foi où il voulait puiser un rien de force semblait irrémédiablement éteinte. Sans foi, ses prières n'étaient qu'enfilades de mots légers et vides, impuissants à atténuer son désespoir.

Après quelques jours de cohabitation, le nouveau venu prit Gustave à part. Il le reconnaissait d'après la photo publiée à l'issue de son procès.

— Je suis prêtre. Ils ne doivent pas le savoir, sinon je serai tué.

Gustave douta. Seul un espion pouvait reconnaître un crime qu'on ne lui reprochait pas encore. Et s'il l'était, quels aveux espérait-il lui arracher?

— Puisqu'ils ne savent pas que vous êtes prêtre, sous quel prétexte vous ont-ils arrêté? lui demanda-t-il.

— Je l'ignore et eux aussi, il me semble. D'ici à ce qu'ils découvrent que j'exerce secrètement mon ministère auprès des chrétiens, ils cherchent.

Ils n'échangèrent plus un mot. Suspicieux, Gustave attendit quelques jours et reprit lui-même la conversation.

— Vous avez vraiment vu ma photo dans les journaux? Était-elle accompagnée d'aveux?

— Des aveux? Oui, il y en avait. On ne les remarque plus, il s'en publie chaque jour, et on y lit toujours la même chose. Personne n'y croit.

Gustave se tut. La nuit fut sinistre. Si cet homme connaissait sa faiblesse, on ne devait pas l'ignorer au Canada. Il voulut mourir, mais rien dans la cellule ne lui permettrait d'exécuter ce projet. Des témoins, des murs lisses, pas un lacet, pas un cordon, de vieux draps, une chemise, des bas usés et sales. On l'avait condamné à vivre.

Le Chinois disparut pendant une journée et une nuit. Il fut ramené, évanoui, dans la cellule où les hommes firent un lit de leurs couvertures, l'y couchèrent et attendirent. Ce n'est que des heures plus tard qu'il sortit du coma. Ils le veillèrent, lui réservant l'eau puante livrée après le repas. Un jour, il put venir s'asseoir près de Gustave qui avait fait son territoire de l'angle du cachot illuminé par le soleil de dix heures.

— Vous avez besoin de moi, affirma-t-il.

— Pourquoi dites-vous cela? demanda Gustave.

— Vous êtes si tourmenté. Voulez-vous que je vous confesse?

L'idée lui parut absurde. Il n'attendait, ne méritait pas de pardon. De la tête, il fit signe que non.

— Autrefois, des missionnaires m'ont appris qu'il fallait aller vers Dieu avec confiance. Peut-être est-ce mon tour de vous indiquer le chemin à prendre pour le retrouver?

Gustave baissa la tête. Pour la première fois depuis des mois, il pleurait. Et il priait pour que la paix soit donnée à son âme troublée. Pour retrouver la force de vivre entre ces murs où le désir de mort le hantait de plus en plus souvent. Il se confessa sans prononcer une parole. Quand le prêtre comprit que Gustave avait terminé, il prit sa main ouverte sur laquelle, d'un doigt, il traça une croix.

Le numéro 777 fut appelé et retiré définitivement de la cellule, au cours de la nuit suivante. Gustave voulut croire qu'ayant eu pitié de lui, Dieu en personne était venu l'absoudre.

Pour être tout à fait apaisé, Gustave aurait dû dompter la rage enracinée en lui. Les longues imprécations du magistrat et les discours des accusateurs avaient eu raison des principes derrière lesquels il s'était abrité pour mépriser et rejeter le communisme. Il n'en voulait pas aux maoïstes, mais à lui-même et à tous les étrangers du monde, si indifférents à la vraie nature des Chinois. Aux Américains et aux Canadiens qui, sous le prétexte de défendre la Chine contre le Japon et la Russie, avaient appuyé Tchang Kaï-chek pour se donner des assises commerciales prometteuses. À tous ces Suisses, Français, Hollandais, Anglais ou Belges qui avaient entretenu la dépendance du peuple chinois.

Le juge avait eu raison de prétendre que depuis des siècles, l'entrée en scène des missionnaires, leurs relations cordiales avec le gouvernement et toutes les édiles pavaient la voie à leurs compatriotes avides de commerce et de contrôle. Naïfs et sincères, ces missionnaires défrichaient des routes où circulait ensuite un idéal matérialiste contraire au bien commun du peuple.

S'il retrouvait la liberté, il devrait se souvenir de la gêne éprouvée en apprenant, à la fin de la guerre, que Louis Lapierre se trouvait à Moukden pour réitérer à Tchang Kaï-chek sa propre soumission et celle des siens.

— Si nous voulons maintenir notre œuvre, avait-il dit aux prêtres réunis avant son départ, nous devons nous assurer du soutien du gouvernement en place.

L'évêque et les représentants du Vatican avaient été reçus à souper, ils avaient applaudi au récital donné par la femme de Tchang et conversé avec le couple. Tout irait au mieux, pour la mission, pour Rome.

Maintenant qu'au fond de son cachot il avait le loisir de mûrir des pensées qu'il n'avait jamais qu'effleurées, il pouvait observer que l'Église et l'État ne font bon ménage que lorsque la première est disposée à la soumission.

Sans les contester, parce qu'il s'agissait de maux nécessaires, il avait détesté les rapports diplomatiques obligés. Il en connaissait les conséquences sur sa propre liberté d'action et sur la clarté de ses rapports avec les Chinois. Il s'interrogeait. Aurait-il donné son estime et son appui à un chrétien sensible aux principes de justice sociale véhiculés par Mao? Gustave Prévost aurait, bien sûr, discouru. Pour rappeler à cette âme faible que les rouges, ennemis de la foi, étaient par essence ennemis des chrétiens. Et ce chrétien aurait-il jamais cru possible d'aller en toute confiance vers ce prêtre d'une Église inféodée aux ennemis de Mao? Il répondait non. Aveuglé par une perception trop exclusivement théologique, il avait haï le communisme et refusé d'y voir un mouvement de masse animé par un réel idéal.

La réaction des communistes était juste, pensait-il, maintenant qu'il était trop tard. Si l'Église devait renaître en Chine, il lui faudrait renoncer à sa culture occidentale, renoncer à l'éducation matérialiste chrétienne contrastant trop profondément avec les coutumes du pays. Les accusateurs disaient vrai. Avec leurs millions, des ordres religieux du monde entier construisaient des écoles et des séminaires dans lesquels des enfants prenaient goût au confort. Ils méprisaient ensuite les coutumes ancestrales et idéalisaient les modes de vie occidentaux. Il avait reconnu, chez de jeunes séminaristes chinois, de ces vocations illusoires où certains cherchaient moins Dieu que le confort et la sécurité. Avec leur argent tombé du ciel, les missionnaires enseignaient qu'on peut ne rien faire et manger trois repas par jour. N'étaient-ils pas aussi gras que des voleurs? Ne payait-on pas leurs excréments plus cher que ceux des pauvres agriculteurs dont le fumier ne valait rien?

S'il recouvrait la liberté, s'il revenait à Kailou, à Linsi ou au Canada, il serait pauvre parmi les pauvres.

Au matin du 24 mars 1953, un gardien lui ordonna de rouler sa couverture et de le suivre. Il sortit de la cellule, son baluchon sous le bras. Un instant il se crut libre, à la veille d'être expulsé. Il se reprocha cette faiblesse qui le conduirait au découragement; il ne fallait pas, il ne fallait surtout pas briser une résignation cultivée minute par minute, au cours des derniers mois. Son imagination fut la plus forte. Rien ne put l'empêcher de voyager à bord d'un train, de prendre l'avion et de se blottir contre Lorenza. La vision des six soldats armés jusqu'aux dents qui s'apprêtaient à l'escorter hors de la prison fit éclater ce rêve stupide.

Couché sur le siège arrière d'une voiture de police, il tenta, aussi vainement que dix-sept mois auparavant, de découvrir vers quel lieu on le conduisait. Après une heure, ou ce qui lui parut être une heure, la voiture s'arrêta devant un ensemble de bâtiments carcéraux immenses formant une véritable ville construite pour abriter des milliers de prisonniers, ennemis de l'État. Elle s'ouvrit sur un bruit de ferraille, pour un deuxième voyage vers les abîmes de la solitude où on lui donna d'abord une autre identité. Un nouveau numéro.

Le long de l'interminable couloir du quatrième étage, percé d'ouvertures aux carreaux en verre dépoli, il distingua les grilles d'innombrables cellules peuplées d'hommes seuls, face vers le mur.

— Ne regarde pas ! cria quelqu'un derrière lui.

La sienne serait semblable à celles-là. Exiguë. Un mètre et demi sur deux avec, dans une encoignure, un seau. Il fit un pas dans celle qu'un soldat venait d'ouvrir.

— Te voilà dans tes meubles, chien de missionnaire. Le jour, tu fais ce que tu veux. Le soir, tu dors. Quand tu entends marcher dans le corridor, tu tournes le dos à la grille. Tu ne dois pas être vu des autres prisonniers, ni les regarder quand ils passent. Et tu te tais. Ici, le silence est perpétuel !

Une poussée le fit tituber jusqu'au banc-lit devant lequel il s'écroula. Une clé tourna trois fois dans la serrure de la porte qui venait de se refermer sur lui. Il pleura sur le vieillard qu'en deux ans il était devenu. Une loque essoufflée que ses jambes inutiles ne portaient déjà plus.

Il crut d'abord qu'on l'avait transféré dans la prison neuve pour une période transitoire. Les premiers jours s'écoulèrent dans l'illusion d'une libération prochaine. Après quelques semaines, l'incertitude devint aussi insoutenable que l'avait promis le juge qui, au début du procès, l'avait toisé en souriant.

— Les prisons, numéro 170, sont construites pour la souffrance. Tu souffriras. Tu souffriras énormément.

Sans un visage à observer, sans un regard à soutenir, sans un malade à soigner, sans un sourire à échanger, sans amour, il était aussi sans espérance. Il explora méthodiquement les murs lisses dressés devant lui. Il n'y vit pas de traces de ceux qui l'avaient précédé dans cet endroit. Il pouvait hurler, pleurer et maudire, rien ne témoignerait de son propre passage.

Pour lui-même, pour l'intelligence qu'il voulait entretenir et pour la vie à laquelle il tenait maintenant de toutes ses forces, il refusa de céder à l'angoisse.

Afin d'exorciser l'avenir, il se concentra et entreprit un voyage à travers les souvenirs qu'il s'efforça de reconstituer dans leurs moindres détails, jusqu'aux plus banals qu'il pensait ne pas avoir observés.

— Reviens ici, Gustave!

De la galerie qui entourait la maison, Lorenza, poings sur les hanches, criait son nom. Avait-il trois ou quatre ans? En tout cas, sa mère était jeune. Belle dans cette longue robe marine à pois blancs, plaquée par le vent sur ses jambes. Sans ralentir, il s'était, par un détour, réfugié dans la tasserie, au-dessus de la grange. Caché parmi les bottes de foin, il avait vu Lorenza y entrer pour demander l'aide de Zéphyr.

— As-tu vu le petit?

Zéphyr ne voyait rien. Lorenza le lui reprocha.

— Il s'est enfui quand j'ai crié. Aide-moi à le retrouver.

— Tu t'inquiètes toujours trop, avait-il répondu sans lever la tête du harnais sur lequel il posait un rivet.

— Et toi, tu ne me comprends pas. Tu n'ouvres la bouche que pour me faire taire! Ce n'est pas une vie, ça. Je ne me suis pas mariée avec toi pour vivre seule, Zéphyr Prévost.

Gustave attendait la suite, allongé sur le plancher, un œil entre deux madriers. Assise sur un banc instable planté dans la terre battue, Lorenza regardait ses mains, fines et longues.

— Tu oublies que nous sommes deux, Zéphyr. Je suis partout où tu as besoin de moi, mais toi, tu n'es pas disponible pour moi. Même quand tu m'entends, tu ne m'écoutes pas.

Zéphyr manipulait toujours une sangle du harnais. Elle se leva lentement.

— Tu sais, lui avait-elle dit en sortant, je ne serais pas plus malheureuse en prison. Là, au moins, je n'attendrais rien. De personne.

Il s'était endormi dans son refuge où Zéphyr l'avait finalement retrouvé. On l'obligea à se coucher sans souper. Le lendemain, il voulut demander à Lorenza de l'excuser.

— N'en parlons pas, je sais que tu regrettes. Viens avec moi, j'ai quelque chose à te montrer.

Ils sortirent de la cour et marchèrent, main dans la main, le long de la route couverte de gravier. Elle s'arrêta devant un merle couché sur l'herbe, un filet de sang figé sur une paupière ouverte. D'une poche de sa robe fleurie, elle tira un mouchoir qu'en se penchant elle étendit sur l'oiseau.

— Tiens-le bien, dit-elle en le déposant au creux des mains de Gustave qui hésita entre le dégoût et l'émotion.

Du fond de la cellule, la complicité, les gestes de Lorenza, le vent balayant sa chevelure sombre, étaient aussi réels que la porte du jardinet et l'hydrangée fleuri, inodore et pourtant tellement beau. Pour creuser la fosse d'un si petit corps, une cuillère avait suffi.

— Vois-tu, Gustave, cet oiseau qui marchait sur la route avant que tu te lèves ce matin, il te ressemblait. Petit et fragile, il ne craignait rien. Mais une voiture a suffi pour qu'il meure. Hier, quand tu courais ici sans voir le danger, tu as été imprudent. J'ai eu peur pour toi. Il pourrait t'arriver la même chose qu'à ce merle. Souviens-toi de ce que je te demande aujourd'hui : prends bien soin de la vie que Dieu t'a donnée.

Elle le souleva pour qu'il arrache deux bouquets à l'arbuste. Il planta le plus petit dans la terre remuée.

— Cours porter celui-là à ton père.

En un seul jour, il avait appris à aimer et à comprendre, mais il lui avait fallu trente ans pour qu'à travers les broussailles du passé se précise enfin l'image d'une femme, solitaire parmi eux. Il ne mourrait pas entre ces murs suintants d'humidité, sans la revoir.

De sa mémoire, surgirent les rôles joués sur les scènes du collège et du séminaire, et à Szepingkai pendant l'internement. Puisqu'on tardait à l'exécuter ou à lui donner son congé, il projeta sur l'écran de pierre les fables de La Fontaine oubliées depuis vingt ans, la table de multiplication, puis, dans l'ordre où ils étaient assis en classe, les noms de ses camarades du primaire ou ceux, plus compliqués, des écoliers de Kailou. Il se savait puéril. Presque sauf.

Quand de trop nombreuses reconstitutions eurent rendu méconnaissables ses souvenirs, Gustave se rappela ses visites aux bonzes isolés dans les temples de prière des montagnes mongoles. Il y avait été généreusement accueilli et, pendant qu'il buvait du thé et mangeait des fruits secs, l'apaisant murmure des oraisons l'avait enveloppé. N'était-il pas lui-même ce moine prisonnier de ténèbres qui ne se déchireraient peut-être pas?

Il consacra des heures à tirer du vieux drap sale et mûr qui l'accompagnait depuis son arrestation, dix fils d'un mètre de long qu'il tressa. Sur cette fragile corde grise, il fit neuf nœuds et, de l'union des extrémités de la corde, il fit le dixième. Cet innocent bracelet glisserait entre ses doigts tant et aussi longtemps qu'il serait en vie. Il pria. «Sept fois le jour j'ai chanté ta louange, Seigneur.»

Comme l'autre, cette prison était habitée par des dizaines de prêtres. Gustave voulut entrer en communication avec eux et briser ainsi le silence. L'homme qui depuis des mois ne parlait plus chanta. Il introduisit dans les hymnes des renseignements à son sujet. Aux murs, en l'occurrence à un prisonnier dont il avait cru reconnaître la voix, la colère et la folie, il cria de lui répondre.

Il chanta seul pendant plusieurs jours avant d'entendre une voix qui monta lentement, puis se tut. Une semaine s'écoula avant que le chantre n'entame le dialogue en latin. Mateo Tchen, autrefois secrétaire d'Antonio Riberi décrivit son arrestation et celle des derniers membres du Bureau central catholique ; l'expulsion du nonce et celle des missionnaires de la Société des Missions-Étrangères retenus depuis des années à Pamienchen. Un autre chant évoqua la rumeur du décès de Louis Lapierre, survenu des mois, peut-être une année plus tôt. Ces nouvelles avaient été transmises à Mateo Tchen par un marchand de Szepingkai, peu avant son arrestation. «La ville aux quatre rues plates est vide, et les passants n'y marchent plus.» Gustave sut ainsi que les derniers compagnons de l'évêque, Lucien Lafond, Alphonse Caouette, Antonio Bonin et Laurent Beaudoin, étaient saufs. Ils ne le rejoindraient pas dans les prisons de Shanghai.

La voix du Chinois s'éteignit, un midi, sur un claquement de grilles. Quelqu'un, quelque part, avait-il compris que les chiens de Rome communiquaient entre eux ? Des semaines plus tard, un message gravé en pointillé sur le couvercle de bois du seau d'hygiène qu'on lui tendit à l'aube lui apprit que Mateo Tchen n'était pas mort. «Je n'ai rien trahi» fut pourtant son ultime message.

Espérant d'autres signes, Gustave chantait toujours. Un matin de l'automne 1953, un homme unit sa voix à la sienne, pour convenir d'un rendez-vous hebdomadaire : il se tairait les mercredis pour écouter l'autre. Dès les premiers mots, il crut avoir affaire à un fou. L'homme annonçait la mort de Satan.

— Que veux-tu dire ? modula-t-il en craignant d'être découvert s'il répondait ainsi, tout de suite.

Laborieusement, l'homme épela le nom de Staline.

Une semaine plus tard, la voix précisa que l'événement était survenu au Kremlin, au début du mois de mars précédent.

Le duo s'éteignit après que, d'une voix sourde, l'homme eut annoncé qu'il venait d'être condamné aux travaux forcés. Gustave ne chanta plus. Le dizainier ne le maintenait plus hors du réel, et les souvenirs heureux devinrent inaccessibles. Vaincu, incapable même d'arpenter sa cellule et de se laver au seau appuyé chaque matin contre les grilles du corridor, il se laissa conduire dans les méandres de la dépression et de la folie.

Fut-il l'un de ces prisonniers qui, ayant perdu la raison, gémissaient, criaient, pleuraient et maudissaient leurs gardiens en secouant les grilles de leurs cellules? Il le crut. Doutant de lui et de l'état de sa conscience, il en vint à ne plus savoir s'il rêvait ou s'il vivait. S'il avait hurlé ou seulement imaginé l'avoir fait. Il douta encore de l'existence du Dieu qu'il avait inlassablement prié et dont il lisait la réponse dans cette inutile souffrance. Que lui apportaient donc ces mois de solitude? À qui profiteraient ces vains questionnements?

Dieu avait-il besoin d'un témoin fou? «Vous serez mes témoins», avait-il dit aux apôtres le jour de l'Ascension. «Vous serez mes témoins à Jérusalem, dans toute la Judée et la Samarie, et jusqu'aux extrémités de la terre.» Témoin de sa propre perte, il ne valait guère plus qu'un animal. Il balaya le souvenir du merle et de Lorenza, réclama la mort et attendit qu'on jetât aux ordures son corps sale et décharné.

Un soir de mars 1954, après le chapelet en famille, Lorenza cloua le bec à la radio et demanda à Zéphyr de rester agenouillé devant la chaise où, les coudes appuyés sur le siège de vinyle rouge vin, il semblait dormir. D'une armoire où elle rangeait l'eau de Pâques, l'huile de saint Joseph, quelques reliques, des images et des livrets de prières, elle tira un exemplaire des annales de Sainte-Anne-de-Beaupré.

— Écoute-moi, Zéphyr. Maintenant, nous allons demander à sainte Anne de s'occuper du petit. Moi je lis. Tu répètes après moi. À deux nous allons peut-être nous faire entendre.

Elle eut la sensation indéfinissable que l'union des litanies, du tic-tac de l'horloge et de la pluie verglaçante qui frappait les vitres lui ouvrirait une porte jusque-là hermétique.

— Bonne sainte Anne, priez pour nous, dit-elle en aidant son mari à se relever.

— Tu veilles tout seul ce soir, mon vieux. Moi, je me couche maintenant. Demain matin, je me lève à l'heure des poules.

— Tu veux aller à la messe de sept heures?

— Non, Gérard me conduit à la gare Viger. Je prends le train pour Québec et, de là, je me rendrai à Beaupré.

— Comme ça, madame prend le train. Je n'y vais pas?

— Non, Zéphyr, tu ne viens pas, j'ai à régler le cas de Gustave, de femme à femme. La bonne sainte Anne n'a pas l'air d'entendre mes prières. Si c'est un pèlerinage qu'elle veut, elle va l'avoir!

— Tu devrais attendre l'été. Avec ce verglas, même le train ne roulera pas. Tu devrais rester ici. Ce n'est pas un voyage à Beaupré qui nous rendra notre garçon.

— Il n'y a pas de saison pour aller voir sainte Anne et, si tu veux le savoir, le temps d'attendre est passé, pour nous et pour Gustave.

— Tu fais ce voyage-là pour rien.

— Tu as peut-être raison. Je le saurai seulement après avoir essayé. Tout est arrangé. Les sœurs de l'Immaculée-Conception m'attendent, à Québec. Un chauffeur et quelques religieuses me conduiront à la basilique.

— Et je n'en ai rien su?

— Il faut croire que je ne voulais pas te fournir l'occasion de laisser parler ton si bel optimisme... et de m'influencer pour que je n'y aille pas.

— Tu as toujours eu peur de ça, non? Est-ce que je peux te dire une chose, Lorenza?

— Si c'est pour me demander de rester ici, non.

— Je ne te le demanderai pas. Tu as sûrement raison de faire ce voyage. Je voulais seulement dire que je ne t'ai pas rendu la vie facile et que je le sais. Tu as dû compter sur toi pour les affaires de la maison et pour l'éducation des enfants; finalement tu as oublié que j'existe.

— Je ne t'ai pas oublié. Je te soigne, je te parle.

— C'est vrai... Pourtant, insista-t-il après une pause, tu ne me consultes jamais. Tu m'avises de tes décisions quand elles sont prises. Tu organises ma vie à ton goût. Pour Gustave, je serais allé à Beaupré avec toi. Même si le temps est mauvais.

Elle ne trouva rien à répondre. Zéphyr avait raison. Elle ne consultait qu'elle-même.

Une semaine plus tard, elle revint. Radieuse. À l'aller, les tempêtes s'étaient succédé, légères, folles et venteuses, de celles qu'on accueille à la fin de l'hiver en sachant que ce sont les dernières. Le retour sentait le printemps. Des montagnes de neige fondaient sous le soleil encore pâle et la pluie tiède. Glacées, dangereuses, les routes brillaient.

Lorenza volait presque en revenant chez elle. Sans faire de bruit, elle retira prestement ses bottes, éclaboussant le prélart sur lequel elle veillait d'ordinaire en louve. Passant devant Zéphyr qu'elle croyait endormi dans sa chaise, elle courut vers la chambre de Gustave d'où elle revint chargée d'un lourd album. Zéphyr ouvrit un œil.

— Tu pourrais dire bonjour, enlever ton chapeau et ton manteau.

— Ah! Oui, bonjour, répondit-elle machinalement.

Elle feuilletait avec fébrilité l'album chargé de lettres, de coupures de journaux, des numéros du bulletin des Missions-Étrangères consacrés à la Chine et à Gustave.

Comme si, pendant ces longs jours, il avait craint qu'elle ne rentre plus, Zéphyr la relança timidement.

— Je me suis ennuyé.

Elle ne pouvait manifestement pas répondre dans le même sens. Elle n'aurait su dire de quelle manière, mais le voyage l'avait épanouie, libérée d'un poids, rendue à elle-même. Elle retira son manteau, dégagea une longue épingle d'argent fixée à son chapeau.

— Je n'ai jamais vu cette épingle, fit remarquer Zéphyr.

— Je suis passée par les grands magasins et je me suis même acheté un beau manteau gris, répondit-elle avant de faire dévier la conversation sur un terrain plus stable. Juste à ton air, je vois que tu n'as pas mangé à ta faim, toi !

Il avait repoussé les invitations de ses filles et de ses fils, grignoté ceci et cela, négligé de réchauffer les plats cuisinés. Il n'en avait pas eu envie. Point.

— Pourquoi étais-tu si pressée d'aller chercher ce cahier ?

— Ah ! ça ? Jusqu'ici, c'était mon secret. Je t'en parlerai quand tu auras mangé. À mon avis, tu a pris le carême un peu trop sérieusement.

Ils soupèrent d'une omelette, battue et mangée à la va-vite.

Décidément transformée, Lorenza ne débarrassa pas la table, se contentant de repousser les assiettes pour rouvrir l'album et se plonger dans les aventures de son fils. Même s'il n'y avait pas été invité, Zéphyr approcha sa chaise. De 1934 à 1951, Gustave revivait sous leurs yeux. Lorenza fixa son attention sur les derniers grands événements qui avaient suivi ses vacances, en 1948 : l'audience papale, la fermeture du Bureau central catholique de Shanghai, l'arrestation, les aveux.

La reproduction d'un petit bout de papier la fascinait particulièrement. Quelques mois après son procès, dans sa prison, Gustave avait dressé sur une feuille arrachée à un cahier d'écolier la liste des vêtements laissés derrière lui lors de son arrestation.

— C'est ça qui m'a réveillée. C'était bien la preuve qu'il était encore assez vivant pour demander des bas de laine et du linge de corps. Il gelait en prison. Pour moi, c'était un bon signe.

— Qu'est-ce que tu veux faire de ce cahier? Nous l'avons feuilleté cent fois.

— Promets-moi d'écouter sans te fâcher et d'essayer de me comprendre. M. le curé a accepté de me conduire à Ottawa.

— Ottawa? Pourquoi Ottawa?

— J'ai décidé d'aller parler moi-même au premier ministre. Je veux bien croire que Mgr Larochelle s'est entendu avec les Suisses et qu'ils font leur possible pour que Gustave sorte de prison. Ils diront ce qu'ils voudront, ce n'est pas assez. Ils brettent.

— Un premier ministre ne reçoit pas de gens simples. Il s'assoit avec d'autres premiers ministres. Maurice Duplessis, par exemple. Ou avec le cardinal Léger. Pas avec nous. On ne voit jamais ça.

— Écoute-moi bien, Zéphyr. Je n'ai jamais parlé à des hommes si haut placés. Par contre, à Beaupré, j'ai eu affaire à plus haut. Au Saint-Esprit. Il a entendu parler de mon garçon...

— Notre garçon!

— Si tu veux. Il a entendu parler de notre garçon et il m'a fait comprendre d'aller à mon affaire, sans me gêner. Je pars demain pour Ottawa. Si Gustave a été capable de s'entretenir avec le pape, moi, sa mère, je peux bien déranger le premier ministre.

Elle ne s'était pas annoncée. Devant cette petite femme fière qui se présenta au Parlement au milieu du mois de mars, vêtue d'un beau manteau gris, coiffée d'un chapeau noir piqué d'une épingle d'argent, les portes s'ouvrirent pourtant. Louis Stephen Saint-Laurent s'éloigna de son large secrétaire pour partager un canapé avec elle.

Guidé par la voix assurée de Lorenza, il abandonna les affaires du pays pour tourner les pages de l'album qu'elle avait apporté. Redevenant l'enfant de Compton, il écouta une femme de son âge parler de l'urgence de faire libérer son fils.

— Alors, qu'est-ce qu'il t'a dit, ton premier ministre ?

— Qu'il ferait tout en son pouvoir, personnellement, pour que Gustave sorte de Chine et nous revienne.

Lorenza mijota la suite et, au début du mois d'avril, elle adressa une requête à Edgard Larochelle qui ne les visitait presque plus. Elle voulait assister, le 25, à la cérémonie religieuse marquant l'entrée en fonction du nouveau délégué apostolique à la cathédrale de Montréal.

— C'est une requête curieuse, madame Prévost. Pourquoi voulez-vous être présente à cette manifestation ?

Elle mentit.

— J'aime beaucoup les cérémonies, monseigneur ! Et mon mari aussi...

La voiture du couple se mêla à la petite caravane de dignitaires qui quitta les bureaux de la Société, rue Saint-Hubert, pour la cathédrale Marie-Reine-du-Monde. À la fin de la messe, Edgard Larochelle qui s'apprêtait à suivre les prélats pour un dîner solennel avec le délégué de Rome les rejoignit dans l'allée pour leur souhaiter bonne route. Lorenza garda sa main dans la sienne, l'obligeant à se pencher vers elle.

— Je veux parler au cardinal, chuchota-t-elle.

Il la regarda, surpris. Se sachant vaincu d'avance, il tenta une faible dérobade.

— Voyons, madame Prévost, le cardinal est occupé. Vous ne pouvez certainement pas le déranger dans les circonstances. Il y a un protocole et...

— Je veux justement le déranger, monseigneur. Si vous ne me présentez pas, je m'en chargerai moi-même.

— J'ai compris. Suivez-moi. Venez, monsieur Prévost.

— Je n'y vais pas. Elle ne m'avait pas prévenu, monseigneur. Qu'est-ce qui te prend, Lorenza? Nous ne pouvons pas nous imposer comme ça. C'est gênant...

— Venez, monsieur Prévost, elle ne changera pas d'idée. Autant nous rendre en souriant.

La nef s'était vidée. Les invités, rassemblés en file à l'entrée du grand salon, attendaient leur tour pour baiser les anneaux, et s'incliner devant le cardinal et son hôte. Pendant qu'en retrait, Zéphyr disparaissait presque dans le drapé des tentures, Lorenza, les yeux rivés sur Paul-Émile Léger, indifférente à la grandeur et à la richesse des lieux, se tenait prête à bondir.

Edgard Larochelle laissa s'éloigner les dignitaires et s'approcha du cardinal qui, d'un signe de tête, invita le couple à les rejoindre.

— Vous êtes donc les parents de ce missionnaire que j'ai rencontré, à Rome, il y a quelques années. Nous sommes toujours sans nouvelles de lui, n'est-ce pas?

Lorenza respira profondément. Zéphyr fut plus rapide.

— Nous n'en avons eu aucune, monseigneur. Depuis la fin du procès...

— Puis-je vous être utile?

— Je ne sais pas, monseigneur, avoua Lorenza en essuyant maladroitement les larmes qui glissaient sur ses joues. Est-ce que ce serait trop que de vous demander d'avoir une pensée pour Gustave. Nous pensons à lui jour et nuit, mais nous sommes bien petits.

— Comptez sur moi, madame, je prierai pour votre fils.

Le soir même, à sept heures, Lorenza ouvrit la radio pour le chapelet en famille. Ils s'agenouillèrent comme ils le faisaient chaque soir, devant des chaises placées au pied de l'appareil. La musique d'ouverture s'éteignit lentement.

— «Mes bien chers frères...»

Incrédules, ils entendirent le cardinal poursuivre en demandant au million d'auditeurs de CKAC éparpillés à travers le Canada de consacrer leurs prières à Gustave Prévost pour qu'il soit rendu à ses parents. Les grains du chapelet roulèrent entre les doigts de Lorenza.

Elle ne priait pas. Elle rêvait.

Trois jours plus tard, exactement, le barbier fut introduit dans la cellule de Gustave.

— Tu m'as déjà coupé les cheveux et la barbe il y a quinze jours, pourquoi t'envoie-t-on ici aujourd'hui?

Chose impensable, l'homme qui jusque-là était sourd à toutes les questions ouvrit la bouche.

— J'ai entendu dire par les gardiens que tu seras expulsé vers ton pays.

Il suspendit sa respiration.

— Tu es certain de ça? reprit-il en pensant qu'il fallait être dément pour avoir la tentation de croire de tels propos.

— Je l'ai entendu. Mais est-on jamais certain de ce que l'on entend ici? poursuivit le barbier en rasant de plus près le crâne déjà chauve.

Il ne l'avait pas encore quittée qu'il regrettait déjà la cellule qui n'était pas, oh! non, un vulgaire refuge. Cet univers clos était le sien; celui d'un homme mort qui craignait de ne pas trouver la force ou l'envie de renaître ailleurs.

De lui-même, il voulut se coucher sur le plancher de la voiture où on le fit monter. On lui ordonna de prendre place sur le siège arrière. Éclairées par le soleil de midi qui l'aveuglait, les rues qu'ils parcoururent pour aller jusqu'à la prison où il avait été condamné lui semblèrent si vastes, si grouillantes de vie qu'un instant il eut peur d'y être abandonné.

La vue du cachot dans lequel il entra pour la nuit, ou pour le reste de sa vie, le rassura. Parce que c'est ainsi qu'un prisonnier obtient le respect de ses compagnons, il s'empara d'un espace sur le sol couvert de nattes et s'assit sans parler. Que lui importaient les autres ? Que lui importait demain ? Il savait qu'on le traînerait jusqu'à la salle des sentences où il serait condamné ou libéré. L'une et l'autre des perspectives le laissaient indifférent.

Il ne reconnut ni les scribes ni le juge devant qui étaient empilés des dossiers qui ranimèrent les douleurs physiques et morales éprouvées au cours des interrogatoires subis auparavant. Des faits nouveaux, crut-il, s'étaient ajoutés à son dossier ; on reprenait, du début, son procès. Il faillit s'évanouir.

Une voix lui cria de se tenir droit. Il releva la tête. Son dos resta voûté. Lui permettrait-on de s'asseoir ? Ses genoux fléchirent.

— Plus droit !

L'un des scribes se lança dans la lecture d'un interminable plaidoyer en faveur de la Chine Nouvelle, toujours en butte à des masses grouillantes d'ennemis dont elle avait le devoir de se défendre. Dès les premiers mots, Gustave s'évada, emporté par les paroles du barbier, et se félicita de n'y avoir pas cru. La conclusion du lecteur qui disait que Gustave Prévost, ayant confessé ses crimes en 1951, était expulsé de la Chine du Peuple, lui échappa. Deux mots, les derniers, le ramenèrent, incrédule, sur terre.

— Vous avez dit «pour l'éternité» ? Que voulez-vous dire par ces mots ?

Il avait parlé en anglais.

— Tu ne connais plus la langue qui t'a servi à nous trahir, chien d'étranger ?

— Je n'ai pas entendu. Qu'avez-vous voulu me dire ? demanda-t-il en Chinois.

— Tu sors de Chine. Tu pars pour toujours. C'est ce que nous te répétons depuis cinq minutes ! Signe ce document. Il entre en vigueur immédiatement.

— Suis-je vraiment expulsé de Chine ?

— Oui, tu l'es. Signe et pars.

On lui retira ses menottes. Il se pencha au-dessus de la table et d'une plume incertaine il traça son nom, en chinois et en français. Un gardien lui tendit les objets confisqués deux ans et demi plus tôt, et une liste qu'il signa.

— Tu vois, l'honnêteté du gouvernement du Peuple est grande, même à l'égard de ses ennemis.

Dans la voiture où il monta se trouvaient déjà deux anciens confrères du Bureau central catholique, le Belge François Legrand et l'Irlandais Aiden McGrath, libérés en même temps que Gustave et ayant subi, comme lui, le supplice de l'internement. Ils voulaient tout dire en même temps ; leurs récits où se mêlaient anglais, chinois et français se chevauchèrent. Des heures viendraient où la mitraille des mots céderait à l'émotion des confidences ; des heures où ils avoueraient ne pas savoir qui, de la peur ou de la joie de la liberté retrouvée, dominait leur commune anxiété.

À la gare de Shanghai, on les confia à un jeune policier chinois discret et attentif qui les accompagna à bord du train qui les conduirait à Canton. Les traits émaciés sous une barbe de deux jours, leur chemise et leur pantalon pâles flottant sur leur corps décharné, les trois hommes ressemblaient à des galériens portant dix ans de plus que leur âge. Ils dormirent parmi les passagers chinois habillés, semblait-il, par le même tailleur, et qui dévisageaient sans les approcher, ces étrangers dont on leur avait dit le plus grand mal.

Le train arriva à destination douze, quinze heures plus tard, et le lendemain, 1er mai 1954, après avoir partagé à quatre la chambre d'un pauvre hôtel, ils montèrent dans un autre train. Pour Hong Kong et le monde libre. Ils en descendirent à mi-chemin, devant le fleuve Amour et le pont frontière qui l'enjambait. Leur gardien stoppa le flot des voyageurs qui s'y engageaient à pied, pour y conduire lui-même les trois missionnaires expulsés. À son commandement, ils s'arrêtèrent sous le panneau marquant la limite des deux Chine où le guide les photographia avant de leur serrer la main et de leur souhaiter bon voyage.

Dernier prêtre de la Société des Missions-Étrangères du Québec en Chine, Gustave tournait, sans joie, le dos au pays qu'il avait voulu adopter.

Ailleurs

Oratoire et musée, la chambre de Gustave ne le retint que pendant quelques jours, et ne rendit pas son fils à Lorenza. Malgré des gestes qu'il voulait tendres, il restait secret et distant, tellement insaisissable qu'elle fut soulagée de le voir reprendre le chemin du séminaire.

L'homme taciturne et critique entré dans sa maison l'avait vexée en exprimant sa déception de rencontrer, même là, les traces de ce qu'il appelait l'américanisation. De quel droit l'absent, qui s'était détourné d'elle et de l'univers qu'elle aimait, lui reprochait-il son thé en sachets, son café instantané, ses économies en vue d'acheter un téléviseur? Elle voulut d'abord se justifier, expliquer ses choix, puis elle renonça et apprit à se méfier des phrases cyniques, des yeux sombres et des moues désabusées.

Puisque Gustave Prévost n'apprécie même pas le confort et trouve à redire sur tout, qu'il retourne donc vivre en Chine, en Mandchourie ou à Pont-Viau, avec sa bande de vieux garçons sans manières. Voilà exactement ce qu'elle pensait.

Elle étendait la lessive du matin quand il la rejoignit sur la galerie. Il se faisait si petit qu'elle ne vit d'abord que la vieille mallette de cuir croûté posée tel un rempart entre eux. Appuyé contre le garde-corps, il la regarda faire. Toutes les femmes ordonnaient-elles leur linge avec autant de soin que Lorenza ? Draps et serviettes, pincés du plus grand au plus petit sur la corde lâche, se balançaient mollement au-dessus des arbustes qui tardaient à fleurir.

— Tu t'en vas ? avait-elle daigné dire après l'avoir ignoré.

— Ma place n'est pas ici, maman.

— Sais-tu au moins où elle est, ta place ? avait-elle demandé en secouant un jupon dont les reflets bleutés s'allumèrent dans le soleil.

— Pas ici, c'est certain. Je ne me retrouve pas.

Elle attendit la suite, immobile. Trop gênée pour suspendre devant lui une gaine et des bas. Si cette conversation pouvait finir ! Il la devina, lui tourna le dos et fit quelques pas pour s'asseoir sur l'une des marches de l'escalier.

— Excusez-moi... Je ne suis pas très commode et je le sais. Tout bouge trop vite, je suis nerveux. Je m'étais habitué à vivre en prison. À ne rien entendre, à ne rien voir. Vous ne pouvez pas comprendre.

Les derniers mots l'avaient blessée, mais elle lui donnait raison, elle ne comprenait pas. Elle le rejoignit, glissa quelques doigts dans ses mèches courtes et les retira. Gustave n'était plus un enfant.

— Où vas-tu ? demanda-t-elle en montrant la valise.

— Le séminaire a organisé une tournée. De la propagande pour l'œuvre. Il y a aussi cette affaire à Ottawa.

— C'est joli, Ottawa. J'y suis allée une seule fois dans ma vie.

Elle fit une pause, chercha un mot plus juste, et ajouta :

— C'est impressionnant.

— Je n'y vais pas pour admirer les bâtisses du gouvernement. Le ministère de la Défense aurait des questions pour moi. Je ne suis pas naïf, ils veulent savoir comment j'ai sur-vécu à ces années de cachot, comment se déroulent les inter-rogatoires. Ils veulent que je déballe tout ce que je cherche à oublier.

Il en avait dit juste assez pour qu'elle saisisse qu'elle n'était pas la seule à s'interroger sur les conséquences de l'em-prisonnement.

Il promena sa lassitude à travers paroisses, couvents et collèges où l'on recevait avec intérêt et curiosité ce rescapé de Chine qui évitait consciencieusement de décrire son expérience. Il évoquait plus volontiers celle de Louis Lapierre dont la mort lui avait été confirmée à son arrivée à Hong Kong. La déter-mination de cet homme, qui l'inspirait toujours, éclipsait sa propre expérience.

Combien de fois pendant l'internement lui et ses com-pagnons avaient-ils surpris l'évêque de Szepingkai à genoux, la tête appuyée sur le petit autel aménagé près de sa chambre? Médusés, ils avaient épié cet homme que Dieu n'intimidait pas et à qui il rappelait qu'un contrat les liait tous les deux. D'une voix forte qui remplissait la chapelle, il invectivait le ciel, réclamant son soutien moral et financier. «Je suis ici pour vous, criait-il, je fais mon possible! À vous de faire le reste.» Suivait, dans ces dialogues à une voix, l'énumération des entreprises qu'aucun humain ne pouvait poursuivre seul. Dieu, pensait Gus-tave, craignant le face à face avec une telle force de la nature, s'était longtemps fait tirer l'oreille avant de l'appeler à lui.

C'est avec une apparente disponibilité d'esprit que Gustave se présenta devant les psychologues et les militaires, anxieux de sonder sa tête et d'y mesurer les ravages causés par la dé-tention. Il répondit aux questions et se soumit aux examens imposés dans les circonstances, tout en refusant aux soigneurs d'âmes l'accès à la sienne. Elle demeurerait intacte, devant les militaires et les investigateurs professionnels qui cherchaient à comprendre le phénomène qui conduisait à la trahison un détenu qui n'avait pas été torturé. Il parla donc des chaînes, des interrogatoires, du harcèlement et de la pression qui l'avaient poussé à incriminer le monde et à s'accuser lui-même. Il ne leur ouvrit pas l'univers des émotions où il avait cheminé en voyageur solitaire. Peu lui importait que, dans le rapport qu'ils rédigeraient ensuite, ils notent que la prison avait brisé sa sensibilité, détruit une partie de l'homme sociable, et affecté sa conception du monde moderne. On inscrirait à son dossier qu'il ignorait lui-même à quel point il avait été perturbé par la détention, et qu'à son insu il avait adopté des opinions et des attitudes propres aux communistes.

S'ils interprétaient ainsi son intérêt pour les humains qu'il plaçait au-dessus des institutions, ils avaient raison. Il ne chercha pas à renverser les certitudes des médecins et de ses confrères. Pas plus que Lorenza ils n'eurent le privilège d'entrer dans ce jardin de Chine où, à travers les écœurantes odeurs de pierres humides, perçait le parfum douceâtre des poiriers en fleurs. Il errerait, seul, parmi les souvenirs enfouis. Dans cet espace où les autres ne virent que temps arrêté, il avait trouvé la force de renaître.

L'homme qu'il était devenu dédaignait le repos, craignait l'inactivité et méprisait le confort. Pressenti pour une carrière tranquille au séminaire, il s'esquiva. «À quarante ans, écrivit-il à Edgard Larochelle, je veux, d'abord et avant tout, missionner. Missionner pour vrai, comme je l'ai si peu fait en Chine. Je veux aller là où la parole de Dieu n'a pas été entendue ou comprise.» En espérant la réouverture des missions de Lintung, il chercha un lieu, des gens auxquels se donner.

Désormais inactive en Chine, présente au Japon, aux Philippines et à Cuba, la Société des Missions-Étrangères cherchait à multiplier les territoires de mission pour ses prêtres dont le recrutement atteignait, vers 1950, son apogée. Chaque appel au concours des missionnaires québécois supposait une analyse dont quelques-unes furent confiées à Gustave. Puisqu'il était disposé à partir pour n'importe quelle région du monde, on lui offrit des missions en Colombie, au Honduras ou en Afrique-Occidentale française. Il s'intéressa à chacun des projets, se rendant même à Bamako et à Bobo Dioulasso, jusqu'à ce qu'ils soient éclipsés par la perspective très concrète d'un envoi de missionnaires au Pérou dont il fut question pour la première fois au mois d'août 1955.

La suggestion émanait de la Sacrée Congrégation de la Propagande. Inspiré par l'histoire du Québec où catholiques et protestants cohabitaient depuis près de deux siècles, l'organisme espérait mettre un terme aux affrontements entre les divers groupes religieux établis aux confins de la jungle, la région la plus négligée de la Selva amazonienne.

Offensés par l'intention de Rome qui prévoyait leur retrait de la division ecclésiastique en voie d'être créée, les franciscains d'origine espagnole accueillirent froidement les deux observateurs délégués à Lima. Assurés de pouvoir partager le champ de la foi chrétienne avec d'autres Églises et de maintenir l'équilibre des forces en faveur des catholiques, ils préconisèrent l'acceptation de la mission péruvienne.

Quelques mois plus tard, les franciscains firent circuler à travers la région de l'Ucayali, dont Pucallpa constituait déjà la ville principale, un pamphlet dépeignant leurs remplaçants sous les traits d'ours mal léchés, de rustres réfractaires à l'apprentissage de l'espagnol et surtout, inaptes à les remplacer.

Les *gringos* ignares s'entêtèrent. En avril 1956, avant même de connaître le nom de celui qui dirigerait le futur vicariat, la Société des Missions-Étrangères forma une première équipe.

Fous de hockey, les séminaristes entendaient profiter de l'après-midi du 7 décembre 1956 pour étrenner la patinoire et disputer leur première partie de la saison. Entrés peu avant midi dans le réfectoire, ils s'emparèrent de plus de plats qu'il n'en fallait pour se nourrir pendant deux jours entiers, se répartirent autour de quelques tables où ils empilèrent pêle-mêle dans leur plat, bœuf haché, pommes de terre et petits pois.

Le nez dans leur assiette, ils ne virent pas Louis Pageau, premier assistant général de la Société, pénétrer dans la pièce d'un pas pressé. En passant devant le comptoir où ils étaient disposés, il compta les plats restants et prit place au lutrin en agitant une lourde cloche.

— J'ai bien compris, messieurs, que les froids hâtifs vous ont transformés en enfants et que l'appétit vous vient avant même que vous ayez entamé votre première partie de hockey. Je suis heureux de vous voir en aussi grande forme ; permettez-moi cependant de vous rappeler que tout le monde n'est pas mordu de sport et que nous ne sommes pas tous affamés à onze heures. La prochaine fois, ayez la charité de penser à ceux qui, à cause de votre précipitation à vider les plats, se contenteront peut-être d'un bol de soupe ou d'une omelette.

Ravi de voir trembler les étudiants, il fit une pause et balaya les coupables d'un regard noir et brillant.

— J'ai une nouvelle à vous annoncer. Vous connaissez notre projet de mission au Pérou. Vous savez également que le préfet de Lintung, Mgr Gustave Prévost, a été désigné pour diriger le vicariat apostolique de Pucallpa. Nous avons appris, ce matin, que ce poste lui est accordé avec les titres d'évêque et de vicaire apostolique de Pucallpa. Il rejoindra, l'an prochain, ceux d'entre nous qui sont déjà à Lima et ceux d'entre vous qui s'apprêtent à partir.

L'atmosphère changea brusquement. Les patineurs qui, un moment, avaient craint d'être confinés à la bibliothèque pour l'après-midi, se levèrent pour applaudir bruyamment.

— Mgr Prévost sera avec nous ce soir, reprit Louis Pageau. Il vous dira lui-même ce qu'il éprouve. Quant à nous, du conseil général, nous sommes heureux de compter un nouvel évêque de mission parmi nos membres. Il rêvait de retourner en Chine pour poursuivre l'œuvre de Mgr Lapierre; ce n'est pas possible. La tâche qui l'attend sera sans doute moins pénible. Bon appétit, messieurs!

Après avoir lu, le matin même, le télégramme lui annonçant sa nomination au Pérou, Gustave prit aussitôt la route de Saint-Eustache. D'abord pressé et tendu, il se laissa peu à peu conduire sur le chemin des écoliers. Il longea la rivière des Mille-Îles où brillaient, inclinés vers la route étroite et sinueuse, des bouquets d'arbres givrés. Surpris par le froid, le fin cours d'eau disparaissait ici et là sous un nuage de vapeur, et la même nuée enveloppait les vieilles maisons de pierre ou de bois.

Il voulut saisir et prolonger le plaisir lié à cette image de l'hiver naissant qu'il ne reverrait peut-être pas. À l'intersection du boulevard Sainte-Rose et de la route du Nord, il gara sa voiture sous l'enseigne d'un restaurant qui vantait sa cuisine «canadienne». Il tendit la main vers le bréviaire qui gisait sur le siège du passager et entra sans remarquer l'effet qu'il produisit sur les quelques hommes d'affaires et voyageurs de commerce déjà attablés. Tout en suspendant à un crochet son vieux manteau noir, il aperçut une banquette baignée de soleil où il se glissa lentement en retenant les plis de sa soutane bordée de violet. Il ouvrit son livre à la date du 7 décembre et se plongea dans les réflexions suggérées. «Seigneur, y lit-il, vous avez fait de saint Ambroise un docteur de la foi catholique et un courageux successeur des apôtres; suscitez, en votre Église, des hommes selon votre cœur, capables de la gouverner avec sagesse...»

Il leva les yeux. Devant lui, un homme d'un certain âge portant un tablier de cuir noir l'observait.

— Vous voulez manger, mon père ?

— Vous avez du poulet ?

— Oui, des vol-au-vent, avec des pommes de terre en purée.

Il avait envie d'une bière au goût de celles qu'on servait dans les pubs anglais de Hong Kong.

— Ça ira. Vous avez de la bière brune ?

— Nous avons de la stout, mon père.

Dehors, sous le soleil de midi, le givre avait fondu et les arbres retrouvaient leur triste squelette d'automne. Gustave savourait ce moment de solitude, heureux de n'avoir pas à décrire ce qu'il éprouvait depuis l'annonce de sa nomination et de son sacre prochain. Une bienfaisante indifférence lui donnait la singulière impression de vivre en étranger son propre destin.

Il ne connaissait pas assez le Pérou pour en parler et encore moins pour ébaucher des projets. Il devrait d'abord balayer la magie d'une histoire trop magnifiée pour être noble, où conquistadores, planteurs et missionnaires avaient accumulé de fabuleux trésors : or, terres et âmes. Que trouverait-il sur ce territoire à la frontière du Brésil où la population vivait, libre et pauvre, dans les forêts de bananiers, de cocotiers et de palmiers ? Des années durant, il avait idéalisé la Chine ; aujourd'hui, il se refusait le plaisir d'idéaliser un autre univers fantastique et mystérieux. Quand on avance vers l'inconnu, rêver est une faiblesse.

« Soyez, Seigneur, ma force et ma lumière... »

Formé à l'école de Louis Lapierre qui avait méprisé les croix d'or et les velours du confort, il redoutait l'orgueil et la vanité du sacre. Pour être évêque, il lui faudrait être d'abord couvert de soies et d'honneurs, applaudi et fêté. Il s'y soumettrait comme à une épreuve initiatique lui permettant d'accéder à la vraie pauvreté et au partage de l'existence de ceux qu'en pasteur il appelait déjà ses brebis.

Dans l'assiette quelques os secs, un verre vide, lui rappe-lèrent qu'il avait mangé et bu. Depuis la Chine et ses milliers de bols de riz, il se rassasiait machinalement et sans joie. Il se leva et enfila son manteau.

Le propriétaire du *Sainte-Rose Dinner* se précipita vers Gustave qui crut qu'il voulait lui ouvrir la porte.

— L'addition, mon père ; vous oubliez de payer !

Oublié ? Il n'y pensait jamais. Il rougit et ne fouilla même pas ses poches, toujours vides. Un petit homme à moustache et aux tempes grisonnantes se leva. Main tendue il venait vers les deux hommes en souriant.

— Ne vous inquiétez pas, monsieur Dagenais, je me charge de l'addition de Mgr Prévost. Vous devez le connaître. Autrement, vous seriez bien le seul Québécois qui n'a pas vu monseigneur à l'émission de M. André Laurendeau.

— Merci, monsieur... Il me semble vous avoir déjà ren-contré, dit Gustave en se reprochant intérieurement sa piètre mémoire des noms et des visages.

— Je suis Paul Desrosiers, assureur... Courtier, si vous préférez. C'est moi qui assure le petit restaurant de votre frère Gérard, vos cousins et vos cousines, mais je vous connais surtout parce que je suis maître organiste dans votre paroisse natale. C'est moi qui touchais l'orgue quand on a célébré votre retour, il y a quelques mois. J'étais là quand vous avez décrit la Chine et votre expérience là-bas. Vous ne refuserez pas de boire un café avec moi ?

Paul Desrosiers parla de ses filles, passionnées par son aventure.

— Vous me pardonnerez si j'utilise cette expression, mais pour elles vous êtes une sorte d'idole. Nous avons dû leur permettre de veiller tard pour vous voir à la télévision. J'ai eu peur de manquer de trente sous quand, après votre passage à l'émission *Pays et Merveilles*, on a annoncé votre visite au couvent des sœurs de la Congrégation de Notre-Dame, au village.

— Je vous coûte cher, dit Gustave en riant. Les trente sous, je suppose que c'était pour acheter des petits Chinois.

— Exactement ça. Chaque soir, depuis que Caroline et Marie-Michelle vous ont vu au couvent, elles se couchent en priant le petit Jésus de leur permettre de vous accompagner en Chine. En attendant, elles achètent et prénomment des enfants qu'elles croient sauver avec leurs petites aumônes.

— Bien! Alors transmettez-leur une nouvelle. Qu'elles oublient la Chine, je pars pour le Pérou et là, j'aurai besoin de petites missionnaires qui se débrouillent bien en espagnol.

— Elles vont l'étudier, monseigneur.

Le cœur de Lorenza s'emballa lorsqu'elle entendit cinq doigts pianoter sur la vitre de la cuisine. Sur le pas de la porte, un Gustave radieux, méconnaissable, presque insolent la souleva de terre.

— Monseigneur daigne visiter sa vieille mère!

Elle aurait voulu se méfier de cette allure désinvolte autant que des airs renfrognés de l'année précédente. Comme toujours quand elle cherchait à étouffer ses angoisses, elle tournait en automate autour du poêle.

— Tu aurais dû téléphoner. Ton père a déjà mangé. Il dort. As-tu faim? Je ne sais pas quoi te servir. Veux-tu des crêpes?

— Avez-vous peur de m'embrasser, maman?

Réticente, elle s'arrêta pour tendre une joue pâle et duveteuse.

— Vous êtes toute douce... Vous ai-je déjà dit que vous êtes belle? Savez-vous qu'en prison, je pensais à vos joues si douces, à vos beaux yeux gris...

— Bleus, Gustave. Ils sont bleus mes yeux !

— C'est ce que je voulais dire...

— Écoute-moi, Gustave. Si tu es venu m'annoncer une mauvaise nouvelle, fais-le tout de suite. Ne me tourmente pas.

— Asseyez-vous et ne me parlez plus de manger, je me suis arrêté au restaurant.

— C'est du gaspillage, surtout quand on sait qu'une mère attend une petite occasion de voir son garçon. Tu nous négliges. Vas-tu rester à coucher ? Ta chambre t'attend toujours.

En s'entendant mendier pour qu'il s'arrête un peu, elle se serait pincée.

— Non maman, je ne resterai pas. Je suis simplement venu passer quelques heures avec vous deux.

Il n'était pas dit qu'il la ferait languir et qu'elle s'épuiserait à l'écouter tourner autour du pot pour parler de la pluie de la veille et du froid qui précipitait l'hiver. Sous prétexte de changer de tablier, elle courut réveiller Zéphyr qui la suivit, fripé, dans la cuisine.

— Bon, dit-elle en aidant son mari à s'asseoir, tu peux déballer ton sac, je suis prête. Ton père aussi.

— Voilà. Pour être bien certain que vous ne les apprendriez pas par la radio ou par les journaux, je suis venu vous annoncer les nouvelles qui me concernent. Premièrement, c'est confirmé, je vais partir pour le Pérou. Deuxièmement, je ne serai plus préfet, mais vicaire apostolique. Et évêque, par-dessus le marché. La cérémonie aura lieu d'ici un mois ou deux. Il va vous falloir une nouvelle robe, maman !

Évêque ! Un peu plus et elle s'agenouillait. Zéphyr essuya une larme.

— Je suis très content pour toi, dit-il.

— Papa, implora Gustave, je ne voulais pas vous faire de peine. Je ne m'en vais pas au bout du monde. Le Pérou, c'est juste à côté.

— À côté! se récria Lorenza. Tu ne penses tout de même pas que ton père ne sait pas où est le Pérou! C'est en bas de la carte, dit-elle en martelant chaque mot. Trop loin pour que nous puissions aller te visiter. Je ne voudrais pas t'insulter, Gustave, je suis fière de toi. Ce qui ne m'empêche pas de me demander pourquoi tu ne t'es pas marié, comme tout le monde. Tu aurais moins la bougeotte!

— Au risque de blesser votre pudeur, et même si vous le dites en riant, je vais répondre franchement. J'ai déjà été attiré par des femmes. Il est possible que je le sois encore. J'ai refusé et je refuserai toujours de me détourner de ma vocation. Il ne m'a rien manqué de l'amour humain. Peu importe ce qu'en pensent les hommes; peu importent les difficultés rencontrées à travers certains renoncements. Croyez-moi, maman, toutes mes satisfactions sont dans la foi. De tous les déchirements, le pire, c'est de m'éloigner de vous deux. Le vrai sacrifice, c'est de quitter ceux que j'aime pour aller vers ceux que j'aimerai.

Sacré évêque le 6 janvier 1957 par le cardinal Paul-Émile Léger à l'église Notre-Dame de Montréal, Gustave Prévost se rendit presque aussitôt à Lima.

Le 8 juin suivant, à midi, en plein soleil, il atterrissait à Pucallpa. L'avion de la Faucett rasa les toits des maisons basses, tressauta plusieurs fois sur la piste cahoteuse et s'immobilisa à quelques mètres d'un hangar de tôle devant lequel la foule criait son nom, ceux du pays et de la ville, en agitant de petits drapeaux. Les franciscaines y avaient conduit leurs mille écolières, et le père Émile Morin, au moins autant de garçons.

Vêtus de leurs plus beaux uniformes, policiers et militaires au garde-à-vous saluèrent Mgr Prévost et exprimèrent l'un après l'autre, avec emphase, leur fierté d'accueillir le premier évêque de Pucallpa. Il fallait, assurèrent-ils, y voir une preuve de la reconnaissance tardive, mais combien souhaitée, d'une population oubliée par Lima et par les gouvernements qui s'y étaient succédé depuis des siècles.

La foule se forma ensuite en cortège. Entouré d'officiers, de notables et surtout d'enfants de la rue qui allaient à reculons devant lui, touchaient sa soutane blanche et se moquaient de ses cheveux roux, il marcha vers la cathédrale qui lui était destinée.

Il y entra sous une pluie de fleurs lancées par les plus jeunes. Sans parenté avec les somptueuses églises de Lima, ce temple de brique était également plus pauvre et plus dépouillé que ceux qu'avait construits Louis Lapierre en Chine.

Partout où elle n'était pas visible aux yeux des gens qui recherchaient les signes ordinaires du progrès, Gustave découvrit la beauté de Pucallpa qu'il explora amoureusement. À l'exception de certains commerçants et entrepreneurs, militaires, policiers ou fonctionnaires, la pauvreté était le lot commun.

On y vivait sans nourrir d'inquiétudes, en ignorant qu'ailleurs on connaissait mieux. Aucun verrou n'alourdissait les portes des maisons de planches noircies, aux toits de palmes séchées, où l'on ne trouvait ni lumière électrique, ni eau courante, ni égout. On allait à pied dans la poussière, et on s'enlisait, les jours de pluie, dans la boue gluante qui transformait les rues.

La découverte de pétrole et l'inauguration d'une raffinerie laissaient présager un peu d'abondance. Lima, qui jusqu'alors avait méprisé la Selva, ses métis et ses autochtones, tendait enfin une route entre elle et Pucallpa. À peine carrossable, cette esquisse de la transandine, la première et la seule à traverser le Pérou d'est en ouest, stimulait déjà l'exploitation de la forêt amazonienne. Disséminées le long du capricieux fleuve Ucayali, des scieries témoignaient d'une activité économique inédite.

Épaulé par une équipe enthousiaste, Gustave voulut jeter les bases d'une véritable mission qui essaimerait au-delà des paroisses de Pucallpa. Il voulait pénétrer jusque dans la jungle pour y ranimer, espérait-il, la foi de milliers de chrétiens vers lesquels plus personne n'allait.

Ses premières lettres du Pérou foisonnèrent d'heureuses nouvelles. Les missionnaires parcouraient la région et baptisaient des centaines d'enfants de tous âges. Ils intervenaient dans la vie des parents, incités au mariage pour régulariser leur situation, et chaque semaine des dizaines de couples s'inclinaient devant l'autel après avoir, la veille parfois, été eux-mêmes baptisés.

Fils d'habitants, fils de bûcherons, plus à l'aise dans les *pueblos* et dans la jungle que dans les presbytères, les prêtres amorçaient l'œuvre pour laquelle ils avaient été formés. Œuvre dont l'aspect religieux n'était peut-être pas souhaité et dont, dans leur exaltation, ils ne pressentaient pas encore les limites. Indifférents aux débuts difficiles, imperméables à l'accueil empreint de curiosité, de réserve et de méfiance, ils se croyaient capables d'atténuer la misère et de changer le monde en parlant de Dieu.

Pour diffuser la bonne nouvelle, et témoigner de la présence divine aux portes de la jungle et dans les *pueblos* voisins de Pucallpa, Gustave s'inspira de Louis Lapierre. Il multiplia les nouvelles paroisses et fit élever des chapelles qui semblaient être calquées sur la crèche de Jésus en exil.

— Si vous fournissez le bois, avait-il dit aux catholiques d'Honoria, je paie la tôle et les clous; si vous apportez le sable, je procure le ciment; si vous bâtissez le clocher, j'y installerai la cloche. Je consens à payer ce qui coûte le plus cher; vous offrirez ce qui est à votre portée : bois et main-d'œuvre.

Il lui plaisait d'avoir, à Honoria, coupé l'herbe sous le pied des protestants qui s'apprêtaient à s'y établir. Il veillerait certainement à la préservation des relations harmonieuses entre catholiques et protestants, mais il n'était pas dit que cela se ferait sans offensive.

À la fin de l'année 1957, l'œuvre religieuse n'était plus la seule à l'absorber. Ses lettres publiées dans *Missions-Étrangères* exhortèrent les abonnés du mensuel à s'exprimer généreusement pour l'aider à endiguer la migration des métis et des autochtones vers les villes. Ces derniers, délaissant la chasse, la pêche ou l'agriculture de subsistance, migraient massivement vers Pucallpa auréolée du leurre d'emplois rémunérés. En réalité, ils venaient grossir la population d'une ville encore trop pauvre pour qu'ils puissent s'y nourrir et s'y loger décemment.

Les migrants devaient, pensait-il, s'arrêter à Masisea. Charnière, entre la jungle et la ville, ce poste frontière autrefois prospère avait été grugé par le fleuve Ucayali et déserté pour devenir une pauvre étape pour les voyageurs. Gustave rêvait de le ranimer et de ralentir les progrès de Pucallpa. S'il parvenait à conférer à Masisea l'importance d'un siège épiscopal, ses hommes pourraient aussi être plus proches de la forêt et de ses peuples.

Il acquit, sur les hauteurs du village, un terrain qu'il compara au cap Diamant. S'y élèverait la Szepingkai du Pérou, avec une église, une résidence des missionnaires, une ou des écoles et un dispensaire. Puis, au-dessus des rizières plantées au bord du lac formé par l'élargissement du fleuve, une immense croix dirait aux navigateurs que l'œuvre des missionnaires canadiens serait forte et durable.

La tâche était si ample, si urgente, que s'évanouirent les résolutions du prisonnier de Chine qui s'était promis de ne plus transposer ses propres valeurs. Encore aveugle à la réalité péruvienne, insensible aux nombreux signes d'incompréhension mutuelle, il reproduisit une mission exactement semblable à celles que, derrière le rideau de bambou, il avait rejetées.

Simultanément, les douze missionnaires de Pucallpa surnommés les *padres queso*, «pères fromage», se donnèrent à l'enseignement, rassemblèrent les petits vagabonds autour d'eux, distribuèrent des tonnes de lait et de fromage. Ils favorisèrent l'ouverture d'écoles publiques, que financeraient en parts égales l'État péruvien et les bienfaiteurs du Québec. L'éducation, croyaient-ils alors, stabiliserait la société comme elle le faisait ailleurs en Occident.

Existait-il, pour retenir les jeunes à l'école et leur faire accepter la discipline, de meilleures recettes que les activités éprouvées au Québec et dans le monde? Les prêtres du vicariat organisèrent donc des sports, créèrent des terrains de jeux, et implantèrent le scoutisme. En 1959, dans la seule ville de Pucallpa, ils animaient dix-sept clubs de volley-ball, de basket-ball et de football. Deux ans plus tard, dix-neuf écoles accueillaient plus de six mille enfants. L'heure viendrait où, parmi ceux-là, croyait Gustave, certains voudraient à leur tour devenir prêtres.

Pour atteindre plus sûrement les familles, il relança la Légion de Marie, l'association des Enfants de Marie et un ensemble d'œuvres susceptibles d'entretenir la ferveur religieuse. Toujours peu nombreux à fréquenter l'église, quelques hommes ne croyaient plus déchoir en suivant leur femme aux offices.

Selon l'expression de Gustave, une «épidémie» de foi déferlait sur Puerto Inca, Santa Rosa, Alianza, Puerto Callao, Tushmo et Fatima.

D'autres lettres de Gustave, toujours destinées à être lues par les bienfaiteurs de la Société des Missions-Étrangères, décrivirent la richesse et la beauté d'une récolte spirituelle à tous égards inestimable. Épaulés par les franciscaines, les sœurs de l'Immaculée-Conception, les Antoniennes de Marie, les Dames apostoliques et les dominicaines, les missionnaires pouvaient croire qu'ils avaient, en moins de cinq ans, accompli autant que leurs prédécesseurs en une quarantaine d'années.

Un matin, au déjeuner, Gérard Côté lui apprit que la cathédrale était en train de s'écrouler.

— J'y vais, avait-il répondu en repoussant une tasse de café tiède.

— C'est dangereux, monseigneur. Je n'y laisserais pas entrer un serpent. Ça va tomber brusquement, à commencer par les poutres centrales. Je ne garantis pas que la résidence tiendra le coup.

Gustave descendit l'escalier pour pénétrer dans cette drôle d'église. La sienne. Sa cathédrale. Un four prêt à éclater. Construit vingt ans plus tôt sur la glaise et le sable, l'édifice avait penché et piliers de bois, plafonds et planchers s'étaient fissurés. À ce temple, il manquait aujourd'hui un clocher et un mur. Pour empêcher qu'il ne fasse tout à fait naufrage dans la boue, le dernier curé de la paroisse y avait accolé une salle paroissiale, obstruant du même coup la moitié des fenêtres. Même si son vaisseau fuyait irrémédiablement vers les profondeurs, il avait doublé cette salle d'un étage aussi pentu que le premier.

Ainsi étaient la cathédrale et la résidence de l'évêque de Pucallpa et de ses missionnaires. À son arrivée, Gustave les avait trouvées romanes par leurs angles arrondis, et avait prédit pour elles, si toutefois l'humidité et la chaleur poursuivaient diligemment leur travail, des courbes gothiques. Puis les orages et les tremblements de terre avaient eu raison du dernier mur.

À quoi bon reconstruire, se demandait-il, appuyé contre le châssis d'une fenêtre dont la vitre gisait en miettes sur le plancher? Qu'en penseraient les paroissiens, persuadés que les *gringos* gaspillaient leur argent en bâtisses et en travaux inutiles pour imposer à quelques assidus une longue messe hebdomadaire? Combien seraient venus, ce matin, si l'église n'avait pas achevé de se désagréger?

Il grimpa l'escalier de planches raboteuses conduisant au réfectoire où un reste de café bouillait encore sur le feu. Plus un chat dans la salle. Les hommes couraient déjà la savane. Sur la table, de vieux journaux montréalais de l'année 1961 traînaient sur la toile cirée, couvrant les miettes de pain grillé et les empreintes laissées par les tasses.

Il n'eut pas envie de parcourir, pour la dixième fois, ces feuilles jaunies et tachées où certains détails l'avaient surpris. Il y avait lu que l'archidiocèse de Montréal était aux prises avec une pénurie de prêtres; qu'un mouvement laïque exigeait, pour le Québec, la création d'un réseau d'écoles non confessionnelles; que le cardinal Léger avait réagi en exprimant le souhait que les laïcs soient présents dans tous les niveaux de l'enseignement et qu'il avait, en septembre, invité ses prêtres à ne plus porter la soutane dans la rue.

Si, comme lui, Arthème Leblanc, Laurent Beaudoin et Émile Morin ne songeaient pas à se détacher des coutumes, les plus jeunes de ses prêtres accueillaient avec empressement les moindres signes de modernisation.

— Aurons-nous, monseigneur, le droit de quitter nos jupes? avait demandé Gérard Côté, après avoir dévoré la nouvelle.

— Je suppose que ce qui est bon pour les prêtres de l'archevêché de Montréal l'est pour nous, avait répondu Gustave. Vous pourrez toujours poser la question à Arthème. Après tout, c'est au supérieur que reviennent les décisions de ce genre-là. Pour ma part, j'attendrais un avis plus éclairé qu'un simple entrefilet dans *La Presse*.

— N'empêche qu'on crève dans nos soutanes kaki et que pour marcher dans la brousse, on est plus à l'aise en bottes et en pantalon, vous ne pensez pas, monseigneur?

Gérard Côté avait raison, et d'ailleurs, plus souvent qu'autrement, pour voyager sur le fleuve ou pour entrer dans la forêt, ils oubliaient volontiers la robe derrière eux. Leur précipitation à se débarrasser des signes extérieurs de leur état marquait le premier jalon de l'écart qui séparait leur génération de celle de Gustave. Ils ne voyaient plus un privilège dans le fait d'extérioriser les attributs du prêtre ; ils souhaitaient se fondre dans la foule, ne plus s'en démarquer.

Les plus jeunes se sentaient déjà plus légers, et les sœurs de l'Immaculée-Conception, autorisées à ranger leur coiffe et à soustraire quelques pouces de leurs jupes, avaient noirci plusieurs lignes de leurs annales pour écrire qu'un peu d'air frais soufflait enfin sur l'Église. Elles auraient moins de lessive à faire, et plus de temps à consacrer à l'enseignement et à leurs œuvres.

L'année 1962 marqua l'heure d'un premier bilan. Sous l'étourdissante distribution de sacrements : baptêmes, premières communions, confirmations et mariages, l'âme de la Selva demeurait impénétrable, et les effets de l'évangélisation, imperceptibles.

L'observation du fleuve Ucayali avait éclairé Gustave et ses compagnons sur le caractère unique de la population. Année après année, le cours d'eau modifie les contours de son lit, arrachant dans sa fureur des arbres et des portions de village qu'il emporte, à travers remous et courants contraires, jusque dans l'Amazone. Avec la cruauté d'un dieu vengeur, il détruit les maisons, les plantations, les ports. Telle ville qu'il baignait en 1957, en était, cinq ans plus tard, distante de plus de dix kilomètres.

Dans cet univers, on s'inspirait de l'imprévisible fleuve pour dédaigner avec superbe les engagements fondés sur le long terme. Il n'y avait qu'à le regarder pour comprendre que les notions d'éternité, de perpétuité y étaient contraires au bon sens. Gustave l'avait cent fois constaté, les efforts des prêtres produisaient de surprenants résultats.

On disait oui à l'espoir. Oui à la magie du ciel, à la bonté de la Vierge, au sacrifice de Jésus. Oui aux grandes processions ralliant croyants et incroyants pour des heures d'intense prière. On disait non à l'ennui engendré par la constance. Non à toutes les fidélités : à l'Église, à l'école, à l'emploi, à la pratique religieuse, à un homme, à une femme, à une famille. Les enfants de la Selva péruvienne étaient aussi libres que l'Ucayali. Ils s'approchaient de l'Église pour la contempler, sans y croire. Elle ne les transformerait pas.

Gustave invita le sociologue dominicain Jesus Maria Vasquez à venir prêter main-forte à l'équipe pour procéder à un recensement qui peut-être permettrait de comprendre pourquoi ce qu'ils semaient ne germait pas. Après un mois d'interviews et d'enquêtes, la mission disposait enfin d'un instrument d'analyse.

On savait déjà que, même si quatre-vingt-dix-sept pour cent des Pucallpinos étaient catholiques, ils entretenaient un nombre plus grand de temples protestants que d'églises catholiques. On apprit que, baptisés ou non, quatre-vingt-dix pour cent des hommes et quatre-vingts pour cent des femmes ne fréquentaient pas les sacrements.

— Nous devons les stimuler, les inciter à fréquenter nos églises, avait affirmé Gustave aux missionnaires réunis à la mi-novembre pour étudier le recensement.

Les plus jeunes avaient échangé un regard dans lequel il avait lu qu'à cinquante ans il était vieux et dépassé. L'impatience et l'ironie de celui qui prit la parole accentua cette impression.

— Vous avez raison, monseigneur. Nous devons surtout nous occuper de la foi. Nous sommes venus ici pour amener les gens à l'église et pour distribuer les sacrements, n'est-ce-pas? Vous voulez que nous nous limitions à cela, nous le ferons!

Le nez dans ses statistiques, le père Vasquez avait tourné quelques pages et dissipé le malaise en étalant d'autres constats.

— Nous évaluons la population de Pucallpa, majoritairement constituée de métis, à un peu plus de vingt-deux mille habitants. La moitié n'ont pas quinze ans, et les trois quarts sont des mères et leurs enfants. Un individu sur quatre seulement, surtout des femmes, a un gagne-pain.

— Si on peut appeler gagne-pain l'artisanat et la vente de nappes ou de colifichets que personne n'a les moyens d'acheter, murmura une voix.

— Plus de la moitié des familles ne sont en règle ni avec l'État ni avec l'Église, poursuivit le dominicain. Les liens des couples reposent sur l'attirance et l'amour, sans égard aux notions d'engagement...

— Ici, il n'y a pas d'amours impossibles, dit l'un des prêtres en l'interrompant. Dès qu'ils se plaisent, hommes ou femmes sont prêts à tout pour vivre leurs passions. Je connais des enfants qui ont vécu avec trois pères et trois mères, et qui ne savent pas très bien à qui ils doivent la vie.

— Voulez-vous laisser parler le père Vasquez, souffla Gustave en frappant la table du plat de la main.

— La fidélité conjugale étant une vertu peu pratiquée, les conséquences de ce phénomène sur les enfants sont innombrables. Les plus communes sont l'insécurité, la pauvreté, le vagabondage et la prostitution. Et je ne parle pas de leur santé, affectée par une diète pauvre et par le manque de soins.

— Vos conclusions, père Vasquez?

— Elles sont, monseigneur Gustavo, à la fois positives et négatives. Le fait que la population est presque entièrement catholique est certainement extraordinaire. Cela ne doit cependant pas éclipser la réalité. L'ignorance religieuse ne tarde pas à percer; puis l'absence de vraie vie chrétienne. Pucallpa n'est pas une ville déchristianisée; c'est une ville à évangéliser, un authentique territoire de mission.

— Nous savions déjà que nous n'étions pas à l'orée d'une forêt en bois de calvaire, père Vasquez. Comme sociologue, que proposez-vous? demanda Gustave.

— À court terme, un patient travail d'éducation religieuse pourra produire des résultats. À long terme, il faudrait apporter une certaine stabilité aux familles, mais cela relève de l'État et là, vous êtes impuissants à agir.

À la fin de l'année 1962, Gustave se mêla aux deux mille cinq cents prélats rassemblés à Rome pour le concile Vatican II. Du domaine de vase et de poussière qu'était Pucallpa, il plongea au cœur d'un univers à peine entrevu lors de son passage au Vatican, en 1949. La basilique brillait, éblouissante, choquante par son faste. Dans les marbres, l'or et la lumière de Saint-Pierre, dans l'écarlate des princes de l'Église et le cramoisi des successeurs des apôtres, l'œil ne distinguait ni la pauvreté de Jésus, fils du charpentier, ni l'humilité de ses apôtres, pêcheurs et gens du commun.

Les prélats pauvres d'Amérique du Sud, de Polynésie, d'Afrique ou de Nouvelle-Calédonie, qui avaient espéré que Rome fût une Bethléem ouverte, eurent du mal à susciter, à travers tout ce luxe, la compréhension des hommes de Bruxelles, de Rome, de Paris ou de Boston. Pendant ces jours de résistance, on dénonça la «catholicité verticale», l'esprit de caste, une mentalité qui avait fait son temps.

Jean XXIII, qui l'année précédente s'était élevé contre les injustices du monde, orienta les travaux vers un rajeunissement de l'Église qui devait être communautaire. On parla alors de «catholicité horizontale», de fraternité, de partage, d'œcuménisme. Et au cours de trois années consécutives, les réunions du concile rassemblèrent des hommes qui ébauchèrent le projet d'une Église adaptée aux peuples du monde. Aux évêques d'agir.

Court, le regard vif et brillant, Gérard Côté avait un soir suivi Gustave jusqu'à sa chambre.

— Je voudrais vous dire quelque chose en privé, monseigneur.

Il entra dans la pièce, guère plus invitante que le légendaire cachot dont Gustave ne parlait jamais. Un lit de fer, une vieille couverture de laine de la baie d'Hudson dont la rayure rouge vif contrastait avec la couleur terne et usée des murs et du plancher. Sur la poussière d'un pupitre de maître d'école traînaient un missel, des livres de prières, quelques factures de matériaux achetés pour une chapelle en construction dans un autre *pueblo*.

— Assieds-toi, avait dit Gustave en désignant le lit. Ça va bien à l'hôpital?

— Ça va comme c'est mené, monseigneur. On manque de l'essentiel. On regarde les gens mourir de septicémie ou de péritonite, en se demandant à quel miracle ils doivent d'être épargnés par les épidémies qui frappent le reste de l'Amérique du Sud. En bon aumônier, après leur avoir dit que Dieu les aime, je leur ferme les yeux. Je les enterre le lendemain, désespéré de mon impuissance.

— Chacun de nous est impuissant, Gérard. J'ai été formé pour l'apostolat et je vois ici, mieux qu'en Chine, les limites de cette action. Le Pérou est un mystère...

— Nous sommes quelques-uns à vouloir travailler autrement.

— J'ai bien compris cela.

— Nous ne pouvons pas indéfiniment fermer les yeux sur l'origine des injustices dont nous sommes tous les jours témoins. Nous voulons agir autrement que par la prédication.

— En plus des activités paroissiales, vous êtes pris par le fonctionnement des coopératives que nous avons créées. Que voulez-vous faire de plus?

Appuyé sur le pupitre dont un pied était supporté par un livre, Gustave ferma les yeux. Gérard Côté et ses alliés ressemblaient au prêtre qu'il avait été, impatient d'enfoncer les barrières dressées par la prudence ou la raison. Il lui avait été facile, en prison, de parler aux murs, de réformer l'apostolat et de s'ouvrir aux besoins de la société. Il temporisait, aujourd'hui, comme l'évêque qu'il n'avait pas voulu devenir. Manquait-il de recul ou de flamme ? Gérard et quelques autres entretenaient un feu qu'il n'avait pas le droit d'éteindre.

Eux tâtaient la détresse des ouvriers mal payés, des agriculteurs qui écoulaient leurs récoltes à des prix variant au gré des acheteurs étrangers. Eux savaient qu'au cœur de la jungle, des planteurs disposaient de leurs ouvriers comme d'un bien personnel. Qui, de Gaston Villeneuve ou d'Hubert Laurin, lui avait raconté que l'un d'eux s'était publiquement vanté d'avoir, en vingt ans, tué une centaine de travailleurs insubordonnés ou incompétents, d'enfants paresseux, de femmes trop fertiles, parce que leur entretien lui était trop coûteux ?

— Nous laisserez-vous prendre des initiatives ? demanda Côté qui l'avait observé en silence.

— Je te le redemande, quelles actions voulez-vous entreprendre ?

— Nous savons seulement qu'il y a mieux à faire que de prêcher l'acceptation de la volonté divine, la grandeur et la beauté de la pauvreté, quand les estomacs crient famine. Il est temps d'agir parce que la faim fait oublier la prière et parce que notre action n'a pas de sens si nous ne sommes pas engagés socialement. Autour de nous, les gens réclament notre aide. Nous avons l'air de quoi avec nos goupillons ? Plusieurs prêtres, au Pérou, pensent que l'Église doit les rassembler autour d'un projet social.

— Écoute-moi bien, Gérard. Tant que vous ne vous mêlerez pas de politique, tant que vous exercerez votre ministère avec assiduité, j'appuierai votre action.

Les travaux du concile coïncidèrent avec l'inauguration, le 19 mai 1963, du séminaire régional San Martín, destiné aux candidats à la prêtrise originaires de tous les secteurs de la Selva. En Chine, Gustave avait cru, et il croyait encore, qu'une Église vraiment adaptée à un peuple devait se nourrir de prêtres et de laïcs qui en étaient issus. Depuis son arrivée au Pérou, il avait multiplié les démarches auprès des évêques de l'Amazonie pour qu'ils inscrivent des étudiants à ce séminaire et contribuent à son financement.

Il était satisfait. Grâce à cette institution, il suivait l'exemple de Louis Lapierre et perpétuait une tradition propre à la Société des Missions-Étrangères. Une autre source de plaisir lui venait du site choisi. Le séminaire dominerait le lac Yarina et voisinerait le superbe camp de vacances construit par les protestants américains. Ses étudiants, il se l'était promis, n'envieraient pas ces riches voisins.

Soutenu par bon nombre de missionnaires désireux de collaborer, il ne prêta pas à la résistance de certains l'attention qu'elle méritait. À ceux-là, l'initiative semblait prématurée, et peut-être vaine.

— Pourquoi un séminaire, monseigneur? Vous voyez bien que la plupart des étudiants n'ont pas le bagage minimum pour entreprendre des études secondaires normales.

— Vous exagérez! Et, même si c'était vrai, nous leur apprendrons ce qu'ils ignorent.

— Ils n'ont presque pas eu de contacts avec des prêtres. Et vous vous imaginez que leur vocation s'appuie sur un idéal mûri?

— En Chine...

— Sauf votre respect, monseigneur, la Chine n'est pas un bon exemple. Vous n'avez quasiment pas ordonné de prêtres.

Si, à la fin du concile, la plupart des évêques pouvaient guider leurs prêtres vers une ouverture au monde, à Pucallpa, les missionnaires avaient une longueur d'avance sur le nouvel esprit qui imprégnait l'Église. Au tournant de l'année 1965, deux, trois écoles de pensée, tentaient de s'adapter l'une à l'autre. Influencés par les travaux du concile, tous souhaitaient intensifier leur engagement auprès de la communauté, mais leurs opinions et leurs tendances divergeaient quant au style de cet engagement.

Un premier groupe, dont Gustave faisait partie, favorisait surtout la formation de chrétiens éclairés et fidèles. On y préconisait le maintien des œuvres traditionnelles qui devaient être enrichies par l'éducation, la pastorale, la catéchèse et les sacrements.

Un deuxième groupe rassemblait les tenants du modernisme qui, eux, préconisaient la concentration des énergies des missionnaires autour du progrès social. Ils voulaient participer à l'émergence d'une Église péruvienne renouvelée, libre d'intervenir pour soutenir la population dans la défense de ses droits. Ces missionnaires étaient partants pour toutes les révolutions susceptibles d'engendrer le progrès.

Entre ces extrêmes, un troisième noyau de prêtres fondaient les espoirs de renouveau sur une pastorale de solidarité. Leur action visait la formation de leaders communautaires qui prendraient eux-mêmes les orientations adaptées à leurs objectifs.

Le climat politique favorisait les remises en question. Contrairement à toutes les attentes, la prise du pouvoir le 3 octobre 1968 par les militaires dirigés par Juan Velasco Alvarado visait la solution des problèmes du Pérou. Ces militaires promirent de redonner leur dignité aux travailleurs. Des lois portant sur la réforme agraire, les eaux, les industries, la pêche et l'éducation démontrèrent qu'ils tenaient parole.

L'Église accorda appui et confiance à ce gouvernement, le premier à la consulter. À Pucallpa, les partisans de l'action sociale pouvaient travailler au grand jour et croire que leur engagement conduirait à l'accélération des réformes. La liberté d'expression et d'action qui caractérisait ces années incita certains membres de l'Église péruvienne à inviter des laïcs à exprimer leurs doléances à leur égard. Devant les critiques qui les accusaient de vivre à l'écart de la pauvreté, les moins modérés des compagnons de Gustave réagirent en promettant publiquement, au mois de septembre 1969, de changer de vie «pour une meilleure présence au monde».

Fidèles à la parole donnée, ils s'éloignèrent ostensiblement de la résidence du vicariat où ils étaient censés vivre dans le confort, pour partager l'ordinaire des habitants de Pucallpa et de ses *pueblos* satellites.

Deux ans plus tard, traquant les sources des inégalités sociales, ils profitèrent de quelques jours de réflexion pour s'attaquer au séminaire du lac Yarina.

— Malgré tout le respect que nous devons à Mgr Prévost et à nos confrères qui y travaillent, commença l'animateur, les questions auxquelles nous devons répondre une fois pour toutes sont les suivantes. Le séminaire répond-il aux objectifs pour lesquels il a été fondé? Sert-il vraiment à la formation de futurs prêtres ou même à la formation de laïcs engagés? Les prêtres des Missions-Étrangères doivent-ils en garder encore la direction?

Surpris par le ton du présentateur qui avait conclu en proposant un vote pour le maintien ou la fermeture de l'établissement, Gustave se leva.

— Je nous croyais réunis pour travailler, ensemble, à la construction de ce que vous appelez un monde meilleur. Je le pensais meilleur qu'il ne l'est, semble-t-il, à vos yeux. J'espère que vous savez ce qu'il devrait être. Pour ma part, je vous laisse discuter et voter sans moi.

Il laissa s'écouler quelques secondes.

— Ne me regardez pas avec ces airs surpris. Vous n'avez pas sérieusement pensé que je voterais pour la fermeture du séminaire? Il devrait survivre à la révolution qui s'opère ici. Vous savez aussi bien que moi que l'Église latino-américaine nous reproche d'être mal préparés à solutionner ses problèmes et de ne pas comprendre les populations que nous desservons. Nous pouvons changer cela en conservant le séminaire qui est le seul instrument dont nous disposons pour former des prêtres péruviens qui pourraient remplacer les *gringos* que nous sommes. Évidemment, les résultats vous donnent raison. En sept ans, moins de dix étudiants ont poursuivi leurs études au-delà de la philosophie. Trois d'entre eux seulement deviendront prêtres. Mais il n'y en aurait eu qu'un seul et j'aurais été satisfait.

— Ça ne compense pas l'énergie qui se perd ici, dit quelqu'un. Germain Crête, Arthème Leblanc et les autres seraient plus utiles dans les paroisses qu'au séminaire, à éduquer les fils de riches. Les Antoniennes que vous êtes allés chercher au Québec pourraient se consacrer entièrement à la pastorale et vivre carrément parmi les pauvres.

— Nous verrons ce qu'il adviendra d'elles après le vote, mais vous me trouverez sur votre chemin si la fantaisie vous prend de penser qu'elles vivront comme vous aimez le faire, sans électricité ni eau courante. Vous voterez en démocrates, croyez-vous? Vous vous leurrez sur le sens de la révolution péruvienne; ce n'est pas de démocratie qu'il est question, mais de socialisme. Écoutez bien ceux dont les discours vous captivent. Ils parlent de révolution et de liberté. Le peuple n'adhérera à ce discours nouveau que s'il est endoctriné. Est-il vraiment nécessaire que vous vous chargiez de ce travail politique?

Il savait qu'en quittant Yarina, il leur facilitait la tâche. La fermeture du séminaire fut prévue pour la fin de l'année 1971.

Vers l'automne, la syndicalisation des professeurs, la multiplication des grèves, la contestation de la présence religieuse dans le réseau scolaire de Pucallpa précipitèrent le retrait de ce secteur des prêtres des Missions-Étrangères et des sœurs de l'Immaculée-Conception. Gustave dut envisager de fermer l'internat et le collège des filles, et de mettre fin aux activités des missionnaires à la bibliothèque municipale. Il en était à vendre les bâtisses du séminaire quand deux de ses prêtres se firent montrer la porte du collège de garçons de Pucallpa.

Au matin du 16 novembre, il apposait sa signature au bas d'un manifeste dénonçant le renvoi de ses hommes accusés d'avoir inspiré, sinon suscité, le conflit entre la direction du collège Faustino et les étudiants. Le soir même, il soupait avec l'un de ses compagnons dans le réfectoire déserté par ceux qui avaient quitté la résidence pour vivre parmi leurs paroissiens.

— Vous avez signé ce papier-là, monseigneur? Vous me surprenez. Demain, la radio et les journaux diront que nous sommes des révolutionnaires. Que la foi nous a servi de prétexte pour nous mêler d'affaires qui ne concernent que la population.

— Je me dois d'être solidaire.

— Vous auriez pu refuser de signer ce texte. Vous savez bien qu'ils ne sont pas tout à fait innocents de ce dont on les accuse.

— S'ils ont eu tort, c'est dans un certain excès de zèle. Les circonstances nous empêchent de reculer. Il n'y a plus de place ici pour les tièdes. Je devais me rallier et je suis content de l'avoir fait.

— Rien ne vous y obligeait, monseigneur. Rien ne vous forçait à donner publiquement l'impression que vous avez peut-être soutenu des activités que vous réprouvez.

— Que je réprouvais... Je me souviens d'une époque, lointaine, où on m'a appris l'inutilité des conflits. Vous auriez voulu que je prenne ouvertement position pour un clan ou pour l'autre. Tu aurais souhaité que je hurle mon indignation quand plusieurs de nos prêtres ont quitté le vicariat pour se marier. Je ne l'ai pas fait parce que je n'étais pas indigné. Je comprenais cela, et le reste aussi. Mon rôle consiste d'abord à sauvegarder la paix entre nous, et ensuite à veiller à ce que nous puissions poursuivre l'œuvre qui nous inspire.

— Vous parlez comme un Chinois.

— Tu te retiens pour ne pas dire que je ne suis qu'un vieil homme au cerveau mou. Jusqu'ici, je me suis contenté de tempérer. Ce matin, j'ai choisi de soutenir publiquement ceux dont les activités font peser sur nous la menace de représailles.

L'éloge du pauvre

La lune ne daignait même pas illuminer le petit lac Yarina. Cela importait peu à Gustave qui s'assit sur l'un des bancs posés là pour le plaisir des pensionnaires de ce qui avait été le séminaire San Martín. Il y a plusieurs mois, les étudiants avaient déserté l'institution qui, sous son impulsion, revivait pour une dernière fois en cette nuit du 6 octobre 1972. Au rez-de-chaussée provisoirement transformé en imprimerie s'organisait la défense des autochtones. Pour mieux goûter le silence, il ferma les yeux.

En visite quelques mois plus tôt dans la Selva, le président Juan Velasco Alvarado avait rendu public un projet de loi visant la sauvegarde des richesses patrimoniales de cette région de l'Amazonie. À travers l'énumération des ressources naturelles qui exigeaient une protection particulière, on ne trouvait, curieusement, nulle mention des peuples de la jungle.

Sans doute les jugeait-on moins précieux que les singes, les bananiers, les orangers ou les arbres à caoutchouc, comprirent une fois de plus les Indiens, les *nativos*, qui exigeaient depuis des décennies la reconnaissance de leur existence et des droits équivalents à ceux des Péruviens de la Sierra et de la Costa.

Devant leur déception et celle de leurs partisans, l'homme politique se voulut rassurant et promit de réviser le projet de loi. Les autochtones seraient officiellement reconnus et identifiés. Ils ne seraient plus spoliés de la forêt et de leurs terres ancestrales par les industriels qui ne les envahiraient plus. Ils circuleraient librement dans le pays, le système d'éducation leur serait accessible, comme, du reste, les hôpitaux et les emplois rémunérés. Promesses.

Inquiété par l'attitude du gouvernement militaire, Gustave pensa alors qu'il était temps de mobiliser les énergies et de veiller à la réalisation des engagements présidentiels. Tout s'était déroulé comme il le souhaitait. Les huit évêques de la Selva, accompagnés chacun d'une dizaine de religieux et de laïcs engagés dans l'activité communautaire avaient, dans la retraite qu'était le séminaire, organisé la défense des droits des autochtones.

Ouvrant, le 2 octobre, les travaux de l'assemblée épiscopale, l'évêque de Pucallpa avait de nouveau exprimé l'espoir qu'une position ferme de l'Église de la Selva accélère le processus législatif, et fasse craindre sa réaction à l'État s'il persistait à tergiverser. Et son discours se poursuivait ainsi :

— L'objectif initial du gouvernement actuel consistait à rendre au peuple sa dignité. Jusqu'ici, nous avons eu raison d'appuyer les réformes qui apportaient des solutions aux problèmes observés dans la Selva et dans l'ensemble du pays où les gens sont toujours privés de l'essentiel. Nous constatons malheureusement que l'État a cessé de s'inspirer de l'humanisme chrétien qui le guidait dans les premiers jours. Nous devons le lui rappeler.

Ce soir-là, après quatre jours de réflexion, on imprimait des dizaines de copies du *Manifeste au gouvernement suprême du Pérou*. Tout y était, des misères accentuées et multipliées, jusqu'aux moyens de restaurer l'équilibre social et économique de la Selva. Le manifeste insistait sur l'intention des évêques de favoriser, dans les communautés chrétiennes, la formation de chefs qui s'ingénieraient à éclairer leur équipe sur la légitimité de leurs attentes. On y lisait, entre autres choses, et ces mots résumaient le rôle que de simples missionnaires et leurs évêques mal-aimés entendaient jouer désormais : «L'Église, solidaire des protestations et des objectifs des peuples de l'Amazonie, leur réitère son appui et accepte d'être leur porte-parole. L'Église s'engage donc publiquement à faire en sorte que ces peuples soient entendus et qu'ils ne souffrent plus des conséquences de l'application d'un système d'exploitation et de domination par les centres du pouvoir qui les maintiennent dans une situation infrahumaine.»

Accablé par le poids de cette nuit torride, Gustave écoutait l'eau qui, après s'être acharnée contre une barque et les piliers pourris du quai, serpentait sous la terre. Elle rejaillirait par une autre ouverture, emportant chaque fois un peu plus de sable et de glaise. Demain ou un autre jour, le banc où il reposait son corps fatigué basculerait vers le fond du lac. Un nouvel escarpement serait dessiné.

La pluie s'abattit alors sur lui, sans qu'il en fût étonné, et il prit la direction du séminaire. Il voulut courir. Une douleur lancinante s'insinua lentement dans ses artères, son cou, sa poitrine. Il s'arrêta, impuissant à chasser l'angoisse qui, il en avait l'habitude, tournerait à l'obsession et lui ferait craindre le sommeil où la mort viendrait le surprendre.

La saison suivante vit le long et maigre Gaston Villeneuve quitter Masisea, où Germain Ouimet le remplaçait à la cure, et s'enfoncer dans les forêts du Haut-Ucayali. Son exploration de la Selva profonde n'était qu'un parmi les gestes que le vicariat de Pucallpa entendait faire pour que la voix encore trop faible des Shipibos et des Cunibos soit enfin entendue.

Peu après la rencontre au lac Yarina, on vit Gustave afficher la colère qui jusque-là s'était exprimée en sourdine, c'est-à-dire entre les murs de la cathédrale reconstruite, devant un public, des fidèles rares, mais gagnés d'avance. On comprit vite que l'aimable évêque aux cheveux désormais blanchis ne serait plus seulement un bâtisseur d'écoles et de chapelles. Il avait rêvé, voulu le progrès de Pucallpa. Tous savaient que son intervention avait accéléré l'installation de l'électricité et de l'eau courante, et que sans lui on ne pourrait nourrir le projet d'y construire une université. La première de Pucallpa.

Ses hommes avaient été de tous les comités, de toutes les coopératives, à croire même qu'ils avaient le don d'ubiquité. Convaincu que la patiente mise en place de structures sociales adaptées à la région de l'Ucayali y réduirait la misère, il ne remettait plus en question leur engagement. Était-il illusoire d'anticiper un tel prolongement à l'action du vicariat ? Pendant qu'en lui le promoteur jubilait, le pasteur doutait.

L'essor de Masisea avait été éphémère ; l'établissement de la plus importante mission du vicariat n'avait pas ralenti la croissance de Pucallpa dont la population continuait de grossir. Les déracinés de la jungle n'y trouvaient que chômage ; ils regrettaient leurs terres baignées par l'Ucayali, et la nonchalance qui rythmait leurs jours. Enfants, ils avaient connu le plaisir de pagayer en remontant ce fleuve sinueux, et si sombre qu'on en reconnaît les eaux quand elles se déversent dans l'Amazone. Ils avaient appris à creuser leurs embarcations dans des arbres abattus à coups de machette, et à jeter l'ancre à l'ombre des bananiers aux troncs noyés par les crues. Ils avaient lancé de larges filets où, par dizaines, les poissons se laissaient prendre. Sans ressources dans la ville où ils doivent payer bananes, poisson et yucca, leurs enfants grandissaient dans la rue en attente d'un travail à l'usine.

Au mal d'être qui affligeait déjà les familles, était venu s'ajouter un commerce, nouveau dans la ville, qui entraînait

les hommes vers les maisons closes et les bars dont les propriétaires, protégés par les édiles et par la police, exploitaient
l'innocence de filles encore nubiles. Ayant depuis longtemps
fait son deuil de la vertu, c'est moins à la morale qu'à la
décence que Gustave voulut en appeler. Les commentateurs et
les journalistes qui, les premiers, avaient dénoncé la complicité
des autorités avaient été expédiés en prison. La liberté de parole
n'existait donc plus? Irait-on jusqu'à l'emprisonner si, à son
tour, il s'insurgeait publiquement?

Il profita de la présence de milliers de Pucallpinos aux
fêtes du *Señor de los Milagros*, le Seigneur des miracles, pour
défendre la liberté d'expression et crier son indignation face à
une justice de mascarade. La procession était en cours depuis
une heure au moins quand il se détacha de la foule qui marchait
derrière lui. Il prit place sur les marches d'une maison voisine
de la geôle, et le mouvement s'interrompit progressivement.
Loin derrière, on chantait et on priait encore en soulevant les
bannières du Seigneur des miracles quand la voix de Gustave
s'éleva.

— Il y a quelques instants, dit-il en s'épongeant le front,
nous avons tourné l'image du *Señor de los Milagros* vers la
prison pour qu'il la voie et qu'il n'oublie pas les femmes et
les hommes qui y sont enfermés. Peut-être avez-vous pensé :
«Ici sont les pécheurs et les mauvaises gens.» Il est vrai que
derrière ces murs se trouvent des gens dont le crime doit être
puni; mais il y en a d'autres qui ont été emprisonnés sans motif.
Parmi ceux qui marchent avec nous et qui se réjouissent d'être
libres, quelques-uns devraient être conduits derrière les
barreaux.

Indifférent au fait que tous ne pouvaient l'entendre, il
monta une autre marche en pensant que derrière la porte à laquelle il tournait le dos, étaient peut-être quelques-uns de ces
enfants accrochés aux filets de la prostitution. Des dizaines
s'offraient ainsi vers l'âge de huit ou dix ans, de seize ou vingt

ans, pour un simulacre d'amour, un peu de nourriture, un abri et des maux dont ils ne guériraient jamais.

— Aujourd'hui, poursuivit-il, je constate avec douleur que personne ne peut plus exprimer sa dissidence. La radio et la presse sont muettes. Elles ne sont plus au service de l'information et de la vérité. Nous connaissons les sources de la corruption et nous savons quelles pressions s'exercent sur ceux qui sont forcés d'administrer la justice au détriment de la justice elle-même. Je prie aujourd'hui pour que nous ne soyons jamais causes de l'injustice, ni muets en face des crimes qui l'engendrent.

En 1975, grèves et émeutes eurent raison du gouvernement du général Juan Velasco Alvarado qui, le 29 août était renversé et remplacé par un autre gouvernement militaire présidé par Francisco Morales Bermúdez qui reprochait à son prédécesseur «certaines déviations dans la conduite de la révolution» d'octobre 1968. À Gustave et à son équipe, ce gouvernement sembla conservateur et assez éloigné des idées démocratiques prônées depuis sept ans. Il convoqua les agents de pastorale du vicariat pour fixer de nouveaux objectifs à leur action.

— Nous avons cru à la révolution péruvienne et nous y avons collaboré parce qu'elle promettait d'implanter une démocratie de participation. L'humanisme et l'autonomie du Pérou en dépendent. Si ce qui transpire des projets actuellement conçus dans les officines de Lima est vrai, il est permis de craindre que l'esprit du nouveau gouvernement sera d'abord militaire, c'est-à-dire éloigné des principes démocratiques. Il est à craindre également que des pays riches soient bientôt invités à négocier des accords économiques qui désavantageront la population. Nous savons que le sous-développement du pays est attribuable à la domination étrangère qui impose des conventions économiques inqualifiables, en vertu desquelles le Pérou confie à d'autres l'exploitation de ses ressources. Nous avons trois jours pour définir la mission de notre Église selon la pensée des évêques du pays dont la majorité, mais pas tous, souhaitent que nous continuions de nous en tenir aux fondements de la révolution de 1968.

Gérard Côté, dont on disait qu'à force de questionner, il avait usé la touche du point d'interrogation de la machine à écrire de la mission, profita d'une pause et de l'absence de Gustave pour s'interroger à haute voix.

— Voyez-vous jusqu'où il nous entraîne, lui qui nous demandait de ne pas nous mêler de politique? Si ça se trouve, il va nous conduire bien plus loin qu'on ne l'espérait! Des fois je me demande si son col romain n'est pas un col Mao.

On sourit à peine à cette image, trop évocatrice de l'homme engagé au-delà de ce qu'on attendait de lui.

Comme l'avait prédit Gustave, le nouveau gouvernement orienta ses politiques vers la droite, rendit à leurs anciens propriétaires des sociétés qui avaient été nationalisées, réduisit à rien certaines des réformes les plus populaires, adopta des mesures qui précipitèrent l'inflation tout en imposant le gel des salaires et la réduction du prix des denrées agricoles. Les Péruviens s'appauvriraient, et ceux de la Selva plus sûrement que ceux des autres régions.

Un an après l'instauration du nouveau régime, l'ensemble des évêques du Pérou adoptaient une position analogue à celle qui avait été préconisée en 1972 par les évêques de la Selva. «L'Église du Pérou ne peut plus être sourde ni muette. C'est pourquoi elle veut être à l'écoute des petits, des humbles et des pauvres. Parlant en leur nom et leur prêtant sa voix, elle dénonce la politique répressive de la dite civilisation chrétienne qui utilise la violence et même la torture contre ceux qui luttent pour la libération de leur peuple et pour la justice.»

La grève nationale qui eut lieu le 19 juillet 1976 fit, dans le pays, six ou trente morts. On n'en connut jamais le nombre exact, mais on comprit que l'État, qui venait de suspendre le droit de contester et de manifester, n'était pas disposé à entendre le peuple, ni l'Église engagée. L'interdit eut pourtant un effet contraire à celui qu'on recherchait puisque, au cours des semaines qui suivirent, les manifestations se multiplièrent. À Pucallpa, prêtres et religieuses s'intégrèrent à la foule des protestataires et on put lire, dans les *Chroniques* des sœurs de l'Immaculée-Conception, qu'elles croyaient «l'heure venue de se ranger de façon manifeste vers les plus opprimés. Elles sont conscientes que ce n'est pas seulement en leur nom personnel qu'elles témoignent, mais que leur geste est aussi une implication de l'Église dite officielle dans le milieu *pucallpino*. Nous en sommes arrivées à laisser le paternalisme dormir pour inviter les gens à prendre davantage leurs responsabilités.»

Lorenza y reposait depuis six jours quand Gustave ouvrit la porte de sa chambre, à l'hôpital de Saint-Eustache. Les yeux entrouverts, inerte, pâle sous les draps blancs, elle fixait un point invisible et lointain. Il se pencha pour appuyer ses lèvres sur le front et les tempes parcourus de veines bleuâtres. Si elle avait su! Elle aurait gonflé ses cheveux, rosi ses joues en les pinçant et offert à Gustave son sourire de vieille dame tranquille.

Elle mourait sans grâce, sa chevelure plate rabattue derrière la tête, sa bouche formant un rictus douloureux qu'elle n'aurait pas aimé voir. Et ses yeux qui semblaient regarder au-delà des visages et des murs...

Il pensa que Dieu fait bien les choses et que pour partir, l'âme doit, par lassitude, renoncer à l'enveloppe qui l'a contenue. Bientôt, Lorenza s'évaderait de cette peau parcheminée et sans éclat. Elle abandonnerait ces os sur lesquels ont fondu les muscles, et ce cerveau vidé de tout réflexe. D'un doigt, il caressa son nez, ses narines blanchies, serrées sur l'air si dur à inspirer. Il colla sa bouche sur une oreille, étendit un bras pour toucher la main posée sur le ventre chaud et rebondi.

— Je suis là, maman.

Il mit un peu d'eau sur les lèvres de sa mère et pria pour cette femme qui, depuis la mort de Zéphyr, neuf ans plus tôt, prétendait que Dieu l'avait oubliée sur la terre où elle n'était plus à sa place.

— Reposez-vous, avait-il demandé à ses sœurs qui la veillaient depuis qu'elle avait sombré dans cette torpeur. Essayez de dormir un peu, je passerai la nuit avec elle.

Il tira une chaise, trop basse pour ce lit si haut, et il voulut croire qu'elle savait qu'il était là.

Il reprit la main tiède aux ongles secs et blanchis, et parla comme elle le faisait autrefois au chevet de ses enfants fiévreux. Il pensait alors, parce qu'elle l'enveloppait, le réchauffait et le calmait de l'intérieur, que la voix de sa mère entrait par le cœur. Dans ces moments-là, il gardait les paupières closes pour mieux voyager dans les contrées peuplées de fées et de nains, de bons et de méchants rois, de vilaines et de pauvres reines. Incarné dans les personnages faibles ou forts, victorieux ou menacés, il semait des cailloux, sauvait les princesses mal-aimées, chaussait les bottes du chat ou fuyait le roi, son père. Guidé par la voix douce et toute-puissante, il se laissait conduire, à travers mille épreuves, vers une victoire toujours méritée.

Autant Lorenza avait détesté la Chine, autant elle s'était complu dans les fables où les hirondelles hivernent en se cachant sous l'eau. En revanche, elle aimait le Pérou qui, une fois l'an, libérait son fils pour une tournée de confirmations et de conférences au Québec. Il passait, chaque fois, plusieurs jours avec elle.

— Tu es un vrai père Noël, disait-elle en ouvrant les présents offerts par les amis de son fils qui n'en finissaient plus d'enrichir sa collection de colifichets de perles et d'écaille, de nappes et de chemins de table aux motifs *shipibos*. Elle frottait, à n'en plus finir, les assiettes de cuivre et les fourchettes d'argent dont elle ne savait que faire. Pas un coin de la maison où l'on ne voyait une image de lamas ou celle d'offrandes royales aux conquérants espagnols.

Très tôt, elle s'était trouvée à l'aise dans le rôle d'ambassadrice anonyme du pays d'adoption de son fils. Elle racontait aux voisines que l'expression «ce n'est pas le Pérou» remontait à une époque où le pays débordait d'or, d'argent et de pierres précieuses, mais qu'il n'en restait rien, sinon des bagatelles, les Espagnols ayant tout pris.

— Gustave me l'a dit, ce pays-là est plus pauvre que pauvre. Nous ne savons pas ce que c'est que d'être misérable. C'est beau de sa part d'être devenu Péruvien. J'ai vu son passeport, c'est écrit Gustavo Prevost Godard. Quand il est arrivé au Pérou, il a voulu s'appeler Prévost tout court. Les gens ont pensé qu'il n'avait pas de mère; qu'il avait été abandonné à la naissance et trouvé par un M. Prévost. Maintenant, il porte mon nom.

Elle respirait plus lentement et plus profondément. Il déposa encore un peu d'eau sur ses lèvres et comme à une enfant, son enfant, il raconta la disparition, peu de jours avant qu'il ne quitte le Pérou, d'un garçon de huit ans.

— Il faisait beau et très chaud dans le village de Chantiplaya, et on aurait dit que tous les enfants s'étaient donné rendez-vous sur les berges du fleuve. Ils étaient des dizaines à plonger, à la recherche d'objets perdus dont ils auraient pu obtenir quelques centavos. Manuel n'est pas revenu, mais il a fallu du temps, beaucoup de temps avant qu'on se rende compte qu'il ne remonterait pas à la surface. Pendant des jours et des jours, des dizaines de barques ont exploré le fleuve, puis les villageois se sont rassemblés sur la place autour du sorcier qui, pour la cérémonie, avait peint son visage. Tous les peuples ont leurs sorciers, maman.

Atteignait-il ainsi son cœur?

Il s'arrêta pour rafraîchir le visage fiévreux, et poursuivit son récit.

— Le sorcier, qui ne voulait peiner personne, chanta et médita longuement. Les yeux grands ouverts, donnant l'impression d'assister à un merveilleux spectacle, il daigna enfin parler. «Je vois la sirène Sofia qui nage parmi les enfants. Elle s'approche de Manuel qu'elle trouve gracieux et agile, le touche d'une aile et le regarde. Il est surpris, effrayé peut-être. Il sort de l'eau, va déposer un gros coquillage sur le sable, puis il s'élance en courant. Le sorcier dit que Manuel est heureux de retrouver Sofia qui l'attend, installée sur un tronc de bananier qui brille au fond de l'eau. Je vois Manuel. Il s'assoit près d'elle et lui demande s'il peut l'accompagner. Elle hésite. Elle ignore où elle ira, mais ce sera loin. Pourra-t-il la suivre, au-delà de l'Amazone, dans une mer où les poissons sont plus grands que les cargos? Je vois Manuel qui se lève et assure Sofia qu'il est bon nageur et qu'il la suivra. N'importe où. Et ils partent...»

Lorenza n'avait pas cillé, mais ses doigts s'étaient refermés sur ceux que Gustave avait glissés sous ses mains.

— Les parents de Manuel n'ont pas pleuré, continua Gustave. Dans l'histoire du sorcier, leur fils ne s'était pas noyé; il s'était laissé emporter par un bonheur plus grand que celui qu'il aurait connu à Chantiplaya. Pour que son voyage soit heureux, on se rassembla encore, cette fois pour jeter sur le fleuve des feuilles de bananier et des fleurs.

Gustave s'éveilla dans le sombre matin d'octobre, inquiété par le rythme ralenti de la respiration de Lorenza. Il connaissait la mort et craignait celle-là plus que la sienne. Il se leva pour murmurer quelques mots à une oreille qui n'entendait plus. Il la pria de partir, d'accompagner, comme Manuel, l'ange dont l'aile la caressait depuis tant de jours.

Un homme libre

Gustave retrouva un Pérou encore plus déchiré. Dans cette pièce où il ne manquait que ces deux acteurs, violence et peur revendiquaient l'avant-scène. Elles étaient apparues, la violence d'abord, au tournant de la décennie. Petits larcins, bousculades insignifiantes. On ne s'était pas expliqué, par exemple, le vol perpétré le 1ᵉʳ janvier 1971 chez les sœurs missionnaires de l'Immaculée-Conception. Gustave aurait aimé que la disparition de la statue de la Vierge qui trônait dans la cour de leur maison soit une bonne blague, mais il avait interprété cet acte comme un geste d'hostilité à l'égard des étrangers qui animaient le vicariat, et également comme un signe de leur assimilation à une classe sociale riche. On enregistra d'autres vols d'objets vraisemblablement destinés au marché du troc ou de la revente. Trop insignifiants pour qu'on porte plainte. Trop bêtes pour que les coupables paient ces fautes d'une condamnation.

L'expérience chinoise était trop profondément ancrée en Gustave pour qu'il n'ait pas déjà su que le dénuement où s'enlisaient les Péruviens entraînerait l'augmentation de ce type de délits. Viendrait une époque où cette violence ne se tournerait plus seulement contre les riches, mais contre toutes les espèces de possédants. Y compris contre les moins pauvres d'entre les pauvres. Son intuition ne l'avait pas trompé, mais il s'étonna de constater que, loin de réprouver absolument les vols, ses prêtres en saisissaient l'essence. La révolte des petites gens qui n'avaient plus foi dans les projets de développement ne s'en prenaient plus à la pauvreté, mais à la richesse.

La peur provoqua la désertion des rues de Pucallpa où, craignant d'être dépouillés, les promeneurs solitaires se firent de plus en plus rares le soir. Elle imprégna si bien la mission que Gustave se contraignit à faire construire des murs de béton autour des maisons du vicariat, des portes à barre et à verrous. Quand les ouvriers ajustèrent des grilles aux fenêtres, il sut que ni lui, ni ses prêtres, ni les sœurs, qui s'étaient également barricadées, n'étaient libres.

Pourtant, quelle que fût la nature du danger qui les environnait, aucun des membres de la mission ne songea à quitter le Pérou. L'évêque reconnut chez ces hommes et ces femmes, la ferveur d'un engagement qu'il avait cru exclusif à la première génération des missionnaires de Chine et des Philippines. Qui savait jusqu'où le zèle des Bérichon, Jasmin, Asselin, Pelletier ou Gauvreau avait entraîné Louis Lapierre? Qui saurait à quel point le courage des missionnaires de Pucallpa nourrissait celui de Gustave Prévost?

Ils étaient, prêtres et religieuses, parmi les premiers en Amérique latine à avoir, après 1968, endossé les principes d'engagement élaborés par Gustavo Gutiérrez et sa «théologie de la libération». Ils y avaient adhéré parce que leur Église, disaient-ils, était liée aux «classes exploitantes» dont elle cautionnait l'activité oppressive. Jadis, Gustave pensait cela, quand, entre les murs de la prison de Shanghai, ses illusions s'étaient évanouies. Il se souvenait du nombre de fois où, en Chine, la non-intervention, dénoncée par le philosophe et théologien péruvien, avait eu valeur d'approbation. Le souvenir de Louis Lapierre s'inclinant devant Tchang Kaï-chek s'était éclipsé devant des attitudes propres à l'évêque de Pucallpa qui avait cru sceller des alliances favorables à la population de la Selva, en frayant avec les représentants de la ville, de la police et de l'État. Qui, de Robert Vinet ou de Léo Anctil, l'avait si brutalement apostrophé qu'il avait douté de lui-même ?

— Nous vous demandons seulement un peu de logique, monseigneur. Nous ne pouvons pas, le jour, défendre la cause d'un adolescent disparu ou arrêté sans raison par la police et, le soir, célébrer l'anniversaire de la fille du chef de la même police ! Pensez-y, une seconde !

Une seconde, en effet, avait suffi pour qu'il épaule une arme dont il ne s'était encore jamais servi. Hier, il avait invité ses missionnaires à ne pas intervenir en politique ; hier, il avait attendu l'unanimité des évêques du Pérou ou de la Selva pour engager le dialogue avec les autorités gouvernementales. Ils auraient désormais la bride sur le cou. Telle qu'elle se présentait au cœur de l'une des régions les plus démunies du monde, la réalité exigeait que l'Église dessinée autour de lui, autour des communautés chrétiennes disséminées dans la ville et les campagnes, abandonne son attitude passive et ambiguë en faveur d'un engagement concret.

Les missionnaires intensifièrent leur action. Hommes ou femmes, ils s'interposèrent entre les délégués du pouvoir policier et militaire, et le peuple. Ils prirent l'antenne à la radio locale pour dénoncer les arrestations arbitraires ou l'augmentation des prix. Ils accompagnèrent les Pucallpinos dans toutes leurs manifestations publiques, marches ou veillées de grève. Les portes de leurs églises s'ouvrirent, autant pour la célébration de messes ouvrières que pour abriter ceux qui s'y réfugièrent afin d'échapper aux arrestations. Gustave, qui il n'y avait pas si longtemps déplorait l'absence de fidèles assidus, ouvrit aussi toutes grandes les portes de sa cathédrale de planches et défendit ceux qui, plus d'une fois, s'y emprisonnèrent d'eux-mêmes. Il défendait au grand jour leur droit à la liberté d'expression ; il négociait leur sortie et promettait sa vigilance.

Bientôt assimilés aux marxistes purs et durs présents dans la plupart des pays de l'Amérique latine, les membres du clergé de Pucallpa furent accusés d'inspirer, dans cette ville, la résistance ouverte des ouvriers et des syndicalistes, et de fomenter la révolution avec les éléments de gauche. Les « prêtres rouges », qui ne faisaient plus l'éloge du pauvre seulement, furent publiquement dénoncés et traités d'activistes.

Subsistait-il, quelque part dans la Selva, un reste de liberté ? À tous les problèmes auxquels elle devait faire face s'ajouta le risque de perdre son autonomie agricole. Ruinés par la réduction constante du prix de leurs produits, un nombre croissant de paysans se détachèrent de la culture traditionnelle, au profit de la coca. Dans les *pueblos*, la nuit s'emplissait du bruit des avions de brousse colombiens prenant livraison de l'« or blanc ».

Il fallait être naïf pour croire que les paysans contribuaient librement à l'essor d'un commerce illégal. Ils en étaient victimes. Les plus récalcitrants, ceux qui refusaient d'aller contre leurs principes ou qui craignaient d'être condamnés par la justice, étaient aux prises avec une autre « justice », celle des bandits qui n'hésitaient pas à les tuer, à les déposséder ou à les chasser.

Se croyant plus sages, d'autres profitaient de la nuit pour, en masse, migrer autour des grandes villes. Selon une croyance populaire devenue principe au Pérou, la terre appartient à celui qui la cultive ou qui s'y installe. Forts de cette certitude, les *campesinos* chassés par les émissaires des Colombiens, s'installèrent où bon leur sembla en s'emparant de n'importe quel espace libre.

Précédés d'éclaireurs qui avaient repéré les terres susceptibles d'être squattées, des dizaines de familles, parfois davantage, profitaient de l'obscurité de la nuit, pour s'installer. Plus que sommaire, leur établissement nécessitait une preuve : quelques briques d'argile posées aux angles de la maison qui, plus tard, abriterait chaque famille. Avant le matin, ils avaient planté dans la terre un piquet bien droit au bout duquel flottait l'emblème péruvien, parce que les militaires qui auraient pu être envoyés pour les déloger n'osaient pas y toucher. Combien de fois se réveillait-on, à Lima, à Arequipa ou ailleurs, en découvrant un paysage où ondoyaient cent, deux cents petits drapeaux ? Au Pérou, l'exil se vivait de l'intérieur.

En février 1985, visitant Villa El Salvador, une «terre d'invasions» agrippée aux collines ceinturant Lima, Jean-Paul II osa dire qu'il pleurait sur le sort du peuple péruvien en butte à la pauvreté, à l'oppression et à la violence. Une allusion claire à l'activité du Sentier lumineux, organisation révolutionnaire se réclamant du maoïsme radical, qui sous prétexte de restaurer l'équilibre du Pérou, détruisait une à une les traces du progrès économique et de la présence étrangère. Des ponts, des usines, des aqueducs et des ambassades sautaient. Les personnalités associées aux institutions ou aux industries dites exploitantes étaient menacées, ainsi que, par extension, les individus qui étaient en relation avec elles et tout ceux qui dénonçaient le mouvement. L'Église elle-même était visée par le groupe qui opérait secrètement, et dont les sentinelles infiltraient alors tous les milieux.

Visitant la région de Cuzco, foyer du Sentier lumineux, Jean-Paul II s'en prit particulièrement au crime politique. Les guérilleros ripostèrent à l'intervention de cet «étranger» en saluant son retour à Lima par l'explosion de piliers du réseau électrique andin. Au-dessus de la ville plongée dans l'obscurité, des torches s'allumèrent, formant les trop célèbres symboles du communisme : la faucille et le marteau. Le lendemain, 5 février, dans un espagnol hésitant, le pape formulait un vœu.

«Je désire que la faim de Dieu persiste en chacun de vous, mais qu'on trouve des solutions à votre faim de pain. Que vous soyez affamés de Dieu, oui, mais non du pain de chaque jour. Telle est ma dernière parole concernant la mission de l'Église et le bien de votre pays.»

La seule fois dans son histoire où la Selva savoura son isolement et sa pauvreté, ce fut dans le manque d'intérêt du Sentier Lumineux qui, depuis son émergence, vers 1970 semblait ignorer jusqu'à l'existence de cette région reculée. Le mouvement y comptait pourtant des recrues et des partisans qui répandaient parmi les *campesinos* et les citadins la théorie d'une nécessaire violence. Tant qu'ils se contentèrent d'éclairer crûment les problèmes propres à la Selva, on les toléra sans trop les craindre, mais les quatre bombes qui sautèrent le 9 novembre 1988 indiquèrent que la région partagerait le sort tragique du reste du Pérou. Si ce terrorisme brutal et bruyant se voulait officiellement une riposte à la plus récente dévaluation des monnaies, il fallait surtout y voir l'intention des dirigeants du groupe d'inclure la Selva parmi ses nouvelles cibles. Le Sentier lumineux livrait le renouveau promis, par le biais du désordre, de la souffrance et de la mort.

Gustave vit émerger les vieilles peurs chinoises qu'il croyait endormies. L'écho des bombes, les cris, les pleurs des femmes et des enfants le ramenèrent des années en arrière, au moment où il avait été initié à la violence aveugle. Il s'était cru guéri et voilà que, après un demi-siècle, ces peurs osaient réapparaître, plus vives qu'autrefois. Il était jeune alors, et déjà difficilement capable de vivre avec l'angoisse. Dans quelle réserve puiserait-il aujourd'hui l'énergie nécessaire pour combattre une révolution sourde à la souffrance individuelle? Où trouverait-il les mots et les exemples dont il aurait lui-même besoin pour que l'espoir jaillisse malgré le délabrement de son pays?

Dans la prison que fut, cette nuit-là et les jours suivants, la maison du vicariat, le vieil évêque las et usé douta. Sur la nudité du mur de sa chambre, le Christ paysan, le Christ ouvrier mourait sur une croix formée d'une machette et d'une pioche. Il eut envie, comme le faisait jadis Louis Lapierre, de quereller Dieu. De le rappeler à la promesse d'amour et de lumière transportée à travers le monde par des apôtres comme lui. De l'implorer pour qu'il porte enfin son regard sur ce Pérou mal-aimé. À son tour, enfin, il interpella ce Dieu souffrant pour qu'il soutienne les malheureux et rétablisse la paix. «Pourquoi as-tu voulu que ma contribution au bonheur des Pucallpinos n'ait eu ni le poids ni la vigueur d'un grain de blé?»

Le Sentier lumineux n'eut rien à voir dans la tragédie survenue au début du mois de février 1989. En grève depuis un mois, les paysans protestaient contre des mesures qui les privaient du revenu de leur travail. Après avoir différé le paiement de produits agricoles depuis longtemps livrés à ses intermédiaires, le gouvernement péruvien avait rétroactivement réduit les prix convenus avant leur livraison. Le 8 février 1989, les négociations avec les agriculteurs ayant abouti à une solution acceptable, les leaders des *campesinos* obtenaient la permission de réunir les grévistes sur la place d'Armes de Pucallpa le lendemain, pour les informer des résultats des pourparlers.

Par villages entiers, hommes, femmes et enfants voulurent se joindre à la manifestation de joie. Chantant l'hymne national et portant le drapeau péruvien, ils entrèrent dans la ville par tous les sentiers, toutes les routes, si bien que, peu avant huit heures, des milliers de personnes marchaient au son des tambours vers le centre de la ville. Or, l'autorisation verbale de la veille n'avait pas été confirmée par écrit, et aucun administrateur municipal ne voulut prendre l'initiative de le faire.

La marche présentait un caractère illégal, et il fallait l'interrompre en faisant refluer les manifestants, ordonna quelqu'un.

La tête du défilé atteignait la place quand, sans avertissement, la fusillade éclata, mêlant soudain aux chants le bruit des mitraillettes. Bilan officiel de l'assaut : huit morts et trente blessés. Bilan officieux : plusieurs centaines de prisonniers, soixante agriculteurs disparus ou assassinés, leurs corps jetés dans le fleuve ou dispersés par hélicoptère dans la forêt.

Au moment où le sang se répandait sur la boue sèche des caniveaux de Pucallpa, Gustave était à Lima. Il connut la nouvelle du massacre en même temps que le monde entier qui, pour la première fois, entendait parler de ce bout du monde. Il rentra dans sa ville le 15 février, veille d'une autre manifestation destinée, celle-là, à protester contre les événements de la semaine précédente.

Après le repas du soir, repoussant son assiette, il s'accouda sur la table et demanda qu'on lui décrive les événements.

À ceux qui la longeaient quand éclatèrent les coups de feu, la maison des pères, barricadée depuis plus d'une décennie, avait semblé le seul lieu sûr de la ville. Les missionnaires qui se trouvaient à l'extérieur firent monter des blessés sur les scooters et les transportèrent à l'hôpital. Éberlués, plusieurs paysans se réfugièrent au vicariat pour échapper aux militaires qui enlevaient d'autres blessés que plus tard on chercha vainement à l'hôpital. Dans la panique, un missionnaire voulut fermer la porte; d'autres l'ouvrirent.

Gustave écoutait distraitement un récit dont il connaissait déjà les détails. En lui-même, il questionnait encore Dieu. «Pourquoi n'as-tu pas permis que je risque ma vie parmi ces gens désarmés? Pourquoi? Pourquoi as-tu voulu, Seigneur, que la grève des agriculteurs, qui s'était conclue sur une victoire, prenne fin sur une fusillade? Comment veux-tu, Seigneur, que devant cette tragédie, je puisse invoquer ta justice, ton amour et ta compassion quand tu te montres si injuste?» Le silence de ses compagnons qui attendaient un commentaire l'arracha à cette inutile réflexion.

— Je comprends ceux qui ont eu peur autant que ceux qui ont affronté la police; ne vous divisez pas là-dessus. Nous avons manifesté avec eux, nous avons justifié et parfois encouragé leur action. Demain, j'irai sur la place dire aux *campesinos* que nous les soutenons et que nous les soutiendrons encore.

Il ignora leurs regards surpris.

Quelqu'un fit vibrer la moustiquaire de la porte.

— On peut entrer, monseigneur?

Ils étaient quatre colosses, poilus, barbus, chaussés de bottes lacées, vêtus de chemises en coton à manches courtes et de larges pantalons, plus semblables à l'ouvrier qu'au prêtre. Des hommes hors du commun, peinant dans la brousse ou dans la ville, heureux d'avoir échappé à un destin ordinaire.

Ennemi des longs préambules, d'autorité, Roger De Montigny parla. C'est lui, pensa Gustave, qui doit me convaincre de passer la journée à me bercer plutôt que d'aller m'adresser aux dix mille personnes réunies sur la place. Il le regarda en souriant.

— Jean-Louis Martin vient de téléphoner de Lima. Il a reçu, il y a quelques minutes, un appel d'une personne se disant liée au gouvernement. Plus probablement à l'armée. Son message était clair.

— Il a dit, enchaîna Germain Crête, que l'évêque de Pucallpa ne devrait pas donner publiquement son appui aux manifestants. Il a précisé que si vous vous y rendiez, personne ne répondrait de votre sort.

Gustave ne répliqua pas. Ses interlocuteurs n'avaient pas de prise sur le cheminement des pensées de l'évêque qui s'échappait parfois pour rétablir le contact avec des sources spirituelles lointaines. Dans ces cas-là, il fermait les yeux, ralentissait sa respiration et cheminait vers l'intérieur de lui-même où n'a jamais cessé de mûrir l'expérience chinoise, si semblable à celle du Pérou qu'il avait parfois l'impression d'y avoir vécu, en avant-première, les événements du moment. Après quelques secondes, il rouvrait sur ses interlocuteurs un regard dur. Un trait de colère blanchissait ses lèvres. Le Chinois qu'il refoulait et dont il craignait lui-même l'intransigeance masquait son visage.

Détestant se révéler ainsi, il appela Dieu à la rescousse, referma les yeux, se détendit. Le Chinois réintégra le fond de l'âme du pasteur péruvien. Émergeant de la Chine de ses jeunes années, l'évêque des indigents sourit. Nulle trace d'ironie ou de colère, mais, comme chaque fois qu'il rencontrait son double, l'homme fatigué céda la place à un homme rajeuni, résolu à tout risquer pour remplir sa mission d'apôtre et de témoin. À leur tour de lui emboîter le pas.

— Vous me suivrez, si vous le voulez, mais vous ne m'empêcherez pas d'être sur la place d'Armes à midi. Je vous assure que je n'ai pas vécu jusqu'à maintenant pour me renfermer ici un jour pareil.

— Vous n'avez pas le droit de risquer votre vie.

— Vous voulez que je m'allonge sur ce lit pour dormir? Vous voulez que je cède à des menaces anonymes? À midi, en me voyant sur la place, je veux qu'on comprenne que les missionnaires de Pucallpa ne vivent pas seulement parmi le peuple, mais avec le peuple. Aujourd'hui, quel que soit l'état de ma santé, je dois parler. J'aurais honte de mon silence. J'aurais honte de m'abriter derrière mon âge et ma soi-disant impotence. Je ne peux pas oublier que la confusion règne ici. Laissez-moi me reposer maintenant...

En attendant l'heure du départ, Gustave compléta le message qu'il livrerait. Survenu au début du carême, le massacre serait comparé à la tempête forçant les plus démunis à s'enfoncer plus avant dans un désert où les épreuves seraient nombreuses. Il ouvrit son bréviaire aux textes du jour et relut celui-ci : «Seigneur, quand ton peuple assoiffé criait sa souffrance à Moïse, tu ouvris pour lui le rocher, et soudain jaillit l'eau qui donna la vie aux pèlerins de la terre promise.»

Dans l'entrée, sorte de vestibule dénudé faisant le pont entre la rue et la cour intérieure de la maison, Gustave rejoignit ses prêtres. Ouverte par Roger De Montigny, la lourde porte de bois laissa passer un souffle d'air brûlant.

Arrivé sur la place, l'évêque laissa ses compagnons derrière lui. Seul, il dépassa la tribune où de pauvres chaises métalliques attendaient notables et porte-parole des groupes populaires, pour se rendre jusqu'à un muret qui lui servirait d'appui. Son message aux grévistes entrés dans la ville paralysée par l'arrêt de travail serait celui d'un homme libre.

L'estrade s'anima. Enfin, le micro projeta au-dessus de la foule la voix du présentateur qui insista pour que soit respecté le caractère paisible de la manifestation.

— Pour notre sécurité à tous, votre présence ici doit être considérée comme un hommage à nos amis morts il y a une semaine. Amis *campesinos*, amis grévistes, Mgr Gustavo Prevost Godard va vous adresser la parole en premier. Applaudissez notre père, notre frère, notre compatriote!

Pauvre parmi les pauvres, Gustave se dirigea vers le podium. Autrefois, quand il sortait en habits brodés, crosse en main, mitre sur la tête, le respect de la foule lui semblait naturel. C'est ainsi, en tout cas, qu'il avait appris les choses de son état. Avec l'expérience était venu le mépris de l'apparat. Dans des vêtements de fibre synthétique bon marché, la tête couverte d'un vieux chapeau de paille brûlé par les soleils de la Chine et du Pérou, il n'était pas mieux vêtu que les paysans.

Dans la mémoire de ceux qui l'écoutèrent ce jour-là, le souvenir des mots s'est effacé. Ceux que le soleil n'avait pas encore engourdis l'entendirent dénoncer la tragédie et ses acteurs. Aux représentants des corps publics, il dit que le vicariat apostolique de Pucallpa avait intercédé pour la solution du conflit agraire dont l'issue tragique n'étonnait que les naïfs.

Des Chinois, il avait appris à maudire le coq en montrant la poule, aussi insista-t-il pour qu'on ne prenne pas les coupables pour des innocents, ni les innocents pour des coupables. Tourné vers les manifestants, il condamna le silence et l'inertie des politiciens, sources des traces de sang toujours visibles sur la pierre de la place.

— Un jour viendra, promit-il, où le Pérou retrouvera sa dignité. Alors, il cessera de trembler.

Il bénit la foule et quitta les lieux en s'appuyant sur le bras de la doctoresse Elena qui l'attendait près du muret. Il n'y eut pas d'applaudissements.

Le jeudi saint, 23 mars 1989, rassembla sur la place publique autant de monde qu'en février. Le drapeau national péruvien et le drapeau blanc annonçaient le thème de la manifestation : un appel à la paix. Gustave s'y rendit pour une ultime rencontre avec la population de la ville et des *pueblos* voisins dont deux générations voyaient en lui un père et un bâtisseur.

Il était alors hanté par le visage d'un homme couché en travers du chemin et qu'il fallait enjamber pour se rendre à la cathédrale ou à la maison des missionnaires de l'Immaculée-Conception. Il avait reçu en pleine conscience le regard de cet enfant de vingt ans, hypnotisé par la coca, perdu dans la contemplation d'un vide infini. Peut-être l'avait-il baptisé autrefois, dans la confusion de la parade des baptêmes des 24 juin quand, confiants dans les pouvoirs de l'eau de la Saint-Jean ou désireux d'obtenir le certificat nécessaire à l'inscription à l'école publique, les parents portaient leurs enfants à la cathédrale. En ces temps-là, chevauchant sa moto pour être partout à la fois, Gustave évaluait la qualité de son apostolat au nombre de chapelles construites et aux milliers de sacrements administrés chaque année. La vue de ce gisant dont les yeux sombres le suivaient jusque dans son sommeil le rappelait à l'humilité et aux limites de l'œuvre qu'il avait voulu accomplir.

Restait-il, au Pérou, une trace du Dieu de l'évêque en soutane blanche ? Il ignorait lui-même où, parmi toute cette désolation, se terraient la lumière et l'espoir qu'il avait tant de fois promis.

Il laissa à d'autres le soin de discourir autour du thème de la paix.

D'une voix malheureusement éteinte, s'obligeant à respecter un texte que la passion le poussait à dépasser, il parla de la terreur utilisée pour faire taire les Péruviens. Terreur des armes, de la subversion, de l'oppression, du désordre et de la corruption. Il évoqua d'autres misères, également tournées contre eux.

— Ne voyez pas une, mais chacune des agressions commises contre votre corps, contre votre esprit, contre votre âme. Voyez, en vous-mêmes d'abord, la violence engendrée par l'absence d'amour dans vos propres familles. Je vous supplie de protéger vos enfants. Évitez-leur l'envoûtement de la drogue, entrée dans vos fermes par la violence, et dans notre ville par l'attrait des fausses évasions. Voilà plus de dix ans qu'ils y plongent sans pouvoir dire pourquoi ils le font. La misère est une réponse facile quand on ne cherche qu'une seule cause à leur détresse. L'absence d'amour voile les faibles lueurs d'espoir qui brillent dans les yeux si beaux des plus jeunes. Aimez-les, protégez-les. Nous vivons ici dans le triste royaume de la pauvreté, et je crains pour eux parce qu'ils sont témoins de trop d'horreurs.

Il s'arrêta pour observer la foule. Qui donc l'écoutait ? Il sourit à la vue des adultes qui discutaient rassemblés en petits noyaux, à celle des enfants qui couraient sur la place comme ils le faisaient dans la cathédrale sous le regard attendri des parents. Endimanchés, heureux, filles et garçons jouaient à se plaire. Sans un regard vers les orateurs, tous attendaient que les micros s'éteignent vers donner des couleurs de fête à ce jour consacré à la paix. Pourquoi s'était-il, un instant, accroché à ce rôle d'oiseau de malheur qui lui allait si mal et qui jetait de l'ombre sur la place brûlée par le soleil? Cette question, ce n'était pas à Dieu qu'il l'adressait, mais à lui-même. Et il en connaissait la réponse. À la veille de quitter le Pérou, le bilan des tragédies qui s'y étaient succédé avait occulté le merveilleux qui, pourtant, n'y mourait pas. L'espoir était là, sous ses yeux, dans la vie qui allait continuer.

TABLE

Mandchourie

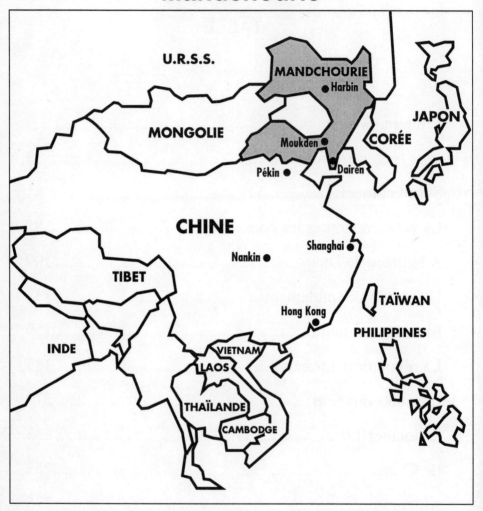

Territoires missionnaires
de Lintung et de Szepingkai

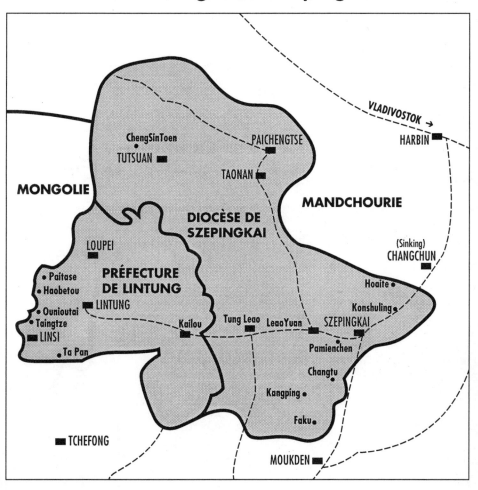

Pérou

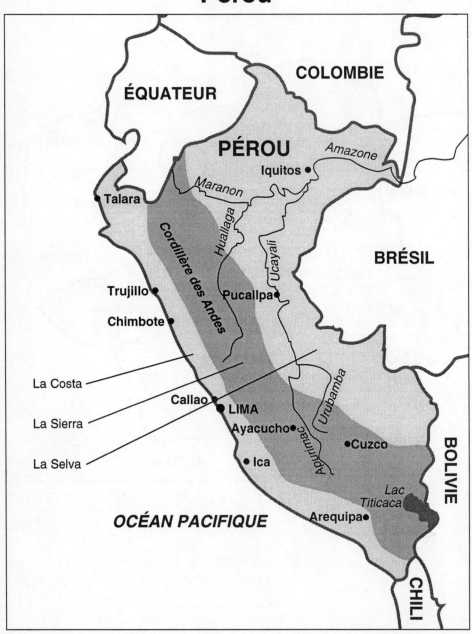

COLOMBIE

ÉQUATEUR

PÉROU

Amazone

•Iquitos

Maranon

•Talara

Huallaga

Cordillère des Andes

Ucayali

BRÉSIL

Trujillo•

Pucallpa•

Chimbote•

La Costa

Callao•

•LIMA

Urubamba

La Sierra

Ayacucho•

Apurimac

•Cuzco

BOLIVIE

La Selva

•Ica

Lac
Titicaca

OCÉAN PACIFIQUE

Arequipa•

CHILI

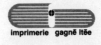

imprimerie gagné ltée

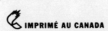

IMPRIMÉ AU CANADA